全新修订版

影响人类历史进程的100名人排行榜

［美国］麦克·哈特（Michael H. Hart）◎著
马天娇◎译

海南出版社
·海口·

版权合同登记号：图字：30-2024-039 号
图书在版编目（CIP）数据
影响人类历史进程的 100 名人排行榜 ： 全新修订版 / （美）麦克·哈特（Michael H. Hart）著 ； 马天娇译 . 海口 ： 海南出版社，2025. 8. -- ISBN 978-7-5730-2270-7
Ⅰ. K811
中国国家版本馆 CIP 数据核字第 20256YR845 号

影响人类历史进程的 100 名人排行榜（全新修订版）
YINGXIANG RENLEI LISHI JINCHENG DE 100 MINGREN PAIHANGBANG (QUANXIN XIUDINGBAN)

作　　者：［美国］麦克·哈特（Michael H. Hart）
译　　者：马天娇
责任编辑：于同同
执行编辑：王桢吉
封面制作：Design/QQ:29203943
责任印制：郯亚喃
印刷装订：三河市中晟雅豪印务有限公司
读者服务：张西贝佳
出版发行：海南出版社
总社地址：海口市金盘开发区建设三横路 2 号
邮　　编：570216
北京地址：北京市朝阳区黄厂路 3 号院 7 号楼 101 室
电　　话：0898-66812392　010-87336670
电子邮箱：hnbook@263.net
经　　销：全国新华书店
版　　次：2025 年 8 月第 1 版
印　　次：2025 年 8 月第 1 次印刷
开　　本：710 mm × 1 000 mm　1/16
印　　张：27
字　　数：400 千字
书　　号：ISBN 978-7-5730-2270-7
定　　价：58.00 元

谨以这本书纪念我的父亲，正是因为有了他的鼓励和支持，我才能完成此书。

Thanks

感谢

这本书的顺利完成，得益于与哈里森·罗斯、唐纳德·阿彻的深入探讨；查德·戈特博士在历史问题方面也给了我很多宝贵的意见。在此对他们致以诚挚的谢意。

感谢妈妈和姐姐对我的支持和鼓励。我还要特别感谢我妻子谢里的辛勤付出，她在这本书的研究和创作上是功不可没的。

相较于权力和政治，智慧和学术更能永久流传。《荷马史诗》完整流传了两千五百多年，但这期间有多少宫殿、庙宇、城堡倒塌，又有多少城池消逝？

——弗朗西斯·培根《学术的进展》（1605年）

Reprint Preface

再版前言

距离《影响人类历史进程的 100 名人排行榜》首次出版已经过去 12 年[①]了，但它依旧受到读者的欢迎，并且还不断地被翻译成其他语言。那么，为什么还要对这本书进行修订呢？

第一个原因是历史没有停留在 1978 年——也就是这本书首次出版的那一年。从那时起到现在的这 12 年里，发生了很多大事情，其中有些甚至是出人意料的，同时也出现了新的能够影响历史的人物。所以，哪怕这本书在 12 年前是完美的，那么随着世界的改变，它的内容也要进行适当地调整。

更何况在 1978 年时，我的知识积累距离完美还差得远呢！这些年里，我都在不断提升自己，同时也通过这本书收获了很多。一些读者在信件中指出了书中的一些问题，比如有些被我忽略的历史事实，又或者他们对一些老生常谈的历史事件给予了新的解读。在我作为电台节目的嘉宾时，这些问题也有听众反映过。所以，修订本书的第二个原因在于要弥补第一版的不足。

如何评价政治领袖的影响力是创作本书的一个难点。由于当代领袖对我们的影响更深刻，所以容易给予他们过高的评价。然而，对于几个世纪以前

① 两个版本的实际出版间隔为 14 年，下同。——编者注

的人们来说，当时的政治领袖也具有同样的影响力，只不过现代人对他们缺少了解罢了。

相对来说，评价古代政治人物更容易一些。因为我们可以通过他们对后世的影响来判断他们的重要性。但这个办法并不适用于当代政治人物，不管他们拥有多大的权力、进行了怎样的革命，我们都无法预测其影响力能够持续多久。

毛泽东在本书中的排名就是基于这个原因才调整的（首版中毛泽东排在第 20 位）。写第一稿时，毛泽东刚刚去世，他的丰功伟绩还深深地印刻在人们的脑海里。虽然我明白他的影响力会随着时间渐渐减弱，但是不曾想速度会这么快，范围会这么大。毛泽东去世后，邓小平大刀阔斧地进行了很多方面的改革。所以毛泽东的影响力似乎并没有我最初想象的那么大。

本书排行榜中还增加了一些新人物。比如苏联后期的领导人米哈伊尔·戈尔巴乔夫。他的政治理念和政治行为，特别是在应对紧急问题时的消极态度，都是冷战结束和苏联解体的重要原因。因此，我把他排在了第 95 位，尽管在列宁之后，却也在其他一些影响历史的政治家之前。

另外一处修正可能会引起一些争议。在我看来，莎士比亚的真实身份应该是爱德华，而不是大多数官方指出的那个来自埃文河畔斯特拉特福的人。而在第一版中，我也犯了这个错误，所以我必然要对其进行改正。

由于篇幅限制，我无法进行更充分地论证。我希望文中提出的事例能够让大多数读者更好地认识莎士比亚的真实身份。如果想要了解得更加深入，建议可以看一看查尔顿·奥格本的《神秘的莎士比亚》，该书中有更完整的论证。

除了戈尔巴乔夫，第一版中也没有提到卢瑟福和福特，所以他们两位也是被新收录到书中的。一些科学家表示很惊讶，我竟然忽略了 20 世纪有巨大影响力的科学家之一的卢瑟福，而我自己也没有搞明白为何会如此大意。在我看来，他在原子理论方面的贡献比玻尔更大，在放射性理论方面的成就比贝克勒尔更高。

我曾把福特作为第一版的“替补人选”，但很多读者在信中表示我对福特的评价太低，并给出了应该将福特排在 100 名人中的理由。我对此也很赞同，所以这次再版也进行了调整。

不过不要因此觉得我完全是按照读者意见行事。让我下定决心把福特加到本书中的原因，除了尊重读者的建议，更重要的是我认同他们的观点。事实上，在我收到的读者信件中，还有其他一些观点，但我觉得并不是特别有道理，所以没有采纳。

因为新增了 3 位人物（戈尔巴乔夫、卢瑟福、福特），我只好把第一版中的玻尔、毕加索、贝克勒尔删掉了。但这并不代表他们就不重要，相反，这 3 位与前 100 位名人一样，都是聪明睿智、对历史发展有着深远影响的人。正是因为有了他们，我们的世界才会如此精彩。

麦克 · 哈特

1992 年 1 月

The Author's

Introduction

作者前言

伏尔泰在著作《哲学通信》中提到，他在1726年旅英时，偶然听到学者们在争论谁是最伟大的人。焦点自然包括恺撒、亚历山大、铁木真和克伦威尔等。其中有位学者坚定地认为牛顿当之无愧是最伟大的人。伏尔泰对此深以为然，在他看来，“牛顿没有用武力征服我们，而是用真理引领大众”。

且不说伏尔泰当真认为牛顿是最伟大的人，还是想以此表达一个朴素的哲学思想，但这件事却引出了一个耐人寻味的问题：数百亿人在这个地球上出现过，其中又有哪些人能够影响历史前进的脚步呢？

我确定自己在本书中列出的史上有巨大影响力的100位人物，就是对这个问题的回答。特别说明一下，我侧重的并非这些人物本身伟大与否，而是在于他们在历史进程中发挥了哪些作用。

这100位人物都包括哪些人？谁的历史影响力最大？这些都是本书创作的着力点。人物对历史的影响大小决定了姓名排序的先后。值得一提的是，这些人，无论身份高低、名气怎样，是伪君子还是真伟人，都有一个共同的特点——非常有趣。也正是有了他们的存在，才形成了如今的世界，让我们过上了如今的生活。

至于要将谁选到这本书中，首先要考虑历史上是否确有其人，仅这一点就很难把握。比如传说中的老子是真实存在的吗？还有荷马和《伊索寓言》的作者，会不会只是传说中的人物呢？面对这种存疑的情况，我只有尽可能地寻找依据再进行推测。

无名之人不会被列入本书名单之中。假如某个人发明了车轮，显而易见，他比名单中的很多人都重要，但是由于他是个无名氏，便只能与发明书写的人一样，即使为人类进步做出贡献，也依然无法作为名单的候选人。

在对这些人进行排名的时候，我不会将知名度、声望、天赋以及地位作为衡量标准。所以本杰明·富兰克林、马丁·路德·金、鲍伯·鲁斯没有入选，甚至达·芬奇也只能与他们一起作为候补。另外，名单之中也有残暴之人，比如魔鬼般的希特勒。

他们还应具有世界影响力，那些仅对局部地区产生影响的人不在我的考虑范围之内。不过像彼得大帝这样能够对重要国家产生影响的人，他的存在足以震撼全球，理应位列其中。

那些具有影响力的人，不论身处哪个时代，他们对历史发展都应具有同等的重要性。

前路尚不可知，加之个人能力所限，我未必能够对所有事情做出准确的评价。谨慎起见，我仅关注那些可能会长久影响未来的人。比如法拉第和麦克斯韦，因为至少在500年之内，人类都要依靠电来生活，所以他们对未来的影响是深远的。

我会关注这些人在重要历史运动中的作用，并将之作为排名的依据之一。纵然历史不是由某一个人创造的，然而本书重点在于个人影响力，因此相对于历史的参与者，我更倾向于把他们视作历史的推动者。那么重要历史活动的发起人就可能要排在实际参与者之前。

举例来说，我将耶稣排在穆罕默德之后，并非前者没有后者伟大，而在于耶稣在基督教创建上的作用稍逊于穆罕默德在伊斯兰教创建方面的作用。

我在书中只字未提像武器制造、妇女运动以及印度教的起源这类事件。因为在一些历史活动中，参与者众多，却没有任何一个作用突出的人物，若是将功劳归于所有参与者，只怕这 100 人的名单便无法形成了。

女性对人类社会的发展功不可没。那些天资聪颖又具有影响力的妇女如同灿烂的群星。可惜她们的功绩往往隐没于历史长河之中。从某种角度来看，本书就如同历史的缩影，所以记录的女性仅仅有两名。不去刻意地增加几位女性的名字，或许能让世人更清醒地认识到女性长久以来遭遇歧视的事实。本书基于真实历史所著，绝非妄自揣测。类似情况发生在各个族群，历史对女性不公就是真相。

我反复强调，入选本书名单的基本条件就是个人影响力。若是用其他标准来衡量，或许就要出现另外一份截然不同的名单。如果以声望、品德、能力和禀赋为尺度，那么列出的就应该是“杰出人物”了。

我发现根据某一特质来给人排名是一件十分有趣的事情，读者们大可以用最有影响力、最杰出等作为标准来试试。人物不必局限于我的名单，只要 100 名即可，或是以权倾天下为标准，或是以非凡魅力为基本条件，全凭你来做决定。只要你开始做了，必然会拥有一个全新的世界观。

100 People Ranking

100 名人排名

1

穆罕默德

Muḥammad
约 570—632

对于我为何要把穆罕默德排在百位世界历史名人之首，想必读者们惊讶之余也会有不同的见解。在我看来，他是宗教与尘俗两界中最成功的人，从这方面来讲，世界上没有人能与之比肩。

穆罕默德出身寒微，却创立了世界上伟大宗教之一的伊斯兰教，其信仰者遍布全球，与此同时，他也是世界上伟大的政治领袖之一。即便已经过去了一千三百多年，他的影响力一如往昔。

本书中的人物大多来自历史文化底蕴深厚的国家，偏偏穆罕默德与之不同。公元 570 年，阿拉伯半岛西部的麦加还是一个缺乏商业、艺术和文化的边缘地区，穆罕默德就出生在这里。他 6 岁便成了孤儿，困苦的生活一直持续到成年。25 岁时，他娶了一位富有的寡妇，物质生活才有了明显改善。在年近不惑时，他身上开始显露出种种与众不同的风范。

那时候，阿拉伯人大多信奉传统部落神，可是在麦加却有一些人信奉犹太教或者基督教。也许，穆罕默德最初的宗教观点就来自这两种宗教——并在日后明确了这个世界应由一个全能的神来主宰。40 岁那年，他坚信自己就是真主安拉的传教使者。

前三年里，穆罕默德传教的范围仅限于亲友。到了公元 613 年，他开始在公开场合传播教义，渐渐地有了信徒。在麦加的部落贵族眼中，穆罕默德威胁到了权贵的利益，于是千方百计地迫害他的信徒。无奈之下，穆罕默德带着信徒于公元 622 年来到麦加以北 200 公里的麦地那，并计划建立一个神权国家。

这是穆罕默德人生的重要转折点，也是伊斯兰教历史上的“徙志”。在麦加的时候，穆罕默德的信徒并不多，但是到了麦地那，伊斯兰教的力量迅速汇聚起来。有了这股力量的支持，他才能与麦加的贵族们抗衡。公元 630 年，穆罕默德带兵包围麦加，没有招架之力的贵族们只好承认穆罕默德的权威和伊斯兰教的神圣。在他人生的最后两年，伊斯兰教吸收了大批信徒。公元 632 年他去世时，近乎统一了整个阿拉伯半岛的宗教信仰。

贝都因人生活在阿拉伯半岛，他们虽然骁勇善战，但人数少，且不团结。面对占有北部良田的阿拉伯人，一直都甘拜下风。穆罕默德是有史以来第一个用宗教引导并将他们团结起来的人。后来这支精锐的穆斯林军队开始了大规模征战。萨珊王朝的波斯帝国，地处阿拉伯半岛北部，如果单以军队人数论，穆斯林军队并没有胜算。可是在现实的征战里，穆斯林军接连横扫美索不达米亚、叙利亚和巴勒斯坦，并分别在 627 年的尼尼微战役、637 年的卡迪西亚战役中两次战胜波斯军队。642 年，这支彪悍之师又夺取了拜占庭的埃及。

◇以真主安拉的名义进行圣战的阿拉伯士兵

这些战绩是在穆罕默德的挚友、继承者艾卜·伯克尔和欧麦尔·本·哈塔卜两位哈里发带领指挥军队期间取得的，但战争并未止于此。公元711年，阿拉伯军队征服北非，目标锁定大西洋。他们一路向北，经过直布罗陀海峡，将西班牙收入囊中。

那时候的穆斯林军队仿佛能够征服信奉基督教的整个欧洲。然而在732年，这支已经攻入法国的队伍却在图尔战役中战败了。尽管如此，贝都因人还是已经把他们的版图拓展到了极端程度（东到印度河流域，西到大西洋沿岸）——在当时堪称极为庞大的帝国。随着穆斯林军队到处征战，伊斯兰教也传播得更加广泛。

最终阿拉伯人没能守住他们征服的土地。同样信奉伊斯兰教的波斯人从他们手中夺回了土地。历经七个多世纪，基督教重新统治西班牙。不过两个古代文明的发祥地——美索不达米亚、埃及，以及北非尚在阿拉伯人的掌控之中。不论怎样，这个新的宗教在后来几个世纪的发展中，到底是冲出了阿拉伯帝国的界限，在更广阔的范围内产生了深远影响。现在的伊斯兰教在非洲、中亚、巴基斯坦以及印度北部等地区拥有数以亿计的信徒。在印度尼西亚，这种宗教甚至承担着统一国家的重任。与之相反，印度的穆斯林却常常与印度教信徒爆发冲突，成了不稳定因素。

宗教影响着教徒的生活，伊斯兰教如此，其他宗教也不例外。所以本书还记录了世界上另外几个大教派的创立者。有些读者会奇怪，明明伊斯兰教徒数量没有基督教徒多，为什么要把穆罕默德排在耶稣前面呢？在这里我要解释一下：首先，在创立教派过程中，穆罕默德的个人作用比耶稣大。虽然耶稣是基督教信仰核心的创造者，但将教义发扬光大并撰写大部分《新约》内容的人却是保罗。

穆罕默德则不同，他既是伊斯兰教信仰核心的创造者，也是穆斯林道德规范的统领人。在伊斯兰教形成过程中，他起到了决定性作用。他创作的《古兰经》事实上也是他的个人语录，清楚地记载了他的思想理念和活动内容。但基督教里却没有任何著作来展现耶稣的真实生活。而且《古兰经》对穆斯林的

◇伊斯兰教圣城麦加

（位于城中央的麦加禁寺中，供奉着伊斯兰教的圣物——黑石）

重要性，就像《圣经》对基督教徒的重要性一样，穆罕默德通过《古兰经》向信徒传递教义思想。从两个宗教各自发展的角度来看，穆罕默德的影响力超越了耶稣和保罗两个人的综合影响力。而从宗教整体角度来看，穆罕默德对人类历史的作用至少不逊色于耶稣。

另外，作为尘俗社会的领导者，穆罕默德带兵征战，这也让他成为具有世界影响力的政治家，在这一点上他也超过了耶稣。

回看历史的发展，有人会觉得社会的发展与特定的时代人物之间没有必然联系。就好像南美从西班牙独立出来是历史进程的结果，而非西蒙·玻利瓦尔的出现。但同样的说辞却不适用于阿拉伯人的征战。如果没有穆罕默德的领导，阿拉伯人的战斗力不可能被彻底激发并接连获胜。举个成吉思汗领导蒙古人征战的例子来反证一下：13 世纪时蒙古大军占领的领土比阿拉伯人征服的土地还要广阔，但却不能长久地守住领土。如今，蒙古人已经退回到成吉思汗征战之前的区域了。

阿拉伯人则与之相反。从伊拉克到马格里布，他们一路建立阿拉伯国家，并在这些地方实现宗教、语言、历史以及文化的统一。因为阿拉伯人对《古兰经》有着坚定的信仰，使阿拉伯语在传承的时候能够不受其他地方语种的影响。纵使不同的阿拉伯国家之间存在差异和分歧，但是不可否认阿拉伯世界还是很有凝聚力的。就拿 1973 至 1974 年间发生的针对西方国家的石油禁运来说，就是所有阿拉伯国家一致开展的，同样是信奉伊斯兰教的石油出产国——伊朗和印度尼西亚就没有参与。

显而易见，7 世纪的阿拉伯征战产生的影响延续至今。伊斯兰世界的宗教与尘俗社会始终密不可分，这让我坚信穆罕默德就是历史上有巨大影响力的人物之一。

2

牛顿

Isaac Newton

1643—1727

自然与自然的规律隐藏在黑暗中：

上帝说，让牛顿诞生！于是世界一片光明。

——亚历山大·蒲柏

史上最伟大、最有影响力的科学家当属牛顿。1642年圣诞节[①]，牛顿出生在英格兰伍尔索普。与穆罕默德的情况差不多，他还未出生父亲就去世了。在孩童时期，牛顿就在机械方面展现出天赋，而且有很强的动手能力。尽管天资聪颖，但是由于读书时比较散漫，当时并未引起周围人的过多关注，以至于在他十几岁的时候，母亲一度希望他退学务农。好在有人及时阻止，她也意识到自己的孩子在其他方面是有天赋的。牛顿18岁时进入剑桥求学，在掌握了当时已有的自然科学和数学知识后，他开始了独属于他自己的科学探索。在21岁到27岁这短短几年间，他所奠定的科学理论的基础，引发了日后世界革命性变化。

17世纪是属于伟大科学的时代。17世纪初，天文学因望远镜的发明而发生巨变。来自英国和法国的两位哲学家弗朗西斯·培根和笛卡儿，呼吁欧洲科学家多多关注自己的实验和观察，而不是继续盲目崇拜亚里士多德。伽利略的做法与前两位的思想恰好一致。他用新发明的望远镜来观测天文，从而革新了天文学的研究方式，而且他的力学实验也为后来举世闻名的牛顿第一定律奠定了基础。

也是在那个时代，哈维发现了血液循环、开普勒证实了行星绕着太阳运转，这些伟大的科学家为科学界打开了新的大门。不过那时候弗朗西斯·培根的预言还没有被有力地证明，在人们眼中科学不过是知识分子纸上谈兵的游戏，而非能够应用到技术领域并引发人类生活变革的秘密武器。

在哥白尼和伽利略的努力下，一些古代科学的错误概念被否定，人类对

---

① 在牛顿出生之时，英格兰并没有采用教皇的最新历法（即公历），因此按儒略历计算，他的生日为1642年12月25日。而按公历计算其生日为1643年1月4日。——编者注

宇宙有了进一步的认识。不过那时却没有建立能够将种种科学观点联系在一起并进行预测推导的科学体系。直到牛顿的出现，这些理论才被梳理起来，且铺就了一条指引现代科学发展的道路。

早在 1669 年，牛顿就通过研究完成了大部分科学理论基础，可他并不愿意对外公布自己的研究成果，所以这些理论在许多年后才被人所知晓。他首次公开的是关于光的性质的研究成果。通过科学严谨的实验，牛顿发现构成彩虹的所有颜色在混合之后就会形成人们常见的白光。光的反射和折射定律同样也是由他发现的。凭着这些科学依据，世界上第一个反射式望远镜在他手中诞生，那一年是 1668 年。直到现在，这种望远镜仍是天文观测的主要工具。29 岁时，牛顿把他发现的这些科学真相连同其他光学实验成果一同交给了英国皇家学会。

其实牛顿单凭他在光学研究方面的成就就可以跻身于本书名人行列了。偏偏他在数学和力学方面的影响力更大。二十三四岁的牛顿为数学界贡献了微积分，这使现代数学在发展进程中迈出了最重要的一步。可以说，它就像种子一样，为后来的现代数学理论提供了原始基因。它又像不可或缺的工具，推动了现在科学的发展。所以微积分又是一项可以单独成就牛顿科学泰斗地位并位列本书的发明了。

牛顿最伟大的成就是在力学领域——主要研究的是物体的运动规律。起初伽利略用第一运动定律[①]描述物体在没有外力作用下的状态（原文如此——译者注）。可是众所周知，现实中的物体全部都会受到外力的作用，所以力学最关注的是物体在这种状态下如何运动。回应这一问题的正是经典力学中的基础定律——著名的牛顿第二运动定律。该定律用于计算物体加速度，即加速度 = 作用于物体上的合理力 ÷ 该物体的质量（$a = F/m$）。后来牛顿又提出了第三运动定律和著名的万有引力定律，来对前两个运动定律进行补充。这四大定律构成一个完整力学体系，人们借助这一体系才能够开展从钟摆摆动到行星运

① 伽利略在 1632 年提出了惯性原理。——编者注

行轨迹等一系列力学问题的研究，并测算出他们的运动状态。而且牛顿的贡献远不止提出了这些力学定律，他还亲自示范如何综合利用力学定律和微积分这类数学工具来解决实际问题。

不论在科学领域还是工程领域，牛顿定律的应用都十分广泛。在他在世时，这些定律就已经引起天文学领域的关注。他是这一领域的领军人物。1687年，他在个人巨著《自然哲学的数学原理》中提出了万有引力定律，并用它精准预测了各行星围绕太阳运动的不同状态。这样一来，牛顿完美地解决了长久困扰动态天文学的问题——如何准确预测恒星与行星的位置和运动状态。这也让他在天文学领域享有盛誉。

究竟要如何界定牛顿在科学领域的影响力呢？打开任何一部科学百科全书就会发现，关于牛顿的内容是最多的，而其他科学家提出的定律或者发现可能只是他的一半或者三分之一。更重要的是其他科学家对牛顿的高度评价。莱布尼茨曾与牛顿有过严重的分歧，两人之间更不存在友谊，他却曾表示："牛

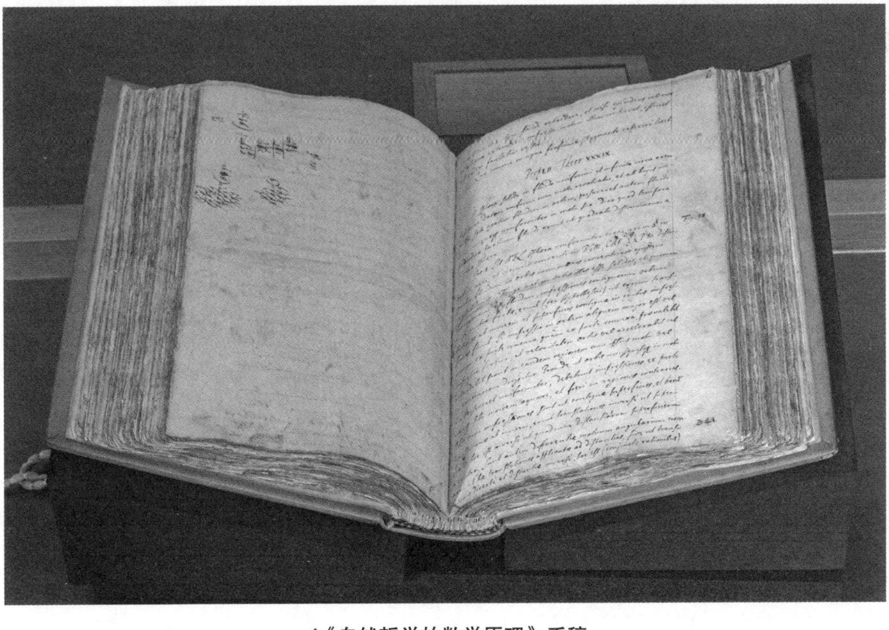

◇《自然哲学的数学原理》手稿

顿对数学发展的贡献绝对是前无古人的。”拉普拉斯是一名伟大的法国数学家，他将《自然哲学的数学原理》描述为“人类智慧最杰出的产物”。拉格朗日则把“牛顿是震古烁今的天才”挂在嘴边。1901 年，马赫在文章中写道：“牛顿之后，所有数学领域的成就都是基于牛顿定律，然后在力学的演绎上、形式上和数学上发展起来的。”也许牛顿的伟大之处在于，他能够将许多孤立的现象和定律整合成为体系，使原本只能表述现象的论述成为解释物理现象和预测发展的工具。

由于篇幅有限，我们无法把牛顿所有的科学成就一一呈现。例如，牛顿在热力学和声学领域取得过卓越成绩，阐述过动量守恒和角动量守恒，发现了二项式定理，还是科学阐释恒星起源的第一人，这其中任意一个成就都是不容忽视的存在。可是由于他对科学的贡献太大太多，我们便无法详述这些内容。

你也许不会否认牛顿是有史以来最伟大、最有影响力的科学家，但是你大概会奇怪，难道政坛风云人物亚历山大大帝、乔治·华盛顿都没有资格排在他前面吗？宗教里的耶稣、释迦牟尼为何要位列牛顿之后呢？依我看，纵然政治影响巨大，可是客观来讲，亚历山大去世后的五百年里，世界上大多数人的生活并未因他的离世而发生巨大的变化。以此类推，公元前 1500 年的人们与公元 1500 年的人们的生活也大同小异。然而在现代科学兴起的几百年间，几乎全人类的生活都发生了巨大的变革。相较于 1500 年前的人，我们的衣食住行、从事的劳动都变了，最重要的是我们有大量的时间可以用于休闲。科学的进步不仅是技术革新、经济发展，还在很大程度上影响了政治、宗教、艺术以及哲学，涉及范围几乎涵盖人类活动的方方面面。正因如此，那些科学家和发明家才会被记录到书本上。伟大的科学家牛顿深深影响着科学理论的发展，在任何一个世界影响力排名中，他都当之无愧名列前茅。

牛顿于 1727 年去世。他是第一个被葬于威斯敏斯特教堂（西敏寺）内的科学家。

3

耶稣

Jesus

约前 6—30

应该不会有太多人质疑耶稣在本书中的排名，毕竟他对人类历史的影响是有目共睹的。可是我为何没把他排在首位呢？毕竟他可是世界三大宗教之一的基督教的奠基者。

长久以来，基督教徒比世界上任何其他宗教的信徒都要多。不过我不想这样去衡量宗教之间的差异，我关注的重点是人物本身对社会的影响。基督教是耶稣和保罗这两位伟大人物共同创立的，在这一点上就不同于伊斯兰教。

基督教的道德准则和教规是耶稣制定的，而保罗则将基督教上升到神学层面。也就是说，耶稣制定了精神信条的基础框架，保罗又将其具象化为对救世主基督的信仰。《圣经》中的《新约》就是保罗所著，此外他也是公元 1 世纪基督教的主要传播者。耶稣与释迦牟尼和穆罕默德不同，受难时年纪不大，所以并没有很多追随者。在耶稣死后的几年里，信徒也只是成立了规模很小的犹太人团体。是保罗千辛万苦地撰写著作，四处宣传教义，才让基督教轰轰烈烈地传播开来，广泛流传在犹太人和非犹太人之间，最终成为世界上最大的宗教之一。

基于以上原因，有人认为比起耶稣，保罗才是基督教的创立者。这样说来，岂不是保罗要名列耶稣之前了？的确，基督教的发展壮大要归功于保罗，但是如果没有耶稣，又何来基督教呢？

我们不能把关于基督教的一切都归结到耶稣身上。例如教堂和教徒打着基督的名义做出违背耶稣思想的事情；又如对其他教派动用武力、针对犹太人进行政治迫害甚至残忍地屠杀，这些都不是真正的基督精神。

同样，尽管近代科学率先兴起于西欧的基督教国家，我们也不能把耶稣和近代科学凑成因果关系。当然了，基督教徒也没有把现实中的科学看作是由基督精神召唤出来的。客观来说，在罗马教廷强化对基督教的崇拜期间，科学技术还呈现出衰退趋势。

欧洲是近代科学的发源地，这得益于其文化传统里的科学和理性特质。而这些特质并非来自耶稣，而是源于亚里士多德和欧几里得，希腊理性主义在后两位的著作里早有体现。要强调的是，近代科学是在文艺复兴鼎盛时期发展起来的，而非教会权力最大的时期。

《新约》中有一些关于耶稣人生经历的记载，所以这些众所周知的信息便不多赘述。但有几点我要说明一下：第一，关于耶稣的大部分信息都不准确，就连他的真名我们都不得而知，世人相对公认的就是耶和华这个名字；第二，他何时出生，又在何时死去？我们只知道他大概出生在公元前 6 年，至于去世的时间或许只有当时的追随者知道，但对我们而言，这却是一个谜团；第三，耶稣的情况都来自《新约全书》，除此之外他没留下任何记载。

更让人困惑的是，《圣经》福音书里还出现了一些自相矛盾的问题。耶稣遗言在《马太福音》和《路加福音》中就出现了不同版本，偏偏它们又来自《旧约全书》。

耶稣引用《旧约》也算理所当然，除了作为基督教的奠基人，他本身还是一名犹太人。耶稣很像《旧约》里的希伯来先知。事实上，他的确受到了先知们的影响——拥有超凡的道德品格，给那些与他接触过的人留下了不可磨灭的印象。在深刻而丰富的感官世界里，他的个人魅力历久弥新。

相较于穆罕默德将政权与宗教紧密结合，耶稣在活着的时候几乎没给政治带来任何影响，甚至在他死后的一段时间里亦是如此。他的影响力仅限于精神和道德层面。

“黄金律”是耶稣倡导的一项道德标准，如今已经被包括基督教徒在内的大多数人所认同和接受，即便不能时时遵守，也尽力不去偏移。其实如果耶稣真能够创立一个让全世界都遵守的规则，那么他就可以毫无悬念地荣登百名影响力人物之首了。

“黄金律”最早出现在犹太教中，那时候耶稣还没出生。公元前 1 世纪，希勒尔作为犹太教领袖和拉比将“黄金律”作为最高教规。这种规则不是西方独有，早在公元前 500 年，中国的孔子就提出类似的思想，印度古老的诗篇《摩诃婆罗多》也有与之有异曲同工之处。可以说，“黄金律”所体现的哲学思想与几乎所有其他宗教思想是一致的。

难道耶稣创立的思想没有独到之处吗？并非如此。在《马太福音》第 5

章 43 ~ 44 节中，耶稣说：

> “你们听见有话说：‘当爱你的邻舍，恨你的仇敌。’只是我告诉你们：要爱你的仇敌，为那逼迫你们的祷告。”

耶稣又说：

> “不要与恶人作对。有人打你的右脸，连左脸也转过来由他打。”

这种思想并不存在于犹太教或者其他任何宗教的教义里，唯独属于基督教。不过这一思想并没有被广泛认同，所以耶稣的影响力不足以让他位列本书人物之首。

除此之外，耶稣还有一些箴言不为世人所认同，甚至有的已经失传。在大部分基督教徒眼中，那些思想过于理想并不适用于现实社会，他们不会要求自己和他人去实践，更不会用来约束后人。基督精神只能是一种让人向往却无人能及的存在。

4

释迦牟尼

Śākyamuni

约前 565—前 486

佛教是世界三大宗教之一，教派创始人乔达摩·悉达多大约出生于公元前565年。他的家乡是尼泊尔的蓝毗尼。作为迦毗罗卫国（古印度北部，今尼泊尔境内）国君的儿子，他在16岁时迎娶同样也是16岁的表妹为妻。尽管成长于奢华的皇宫，但他并不追求享乐。他见过穷人的贫苦，也发现富人并非事事如意，所有人都难逃生老病死。乔达摩坚信，应该有一种永恒的、不会因短暂痛苦和死亡而消逝的东西存在于世间。

29岁的乔达摩在有了第一个孩子后，决定彻底摆脱奢靡尘俗的束缚，用余生去追求真理。他舍弃王位和妻儿，开始了艰苦的流浪生活。他曾追随过当时的几位圣人进行学习，没多久他便发现老师们对事物的理解尚有不足之处。那时候很多人认为出家苦行可以通向真理，乔达摩亦深以为然。将近六年的时间里，他都在极度艰苦的条件下修炼自己，结果发现对身体的磨砺无法让人获得真理。于是他开始改变修行方式，恢复饮食。

他摒除周遭的干扰，在独自修行中感悟出人生真谛。菩提树下，35岁的乔达摩从傍晚沉思到黎明，终于顿悟成“佛”。从那以后的45年间，他一直在印度北部传播佛教。公元前486年，已经拥有数千名弟子的乔达摩离开人世。他的言论并没有流传后世，佛教学说则是由世代弟子口口相授的。

佛教有四项基本教义（即佛教徒口中的“四谛”，意为四个真理）：第一谛为“苦”，即人生万事皆苦；第二谛为“集”，即欲望是造成人生多苦的原因；第三谛为“灭”，指断灭一切世俗痛苦的原因后进入理想的境界，即“涅槃”；第四谛为“道”，指要达到最高理想“涅槃”境界，必须长期修“正见、正思维、正语、正业、正命、正精进、正念和正定”这“八正道”。在这里还要补充一下：佛教接纳所有人，不像印度教那样划分阶级，也不区分种族。

在释迦牟尼去世后的一段时间里，佛教传播速度迟缓。公元前3世纪，阿育王皈依佛教。作为印度历史上第一个统一政权——孔雀王朝的皇帝，他除了在自己的领土上广泛开凿石窟、打造石柱、组织僧侣整理佛经，还接连派人去邻国传教，使得佛教的影响力在这期间迅猛提高。佛教最先传到了锡兰（今斯里兰卡），随后是东边的缅甸以及东南亚国家；向北则传入中国西藏，除此之外还有西北的阿富汗和中亚地区。佛教在中国有很多信徒，经由他们，佛教又被传到日本和朝鲜。

公元 500 年左右，佛教在印度的影响力开始减弱。到了 1200 年，佛教几乎在印度绝迹。但在中国和日本，佛教却成为相对主要的宗教。甚至在很长一段时间里，佛教在中国西藏和东南亚国家占据了宗教的统治地位。

释迦牟尼去世后又过了几个世纪，终于出现了关于他的学说的文字记载。后来佛教分裂成多个“部派”，其中最主要的两个分别是东南亚的古代部派（又称“上座部”）和中国西藏以及亚洲北部地区的大乘佛教。西方学者大多认为，上座部继承的古代佛教主流教义，是最符合释迦牟尼的原始思想的。

释迦牟尼建立了世界三大宗教之一的佛教，我自然要把他排在本书的前列。但有人认为，释迦牟尼的影响力没有穆罕默德和耶稣大，是因为全世界基督徒大约有十亿，穆斯林大约有五亿，而佛教徒只有两亿。这样理解事物太过盲目，别让数字局限了思维。佛教之所以在印度衰退，是因为它的许多思想和

◇北京卧佛寺

（大乘佛教唐代禅宗的皇家寺庙）

规范被印度教吸收了，也就是说印度教中隐含着佛教教义。同样，有很多中国人觉得自己不信佛，实际上佛教的哲学早就渗透进他们的思想当中了。

不同于伊斯兰教和基督教，佛教强烈推崇和平主义。在佛教国家，“不使用武力”一度在政治活动中扮演重要角色。常有人说，倘若耶稣真的能复活，当他看到那么多人以他的名义做事，一定感到万分惊讶；当他得知不同的基督教派之间产生杀戮，一定会感到万分恐惧。同样，如果释迦牟尼在世，面对那么多不同的佛教教义，应该也要震惊不已。不过在推崇和平方面，释迦牟尼对弟子的影响力要大于耶稣，毕竟佛教不曾因为教派分裂和教义差别发生过大规模的流血事件。

同时代的释迦牟尼和孔子，不论在世界影响力方面，还是在追随者方面几乎不相伯仲。之所以让释迦牟尼位列孔子之前，原因有二：一是儒学在中国的影响力不如佛教；二是孔子学说由于源于中国传统文化，在其他国家未能产生深远影响。佛教则不同，它并非基于印度哲学思想，却能突破国界广泛传播，这都得益于释迦牟尼的教义兼具自身独特性和哲学的广泛性。

5

孔子

Confucius

前 551—前 479

伟大的思想家孔子是儒家学派创始人，他融会中国传统各家思想、学说而自成一格，倡导“仁义”“礼乐”“德治”，以及“君以民为本”的思想。两千多年来，儒家思想不仅深深刻入中国文化、融入中国人的生活，而且还对许多世界其他地方的人产生深远影响。

公元前 551 年，孔子出生在鲁国陬邑（今中国山东曲阜），在当时这是一个很小的国家。他很小的时候父亲就去世了，孤儿寡母生活艰难。长大后短暂的当了一阵子小吏。而立之年，他开始讲学，并有了很多弟子。后来他出任鲁国大司寇，代理行使宰相权力，那时他 51 岁。四年后，齐国挑拨鲁国国君和大臣的关系，孔子因此离开朝堂，开始了长达 14 年的周游列国之旅。最终他在鲁国度过了人生最后的三年，于公元前 479 年离开人世。

经常会有人错把孔子看作一种宗教的创始人。其实神在孔子的言论中鲜少被提及。他的哲学思想注重此世、安住当下，看重个人品德和行为，不讨论因果循环或者任何形而上学的东西。

在孔子看来，“仁”和“礼”是高尚者都应遵守的、最高的道德标准。某种程度上，我们可以把“仁”理解为“爱”，不过更准确的应是对人类的“大爱”。“礼”的概念则包括道德、礼仪、规矩、传统等。

强烈的祖先崇拜文化在中国源远流长。孔子的思想与之一致，他强调孝悌，要求子女遵从父母之命；他认为“君君、臣臣、父父、子子”是“礼”不可动摇的根本；他呼吁仁政德治，反对苛政；主张“民以君为心，君以民为本”。他还讲过一句与“黄金律”有异曲同工之妙的名言——己所不欲，勿施于人。

总的来说，孔子是保守主义者。他认为最好的时代是在过去，呼吁君臣

◇相传孔子曾问师于老子

遵守旧道德。不过当时的君主并没有采纳他的意见，所以他自称是改革者也没什么不妥。

在孔子所生活的周朝是一个人才辈出的朝代。纵使儒学在他死后成为显赫的热门学说，但当时孔子的思想并不被统治者所接受。在秦始皇时期，为了进一步统一人们的思想，儒学遭到了抵制。秦始皇在法家的建议下“焚书坑儒”①，结果并未达到预期目标。秦朝末期，儒家学说又逐渐恢复生机。到了西汉时期，“独尊儒术”的时代开始了。

汉朝通过考试选拔官吏②，考察的主要内容就是学生对孔子礼教的理解程度③。为了不辜负天赋和理想，一代代年轻人年复一年地钻研这门学说。在这唯一通往仕途的道路上，竞争是十分激烈的。

儒学被大多数中国人所接受和认同。它在长达两千年的时光里深刻地影响着中国人的思想和生活。原因有二：一是孔子本身品德高尚无瑕；二是他从不强人所难。这大概就是中华民族性格的体现，也是孔子能在中国取得成功的基础。他不要求国人改变信仰，只是以一种深刻的方式来让中国的传统思想再焕生机。这样来看，孔子或许是历史上最贴近本国人民的思想家了。

儒学强调个人的义务，而非权利。要是用西方观念来审视，儒学是不合时宜且让人难以接受的。可事实证明，它可以被应用在统治哲学领域。在近两千年里，中国在全球范围都算得上是一个长治久安的国家。

在儒学鼎盛时期，它在东亚以外的国家并未被广泛传播，受其影响颇深的只有朝鲜和日本。这是孔子的学说源于中国文化而产生的局限性。无论如何，儒学在中国历史悠久，根基深厚。如果下个世纪中国再出现一位新的儒学大家，我想那也是理所应当的。

---

① “焚书坑儒”中，“焚书”烧的是除秦国史书、医药、卜筮、种树之外的儒家经典书籍，“坑儒”是指活埋批评秦政的方士和儒生。

② 结合《汉书》《后汉书》等古籍记载和现代研究文献研究，汉朝官员的选官制度主要是察举制（“诏举孝廉”）和征辟制，而非“通过考试”。

③ 结合《隋书》《旧唐书》《通典》等古籍记载和出土文献考证，“科举制”选拔官员始于隋朝，考察内容以儒家经典为核心，考察考生对经义的理解、文学创作能力及时务策论，形式和内容随朝代演变而调整。

6

保罗

Paulos

约 3—67

使徒保罗是基督教最伟大的传教士，他与耶稣同一时代，只是年龄稍小一些。在对基督教神学的影响力方面，没有任何一名基督教作者或者思想家能够与他相媲美。

保罗本名扫罗，出生在西利西亚地区（位于今土耳其境内）一个名叫塔尔苏斯城的地方。虽然是罗马帝国的子民，但他从小就受的都是严格的犹太教育，而且掌握制作帐篷的技艺。他年少时曾到耶路撒冷跟随当时著名的犹太律法经师迦玛列学习。同一时间，耶稣也在耶路撒冷，不过这两个人大概率没有相遇过。

基督教在耶稣死后被视为异端，教徒也受到迫害。原本是迫害参与者的保罗在游历到大马士革时，睡梦中听到耶稣同自己讲话，从此人生道路发生转折，他从基督教的敌人变成了信徒，并最终成为基督教最虔诚坚定、最有影响力的拥护者。

在保罗的余生里，他一直为基督教思考、撰文，筹谋如何吸收更多的信徒。小亚细亚、希腊、叙利亚和巴勒斯坦都是他传教的地区。不同于先驱们成功地把基督教传到犹太人中，保罗的传教方式还引起了对方的反感，甚至让他多次置身险地。但在非犹太人社群，他的传教成绩十分喜人，这让他在基督教传播方面发挥了别人难以企及的作用，因此被奉为“外邦人的使徒”。

◇保罗在睡梦中看到耶稣降临

（米开朗琪罗的壁画）

保罗在耶路撒冷被捕的时候，已经完成了三次长时间的传教之旅。随后，他被押送到罗马接受审判。没人知道他最终被定了什么罪名，中间是不是离开过罗马。只知道在公元67年，保罗被处死在罗马附近。

对基督教的发展，保罗有以下三点贡献：一，成功将基督教义进行广泛传播；二，他的书信是《新约》的重要组成部分；三，推动了基督教神学的发展。

《新约》共 27 章，目前专家们只能确定其中有四五章左右是由其他人所著，而保罗撰写的内容至少有 14 章，因此他应该是《新约》的主要作者。保罗对基督教神学产生的影响是不可估量的，他的思想可以总结为：先知耶稣基督为人类的罪代受死亡，以自己受难救赎相信者的罪。任何人都有与生俱来的原罪，只有信耶稣，罪过才能被宽恕。在这部分内容中，保罗对原罪进行了阐述说明（《罗马书》第 5 章第 12～19 节）。

保罗始终认为，仅靠遵守律法并不能让人得到救赎，无须强求信徒遵守犹太人节食的规矩和《摩西五经》的戒律，哪怕割礼的传统也可以抛到一边。一些早期的基督教领袖不赞成保罗的思想。幸好保罗没有在这些人面前败下阵来，否则基督教就不能在罗马帝国迅速传播了。

保罗没有结过婚，也没跟女人发生过性关系。他刻意与女人保持距离，这一点从《圣经》对女性的偏见就能窥探一二。保罗说："我对着没有嫁娶的女人和寡妇说，若他们像我就好。倘若自己禁不住，就可以嫁娶。与其欲火攻心，倒不如嫁娶为妙。"（《哥林多前书》第 6 章第 8～9 节）保罗对女性地位有着明确的态度，他说："女人要沉静学道，一味地顺服。我不许女人讲道，也不许她辖管男人，只要沉静。"（《提摩太前书》第 2 章第 11～13 节）

把基督教从一个犹太人的小教派发展为世界三大宗教之一的这个人不是别人，而是保罗。基督教各个派系都认同他的观点：上帝是神，能够审判所有人。奥古斯丁、阿奎那、路德、加尔文这些基督教的神学家，都深受保罗的影响。正因为保罗对基督教有着巨大影响，所以部分学者认为耶稣算不上基督教的创立者，保罗才是。这样理解其实有失公允。不过即便保罗的影响力在耶稣之下，却依然远超其他基督教的思想家。

7

蔡伦

Cai Lun

约 62—121

很少人知道造纸术是由蔡伦发明的。这着实让人意外——西方人居然会忽视如此意义重大的发明。不仅“蔡伦”二字没有出现在西方几种主要的百科全书中，就连历史书对他也鲜少提及。可是我们理应看重蔡伦的影响力，毕竟纸张的出现意义非凡。

蔡伦在历史上是真实存在、有史可稽的。他在中国古代的身份是一名朝廷内官。公元 105 年，他将样纸呈到皇帝面前。这段历史翔实地记录在中国史书中。蔡伦也作为造纸术的发明者在中国家喻户晓。

史书中关于蔡伦本人的记载并不多，只提到他是一名太监。由于发明了造纸术，皇帝龙颜大悦，对他进行了赏赐，他因此变得富有。可是没过多久，他就遭人陷害，屈辱之下蔡伦服下毒药，选择体面地死去。

公元 2 世纪的时候，纸张在中国被大范围使用。此后的几个世纪，它又被出口到亚洲其他国家。造纸的技术在很长一段时间里都是中国的重要秘密。公元 751 年，阿拉伯人抓了一些中国的造纸工匠，随后将造纸业在阿拉伯世界推广。12 世纪时，欧洲人又从阿拉伯人那里掌握了造纸的方法，从此纸张被广泛使用。后来，谷登堡发明了近代印刷术，进一步推动纸张替代羊皮作为书写材料在西方使用。

如今，纸张随处可见。我真不敢想象，如果这是一个没有纸的世界，那该是什么样子！也许就像蔡伦发明造纸术之前，中国人把字写在竹简上，这种书籍的笨重可想而知。当然也有在绸子上写字的，可造价太贵。纸张传入西方之前，山羊皮或绵羊皮做的纸替代了罗马人、希腊人和埃及人用的莎草纸，然而用这样的纸张来写字不仅价格贵而且供应不足。

现在，得益于纸的存在，我们才能印刷出版大量书籍和资料。当然，印刷术也功不可没。可如果没有大量的、造价低廉的纸，印刷术的意义也将大打折扣。

所以蔡伦和谷登堡谁更胜一筹呢？我觉得他们是一样的。而我之所以把蔡伦排在前面，原因如下：第一，纸张的用途并不局限于书写方面，如今纸张在其他方面的用途在很大程度上已经超过前者；第二，蔡伦比谷登堡更早出现，而且印刷术的发明是基于纸张的存在；第三，假如纸和印刷术只能有一个被发明，我猜活字版羊皮图书一定少于木印版图书。

所以谷登堡和蔡伦都要被排在本书前十名吗？为了深入地说明造纸术和印刷术的意义和影响，我们有必要先对比一下中西方文明。公元2世纪前，西方文明程度领先于中国。中国汉代的时候，文明发展的脚步加快并超过西方。公元7世纪到8世纪，中国已经是世界文明程度最高的国家。但是15世纪以后，中国又被西欧反超。对此，学术界各执一词，我认为原因没有那么复杂，只是人们忽视了重点。依我看，在蔡伦发明造纸术前，中国没有便于书写的材料。西方的莎草纸虽然有诸多缺点，但相较于竹简这类材料还是有更多好处的。所以那时候书写材料制约了中国文化的发展。试想一下，当一个文人出行，他的书竟然要用车来装载，如此条件之下，社会文化信息的交流该有多少障碍。

◇砍伐竹子，将其浸泡，以备造纸

蔡伦发明造纸术彻底改变了这种情况，使得中国的文化很快赶上了欧洲（当然，欧洲的文明进程也受到政治分裂的影响。不过在14世纪时，中国政治分裂远比欧洲情况更严重，但文化并未受到太大影响）。之后的几个世纪里，欧洲文化发展进入迟缓阶段，在此期间，中国四大发明中的另外三项——指南针、火药、雕版印刷术相继出现。纸张相较羊皮纸，有造价低廉、供应充足的优点，它的广泛应用还推动了写字桌的出现。欧洲人掌握纸张的制造和使用后，才有机会

◇提炼纸浆

◇造纸

◇压纸

◇晾晒纸张

直接面对中国，西欧文化与中国文化之间的差距开始缩小。马可·波罗的著作里也有关于这方面的记载，他在书中提到，至少在13世纪时，中国是领先于欧洲的。

至于中国后来逐渐被西方赶超，除了涉及复杂的文化因素，也包括一些单纯的技术问题。15世纪，欧洲文化在谷登堡发明批量图书印刷技术后迅速发展，而中国却因始终停留在雕版印刷阶段导致文化发展速度减缓。如果你同意以上观点，便会认同蔡伦和谷登堡的历史地位相同。与其他发明家相比，蔡伦就重要多了。毕竟大多数发明都是时代的产物，总有这个或者那个人将它发明出来。但是蔡伦却是创造时代的。欧洲人在造纸术出现的一千年后，才从阿拉伯人那里学会这项技术。而其他亚洲人即便见过中国纸，却也在制造上不得其法。可见造纸术工艺复杂，是一种领先于时代的发明，而非时代的产物，这是独一无二的蔡伦为人类做出的特殊贡献。蔡伦的造纸术一直都作为造纸行业的基础发挥着巨大影响力，直到机器印刷被广泛应用，才将锋芒分出去一些。

这就是我先后把蔡伦和谷登堡排在本书前10名的原因。

8

谷登堡

Johannes Gensfleisch zum Gutenberg

1400—1468

谷登堡发明了铅字印刷术，使得人类能够快捷、大量地生产印刷制品。

铅字印刷术同任何一项发明一样，都不是单凭发明家灵光一闪就能无中生有的。它的原理类似远古时代就出现的印章。雕版印刷技术领先谷登堡好几个世纪，大约在公元 868 年，中国就有印刷的图书制品了。在谷登堡之前，中国的印刷术就已经被西方世界知晓，尽管雕版印刷为图书的多册印制提供了条件，但它有一个最大的缺陷——每印制一套新书，就要用木板或者石板重新刻字，所以并不适用于多种书籍批量生产。

有人认为是谷登堡发明了活字印刷。殊不知，中国人毕昇在公元 11 世纪就这么做了。那是一种由胶泥制作的很容易破碎的活字。后来又有中国人和朝鲜人对此做了改良。朝鲜人做出金属活字时，谷登堡还没出生。15 世纪初，朝鲜的金属活字在宫廷的支持下开始被制造。所以我们不能把印刷术都归功于

◇谷登堡和朋友们查看首张印刷页面

毕昇一个人。首先要说明，欧洲的雕版印刷是自创的，并非从中国学来；其次，中国的活字印刷在很长时间里并未被广泛使用，而且中国的现代印刷技术来自欧洲。

活字、排版、带有油墨的印刷机和印刷材料构成了现代印刷的四要素。很久以前，中国发明了造纸术，后来这种技术在欧洲广泛传播，这为谷登堡后来的发明提供了必要条件。纵然已经有前人打好了基础，但谷登堡也做了大量的改进工作。比如他发明了铸字盒、铸字合金、冲压字模和油脂性印刷油墨。

不仅如此，谷登堡还综合了以上要素，研究出一套高效的生产方式。印刷术不同于其他发明，最终目标应该是批量生产。同样是武器，一支步枪比一副弓箭的效果好。但书不一样，印制的和手写的都不影响阅读，前者适合大批量生产的特点让它更有优势。谷登堡的贡献，不仅是发明了铸字盒、印刷机，更重要的是他制定了完整的生产程序。

流传下来的关于谷登堡生平的资料很少，只知道他于1400年出生于德国美因茨。15世纪中期，他开始潜心研究活字印刷。1454年，他在美因茨排印了《圣经》，这是他最有影响力的作品，后人把这个版本的圣经称为《谷登堡圣经》（令人不解的是，谷登堡从未在他印制的书上留下自己的名字，虽然这些书明明就是他印制的）。他在做生意方面并不成功，好几次官司缠身，特别是与合伙人J. 富斯特的商业纠纷，更是让他赔光家产，后半生都

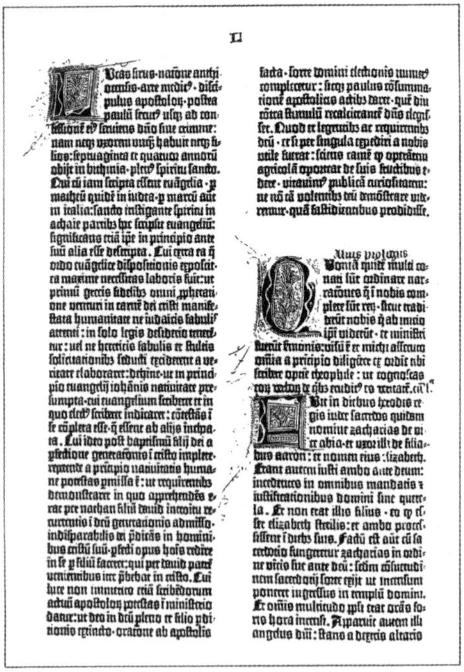

◇《谷登堡圣经》中的第一页

陷于贫困失意之中。1468 年，谷登堡逝世于美因茨。

通过比较中西发展历史，就能得出这样的结论——谷登堡对历史产生过巨大影响。在谷登堡出生时，中西方科技水平差距不大。谷登堡的近代印刷术问世后，欧洲科技迅猛发展；中国长期使用原始的印刷术，科技文化也发展平平。自然，把印刷术作为整个科技文化发展快慢的主要因素太过片面，但这至少是一个不能忽视的重要因素。

另外要特别说明的是，在本书中，生活在谷登堡以前五百年的人只有 3 个，而生活在他之后五个世纪的却有 63 人。在我看来，谷登堡的发明很可能是推动近代工业革命的关键。

我敢说，作为时代的产物，即使没有贝尔，电话也会问世。但是如果没有谷登堡，那么近代印刷术很可能要晚几百年才会被发明出来。把他排在如此靠前的位置，正是这个原因。

9

哥伦布

Cristoforo Colombo

约 1451—1506

哥伦布原本想找到从欧洲到东方的航线，却意外发现了美洲大陆，这对世界的影响完全超出了那个时代人的认知。他的发现揭开了新世界的面纱，开启了探险和殖民的时代，更让人类历史进入重要拐点。哥伦布开辟了两个新大陆，这为人口不断增多的欧洲寻找到了适合移民之地，和可以促进经济发展的资源供应之地。也是这个发现，让美洲印第安文明遭受到毁灭性的打击。最终，一个不同于印第安土著且深刻影响旧世界的国家在西半球诞生了。

哥伦布的故事众所周知。1451 年，他出生在意大利热那亚，成年后成为一名船长，并靠着熟练的技术承担着领航员的职责。随着时间的推移，一种信念慢慢在他心中汇聚——从欧洲一路向西航行就能到达东方。在他的游说下，西班牙女王伊萨伯拉一世为航行提供了资金支持。

1492 年 8 月 3 日，哥伦布带领船队从西班牙的哥美拉岛启航，向着无边无际的陌生海洋前进。航行是十分漫长的，渐渐地，水手们开始担忧、害怕，

◇《伊莎贝拉面前的哥伦布》

（作者瓦茨拉夫·布罗日克）

纷纷有了回家的念头。在哥伦布的坚持下，最终瓜纳哈尼岛映入他们的眼帘，那一天是 1492 年 10 月 12 日。

第二年 3 月，西班牙以极高规格的礼仪迎接哥伦布的回归。后来，哥伦布又壮志满怀地进行了三次航行，试图跨越大西洋并找到直达中国和日本的航道。他自认找到了通往东亚的路线，但后来证明他的愿望并没有成真。

伊萨伯拉曾承诺过，如果哥伦布发现了新的陆地，那么他可以选择其中任何一个地方担任总督。可惜哥伦布不是一个成功的行政长官。后来他不仅被罢官，还被押解回西班牙。尽管很快就被释放，但后来他再没有得到过任何官职。有人认为他是在贫困潦倒中死去的，这绝对是毫无根据的。直到 1506 年去世，哥伦布仍是个大富翁。

哥伦布的初次航行在欧洲历史上具有革命性意义，对美国的影响则更为深远。就连小学生都知道 1492 这一年意味着什么。可是仍有人不认同我把哥伦布放在这么靠前的位置。

其中一个观点是：第一个发现新大陆的欧洲人不是哥伦布。北欧航海家利夫·埃里克森到达美洲大陆的时间要早于哥伦布几个世纪。而且在这段时间里，可能还有一些欧洲人也穿越过大西洋。但是从历史角度来看，埃里克森并没有起到任何推动性作用，他的发现既没有广泛传播，也没让欧洲和美洲受到任何影响。反之，哥伦布发现新大陆在短时间内享誉欧洲，随后他又接连对新大陆进行更深的探索，这才引发了欧洲国家对美洲土地的殖民和征服。

像本书提到的大多数人一样，发现新大陆这件事如果哥伦布不去做，也会有别人做。15 世纪的欧洲正处于动荡时期——贸易的扩大必然推动探险活动的开展。事实上，在哥伦布之前，葡萄牙人就已经找到接近印度的航线了。

美洲似乎注定要被欧洲人发现，只是时间早晚的问题，而且也不会太晚。只不过如果美洲大陆不是在 1492 年被哥伦布发现，而是在 1510 年由法国人或者英国人发现，那么结果将大不一样。但终究，是哥伦布领先一步。

还有一种观点：15 世纪时就有很多欧洲人知道地球是圆的，那时哥伦布还没开始航行。希腊哲学家亚里士多德早在几个世纪前就提出过这种设想，而

◇哥伦布登上新大陆

15 世纪的知识分子对此也很认同。但我们要注意的是，让哥伦布扬名的不是他证明地球是圆的，而是他发现了新世界。而亚里士多德和其他 15 世纪的欧洲人都不知道世界上有新大陆的存在。

哥伦布为人贪婪，自然没有让人肃然起敬的高尚品格。比如他 味想要争取更多利益，所以向伊萨伯拉争取资助的过程并不顺畅；又如在对待印第安人的方式上，他也是非常残暴的。也许用现在的道德标准去评价他并不公平，不过这并不重要。本书的排名是以对人类的影响为标准，而非品德，所以哥伦布依然能够位列前位。

10

爱因斯坦

Albert Einstein

1879—1955

20世纪最伟大的科学家和古今最卓越的学者当属阿尔伯特·爱因斯坦。相对论是他最伟大的成就，其中包括两个理论：分别于1905年和1915年形成的狭义相对论和广义相对论。它们算得上是爱因斯坦的“万有引力定律”。由于其理论十分复杂，在这里便不对其进行解释，仅对狭义相对论进行简单评价。

这句话你定不会觉得陌生——“所有事都是相对的”。别以为爱因斯坦的理论就是这种对哲学陈词滥调的翻唱，相反，他用数学的方式对其进行了精准地表达。在这个过程中，科学的度量是相对的。观测者本身决定着对时间和空间的主观感受。但是在此之前，大多数人认为是真实的距离和绝对的时间决定着主观印象，通过精密的仪器就能够对这些距离和时间进行客观地测量。爱因斯坦否定了绝对时间的存在，从而引起了科学思想的革命。下面将举例证明爱因斯坦是怎么用他的理论来修复人们的时空观的。

假设飞船X以10万千米/秒的速度飞离地球。飞船上的人和地球上的人同时对飞船速度进行观测，得出的结果是相同的。同一时间，飞船Y以更高的速度与飞船X同向飞行。如果让地球上的人和飞船Y上的人去测量飞船Y的速度，得出结果都是飞船以18万千米/秒的速度离开地球。

由于两只飞船同向行驶，看起来两只飞船的速度差是8万千米/秒，那么飞船Y就会以这个速度远离飞船X向前行驶。

但是运用爱因斯坦的理论将会让我们得到这样的结果：观测两只飞船的时候，飞船X和飞船Y上的人不会认为他们之间的距离在以8万千米/秒增加，而是一致认为这个速度是10万千米/秒。

也许你认为这很荒谬，要么觉得这是在玩文字游戏，要么觉得其中有一些隐藏的细节因素。非也非也！在这个假设里，飞船的细节构造和动力来源并不存在影响上述结果的因素，观测没有失误，仪器没有缺陷，人员没有作假。依爱因斯坦的看法，导致这一结果的原因仅仅是时空本身的基本性质（这一结果用他的速度合成公式就能计算出来）。

相对论的理论程度非常高，许多人在数年里将之视为“象牙塔”假说，进而否定它的意义。然而随着1945年的两颗原子弹被投到广岛和长崎，人们才明白爱因斯坦是正确的。相对论学说内容之一即质量和能量在某种特定定义下是相等的。关系公式可以列为 $E=mc^2$。其中 E 表示能量，m 表示质量，c 表示光速。由于 30 万千米 / 秒的光速是非常快的，所以 c^2 的数字就更加巨大了。放在公式里看，只要物体质量发生些微改变，那么引发的能量变化也将是惊人的。

当然，原子弹或者核电站不是仅靠一个公式 $E=mc^2$ 就能造出来，我们同样要铭记其他在原子能发展中做出贡献的人。而且爱因斯坦绝对功不可没。因为如果爱因斯坦没有在 1939 年写信给罗斯福总统，强调美国要发展原子武器，特别是要在德国之前发展原子武器，那么就不会促成“曼哈顿”计划的开展，第一颗原子弹也许就不会诞生。

人们对狭义相对论的争论很激烈，但有一个观点是统一的：它很有可能是历史上最不可思议的科学理论。爱因斯坦的广义相对论证实人们想错了——这个理论的前提条件居然是万有引力来自空间本身的弯曲，而非通常意义上的物理力——这才是真正的不可思议。

◇爱因斯坦在讨论他的理论

空间本身的弯曲要怎么测量？什么情况才是空间本身弯曲了？对于自己提出的理论，爱因斯坦还给出了明确的数学公式。通过公式，人们不仅能够做出预测，还能对结果进行检验。后来很多观测结果都证明了爱因斯坦方程的正确性，其中最著名的、证据最有力的都是来自在日全食时完成的观测。

从某些方面来看，广义相对论明显不同于其他科学定律。

第一，这个理论不是基于精细的实验，而是建立在对称和数学的美学之上。追求科学的唯理主义是一部分古希腊哲学家和中世纪学者都尝试过的（这使他们无法与现代科学经验相融合）。古希腊哲学家们在追求优美和对称的时候，没有想办法建立可以验证结论的数学方法。爱因斯坦则不同，他的理论能够经受所有的检验。爱因斯坦的成就之一就是——广义相对论是公认的最具美感、最高雅、最强大且理智上满足所有科学理论的科学学说。

第二，广义相对论还有一个特异之处。相较于大多数科学理论的近似有效，广义相对论是绝对有效的。近似有效是指理论在很多情况下是成立的，但也存在不成立的情况。而绝对有效的广义相对论在任何环境下都成立。在现阶段所有已知条件下，无论是理论上的还是实验里的，广义相对论都是绝对成立的。也许这个完美的记录会在未来被打破，但在目前，广义相对论仍是最接近科学“终极真理”的存在。

爱因斯坦的相对论让他家喻户晓，事实上他的其他成就也足以奠定他在科学界的声望。要知道，爱因斯坦获得诺贝尔物理学奖靠的是一篇关于光电效应的论文，那曾是一个困扰物理学家们的难题。在那篇论文中爱因斯坦假设性地提出了光子的存在。长期的干涉实验形成了一种概念——光是由电磁波组成的，加之波动性和粒子性是直观的相互对立的概念，这让爱因斯坦的假说完全不同于经典理论的自相矛盾。他的光电定律实用性强，光子假说也深深影响了量子理论发展。如今，光子假说已成为量子理论的

◇1945 年 8 月 6 日，原子弹在日本广岛爆炸

重要组成部分。

我们可以将爱因斯坦和牛顿做一下对比。总的来说，牛顿的理论更易理解，他的优势是率先发展了那些理论。而另一边，爱因斯坦的相对论即便经过细致解释仍是十分晦涩难懂。可见这种理论在建立的时候必然更加困难。当一些思想与当时主流思想相抵触的时候，牛顿的理论不会自相矛盾。可是相对论里却有很多悖论。爱因斯坦的特异之处还表现为，当他最初的思想只是一个初出茅庐者的假说时，他也能对这些有着明显矛盾的理论加以坚持。然后通过综合细致地思考，证明这些矛盾都是表面存在的，且他能够给每个悖论提供解决办法。

以如今的视角来看，爱因斯坦的理论比牛顿的理论更加“正确”。可是为什么要把他排在牛顿之后呢？因为牛顿是现代科学和技术的奠基人。当今社会的科技多数依靠的是牛顿的理论，而非爱因斯坦的，前者的现实影响力更大。

不过爱因斯坦的排名还是比较靠前的，原因在于：常规情况下，一种思想的形成需要很多人的努力，比如社会主义的发展、电学和电磁学的发展都能有力地证明这一点。然而，就相对论来说，虽然不能将它全部归功于爱因斯坦，但主要贡献却是他做出的。客观来看，相较于其他同样地位的思想，相对论更能体现一个天才的创造性。

1879 年，爱因斯坦出生在德国的乌尔姆城。他高中时到瑞士读书，1900 年加入瑞士国籍。五年后，他获得苏黎世大学博士学位，虽然没能找到可以从事学术研究的工作，却在这一年里发表了包括狭义相对论、光电效应以及布朗运动理论在内的几篇文章。这让他在几年之间就奠定了世界杰出的天才科学家的地位，其中影响最大的成就当属相对论。他的理论引发科学界的巨大争议，能够引发如此广泛关注的科学家，除了他便只有达尔文了。1913 年，爱因斯坦出任柏林大学[①]教授，兼任威廉皇帝物理研究所所长、普鲁士科学院院士。这些职务为他自由地开展科学研究提供了便利条件。

---

① 现为格林洪堡大学。——编者注

德国政府为爱因斯坦提供了优厚的待遇，事实证明他们的决策是正确的。因为爱因斯坦在两年后提出了广义相对论，并在 1921 年成为了诺贝尔物理学奖的获得者。在他以后的人生里，始终都顶着世界著名科学家的光环。

希特勒掌权后，爱因斯坦犹太人的身份让他在德国的处境逐渐危险。1933 年，他到美国新泽西州的普林斯顿高等研究院工作，七年后成为美国公民。爱因斯坦经历过一次失败的婚姻，第二次结婚才收获幸福。他有了两个孩子，都是儿子。1955 年，爱因斯坦去世于普林斯顿。

爱因斯坦对其他事物也很热衷，常常发表政治意见。他一贯反对政治独裁，满怀激情地呼吁和平，坚定不移地支持犹太复国主义。在着装和社交方面也颇有个人风格。他为人幽默，做事谦虚、不卑不亢，在小提琴方面也有些天赋。牛顿的墓志铭对爱因斯坦来说也许更合适，那句话是这样说的 ：“生灵们，为出现过这样辉煌的人而欢呼吧！”

11

巴斯德

Louis Pasteur

1822—1895

医学史上最重要的人物当属法国化学家、微生物学家巴斯德。他一生为科学做出很多贡献，其中最广为人知的是他提出了“生源说”以及推动了预防接种的发展。

1822 年，巴斯德出生在多勒城，那是一个位于法国东部的地方。在巴黎读大学时，他选择了自然科学专业。那时候他没有什么出众的地方，一位化学课教授认为他是“平庸”的学生。后来人们发现那位教授对他的评语并不正确，在 1847 年取得博士学位以后，他很快就有了让人意外的表现。26 岁那年，凭着对酒石酸镜像异构体的研究，巴斯德成为一名化学家。

后来，他又专注于有关发酵的研究。他证明了发酵是某些微生物作用的结果。此外他还证实，在发酵饮料里有些令人讨厌的物质是另外一些类型的微生物产生的。这不由得让他联想到，某些微生物可能会导致人和动物生病。

但第一个提出细菌会引起疾病的人并不是巴斯德。在此之前，弗拉卡斯托罗和亨利都曾提出过类似的假设。不过在他们当中，巴斯德对生源说的主张最为积极，并且他还通过大量的实验对自己的理论加以证明，这也是科学界能够接受这一理论的重要原因。

假如病菌能够引起疾病，那么按照这个逻辑，只要阻止病菌进入人体，就能够避免生病。巴斯德强调，内科医生的消毒方法是十分重要的，这很大程度上推动了利斯特将消毒方法应用于外科手术。

细菌可以利用食物和饮料作为媒介进入人体。而巴斯德发明的巴氏消毒法恰恰能够消灭饮料中的微生物。应用这种技术，几乎可以清除所有会污染牛奶的细菌。

巴斯德开始研究炭疽病的时候已经五十多岁了。这种传染病会严重危害牛和其他动物，当然也包括人类。巴斯德

◇巴斯德在他的实验室

证实是一种特殊细菌引起了这种疾病。相对于这个科研结果，更重要的是他发明了一种能够培养弱化了的炭疽杆菌的技术。把这种细菌注入牛的身体，虽然会引发牛感染炭疽病，但是症状却轻微许多，牛还能因此获得抵抗这种病菌的免疫力。巴斯德这项技术引起了轰动，当见证过它的有效性后，人们很快就意识到可以通过这个办法来预防其他传染病。

狂犬病预防接种技术是巴斯德最著名的成就，这项技术结束了人们在狂犬病面前毫无招架之力的状态。按照巴斯德的思路，其他科学家先后发明了能够抵御其他可怕疾病的疫苗，其中包括斑疹伤寒疫苗和脊髓灰质炎疫苗等。

巴斯德工作兢兢业业，在其他方面也取得了不俗的成绩，虽然不如上面提到的伟大成就耀眼，但是也很有实际意义。而且如果他没有提供其他科学家所不能提供的大量实验证明，那么微生物生产过程就不会这样有说服力。通过实验，巴斯德发现某些微生物能够在缺少氧气或缺少空气的条件下生存；发明

◇巴斯德在普伊勒堡一家农场进行公开实验

了能够让鸡免受霍乱伤害的疫苗；在对预防蚕病的研究方面，他还体现出了巨大的经济影响力。1895 年，巴斯德于巴黎附近的郊区离开人世。

巴斯德常常被拿来跟爱德华·詹纳对比，后者是天花疫苗的发明者。纵使詹纳取得的成就比巴斯德早 80 年，不过我却觉得巴斯德的影响力大得多。毕竟詹纳的疫苗只能针对单一的疾病，可是巴斯德的方法则能够对很多疾病起到预防作用。

19 世纪中叶以后，世界上大部分地区的人均寿命大约提高了一倍。此数据的增长关系到每一个人，以往人类历史上任何发展大概都无法与之相提并论。现代科学和医学的发展几乎让人类拥有两次生命。如果这个延长生命的壮举是巴斯德独自完成的，那么他必须位列本书的第一名。不过即便他没能如此，但鉴于他的突出贡献，他依旧可以享受这方面的多数荣耀。所以他在本书的排名还是十分靠前的。

12

伽利略

Galileo Galilei

1564—1642

在对科学方法的发现方面，大概没有任何人能赶超伟大的意大利物理学家伽利略。1564 年，他出生在意大利的比萨。青年伽利略曾经是比萨大学的学生，后来因为贫困被迫放弃学业。1592 年，他以教师的身份回到这所学校。过了几年，他到帕多瓦大学担任教师，并在那里工作到 1610 年。他的大部分科学发现都是在那段时间里完成的。

伽利略第一个科学贡献是关于力学的。亚里士多德曾提出，较重物体的下落速度要比较轻物体的下落速度快。许多学者都认同这个论断，偏偏伽利略要去验证。通过一系列的实验，很快这位古希腊哲学泰斗的断言被否定了。其实，抛开空气对物体的阻力，不论物体轻重，他们下落的速度都是一样的。（顺便说一句，有传言伽利略曾在比萨斜塔上公开做过这种实验，但这很可能是毫无根据的杜撰。）

确认了这一点，伽利略更新了实验步骤。他通过认真测量单位时间内物体下落的距离，发现物体下落时间的平方与下落经过的距离是成正比例的。这是一个意义非凡的发现（加速度的意义暗含其中），更重要的是伽利略能用数学公式来总结实验结果。这也体现出现代科学的重要特征——广泛地利用数学公式和数学方法。

◇比萨斜塔

（据说伽利略曾在此演示自由落体实验）

惯性原理的发现是伽利略对科学的另一重要贡献。在此之前，人们认为如果没有力作用在运动的物体上，它的速度就会变慢，最后停止。可伽利略却用实验证明这是错的，哪怕这是一个被普遍接受的观点。倘若将摩擦力这类阻力去掉，那么运动着的物体将会永恒运动。这个理论算得上物理学里最重要、最基础的一个理论。后来牛顿对其进行了全新的解释和说明，并把它结合到第一运动定律当中。

伽利略最引人注目的成就是在天文学方面。17 世纪前叶，关于天文学理论的争论十分激烈。早期地心说的支持者和拥护哥白尼日心说的两派人之间有着严重的纷争。1604 年，伽利略就率先表示对哥白尼观点的支持，不过那时候他还拿不出实质证据。1609 年，荷兰出现了望远镜，尽管只是听闻关于这一设备的只言片语，但伽利略还是凭着自己的聪明才智造出了一架，而且性能更好。有了新设备，他开始将观察的目标转移到了天上，并在一年后取得了一系列重大发现。

通过观察，伽利略发现月亮表面有很多像火山口和高山的凸起，它并非一个光滑的球体。他得出结论：天体像地球一样凹凸不平，它不是光滑无瑕的。伽利略还观察了银河，发现它是由许许多多恒星组成的，而非一条单一的星云体。只不过那些恒星离我们太过遥远，导致人们无法看清，误以为那是连成一片的。在观察行星的时候，伽利略发现木星被四颗卫星围绕。这就能够说明，一个天体未必是围绕地球运转，也可能围绕另一颗行星运转。他还曾观察到太阳黑子（其实以前也有人观察到太阳黑子，但是没能像伽利略那样得到科学界的关注）。他亦发现金星的相位和月亮的相位很相似，这对证实哥白尼的理论具有重要意义。哥白尼的理论认为太阳是中心，地球和其他行星都是绕着它运行的。

伽利略因为改进了望远镜和取得一系列重要的发现而声名鹊起。可是教会的人却反对他，仅仅是他支持了哥白尼。1616 年，他被禁止向学生讲授哥白尼学说。在很长时间里，他都愤愤不平。1623 年，教皇去世，但禁令仍没有解除，执行禁令的人居然还曾是伽利略的支持者。第二年，新教皇保罗八世就没有继续坚持这条禁令了。

伽利略完成了他的巨著《关于世界两大体系的对话》，一共用了六年。这本书精妙地解释、证明了哥白尼的理论。1632 年，教会检察官同意让这本书出版。可是当书真正问世后，教会又因此愤怒不已。在罗马宗教法庭上，伽利略被冠上了违反“1616年禁令”的罪名。

当然，著名科学家被起诉引起了不少教会人士的不满。就算在当时教会法律下，控诉理由也是不充分的，因此对伽利略的判决并不严重。他被幽禁在自己位于阿切特里乡下的家里，而非囚禁在监狱中。原则上他是不能接待访客的，但是也没人去监督执行这一判决。除此之外，教廷对他唯一的要求就是公开收回关于日心说的观点。在法庭上，69岁的科学家伽利略按要求做了声明。（有一个流传很广的传闻，据说伽利略做完声明后，盯着地面激动地说：“它依旧在运动。”）在被幽禁的日子里，他坚持撰写有关力学的书籍。1642年，他于阿切特里去世。

◇伽利略杠杆定律的插图

（来源于伽利略著作《关于两门新科学的谈话及数学证明》）

人们在很久之前就已经明白伽利略是科学发展的有功之臣。这自然包括他自己的科学发现，例如惯性原理、改进望远镜、对天体的观测和证明哥白尼的学说。但更重要的是他还影响了科学方法论。在他之前，受到亚里士多德的影响，多数自然哲学家只是进行大量的定性观测，然后对观测到的现象进行描述。伽利略则对这些现象进行测度和定量观测。这种强调定量测量的方法后来成为科学研究的基本特征。

在科学研究的经验态度上，伽利略的贡献也许无人能及——他是坚持科学实验必要性的第一人。他反对科学问题完全依赖权威，不管那些观念是来自教会还是亚里士多德。他拒绝接受没有实验基础的复杂推想。中世纪时，经院派哲学家们不辞疲倦地讨论什么应该发生、某些事为什么要发生，伽利略却通过实验来告诉大家实际上发生了什么。

他反对在科学上故弄玄虚，在这方面他甚至比牛顿这些后来人更具现代观点。

伽利略对宗教的虔诚态度也足以让他拥有一定知名度。尽管教廷判他有罪，可他依旧没有背弃宗教和教会，只是对教会镇压科学研究提出了抗议。后世将他奉为对抗教条主义和妄图镇压思想自由的独裁主义的领袖，他是担当得起这份荣誉的。而作为建立现代科学方法的先锋，他发挥的影响力和作用则更为巨大。

◇《伽利略面对罗马宗教裁判所》

（克里斯蒂亚诺・班蒂创作于 1857 年）

13

亚里士多德

Aristotle

前 384—前 322

在世界古代史上，最伟大的哲学家和科学家非亚里士多德莫属。他开创了形式逻辑学，充实和发展了哲学的各个分支，为科学贡献了巨大的力量。

亚里士多德的许多思想在如今这个时代已经不合时宜。可是他的思想根基、成功的关键——理性思维，比任何一项具体理论都更有分量。他的著作传递了这样的观点：人类社会和生活的方方面面都是思考和分析的客体；宇宙万物是按照一定秩序运行的，而非被神、幻术掌控；人类对自然界进行系统地探索具有重要的意义和价值；我们的结论要通过实验和逻辑分析来获得。这些主张是对传统主义、迷信和神秘主义的反对，很大程度上影响了西方文化。

公元前 384 年，在马其顿的斯塔吉拉，亚里士多德诞生了。身为马其顿国王御医的儿子，亚里士多德在 17 岁那年到雅典的柏拉图学园求学。他在那里学习了 20 年，柏拉图去世后，他才离开学校。也许是在父亲的影响下，亚里士多德喜欢生物学和实证科学；而他对哲学推理的兴趣则是受到柏拉图的影响。

公元前 343 年，他回到自己的国家，成为 13 岁的亚历山大王子的老师，任期三年。这位王子就是日后的亚历山大大帝。公元前 335 年，亚历山大登基，亚里士多德离开马其顿，到雅典的吕克昂开设了一所学校。在亚历山大四处进行军事征服的 12 年里，亚里士多德都居住在雅典。亚历山大虽然并不愿听从老师的建议，却给亚里士多德提供了大量用于科学研究的经费。亚里士多德大概是史上第一个获得国家赞助的科学家，同时也是此后几个世纪中唯一的一位。

只不过伴君如伴虎。亚里士多德反对亚历山大成为一名独裁者。后来亚历山大把亚里士多德的侄子以叛徒的罪名杀死，这无异于杀了他的老师。可雅典人却觉得他们师徒二人是亲密的。公元前 323 年，反马其顿者在亚历山大死后占领了雅典，他们以“不信神”的罪名指控亚里士多德。联想到 76 年前苏格拉底的遭遇[①]，亚里士多德以不能让雅典人有机会反对哲学为说辞，逃离了

① 公元前 399 年，古希腊雅典哲学家苏格拉底被雅典征服指控有渎神罪而由陪审法庭宣布判处死刑，史称“苏格拉底审判”。

◇亚里士多德与他的学生亚历山大

那里。公元前 322 年，62 岁的亚里士多德在颠沛流离中开了人世。

亚里士多德对世界的贡献大到让人难以置信。他一生撰写的著作至少有 170 部，其中有 47 部流传后世。作品数量不足以证明他的伟大，更重要的是他那令人顶礼膜拜的渊博学识。他的科学著作放在当时的年代无异于一部知识百科，其中涵盖了天文学、动物学、胚胎学、地理学、地质学、物理学、解剖学、生理学等科目，只要是古希腊人能够知道的，里面都会涉及。他的著作包含三个方面：一是对前人知识的汇总；二是助手为他做的调查结果；三是他个人的科学见解。

身为一名伟大的、全面的科学家，他对世界的贡献无人能及。他的成就并不局限在某一方面。他是名副其实的哲学家，几乎对哲学所有学科都做出了贡献。此外，道德、形而上学、心理学、经济学、神学、政治学、修辞学、美学、教育学、诗歌、风俗以及雅典宪法等都在他撰写文章的范围内。为了研究宪法，他还搜集了不同国家的版本，然后进行对比、研究。

◇柏拉图与亚里士多德在论道

（拉斐尔创作的壁画——《雅典学院》）

亚里士多德为哲学做出的最大贡献就是开创了一个重要的哲学分支——形式逻辑学。逻辑思维是他能够在各个领域都取得光辉成就的基础，这种思维已经融入他的研究、统计和思考。人无完人，亚里士多德也不是始终正确的，只不过他犯错次数很少。

亚里士多德的思想深刻地影响着西方文化的主流方向和内涵。在上古和中古时期，他的著作被译成拉丁文、叙利亚文、阿拉伯文、意大利文、希伯来文、德文和英文等许多版本。

后来的希腊学者和拜占庭学者都十分推崇他的作品。中世纪基督教思想和伊斯兰教经院派哲学理论的基础都来源于他的思想。伊斯兰世界最重要的思想家阿威罗伊（伊本·路西德）的思想体系，其实就是伊斯兰传统思想与亚里士多德的理性思想的结合产物。迈蒙尼德是最有影响的犹太教思想家，他用理性主义解释犹太教义，在融合科学、哲学和宗教方面获得了巨大的成功。基督教学者托马斯·阿奎那的《神学大全》是传承亚里士多德思想最伟大的作品。除了以上这些，中世纪受到亚里士多德主义的影响的学者还有很多，本书就不一一列举了。

随着亚里士多德的著作不断被知晓，在中世纪出现了一段新的研究亚里士多德思想的时期，学者们认为只有打好这个基础，才能进一步获取其他方面的真知。亚里士多德在研究方法上善用三段论，即习惯性以批判态度对待以往的或者同时代的理论，然后找到理论上的盲区进行讨论，最后用演绎法进行推理论证。

亚里士多德的某些思想对现在人来说有些极端。比如，他对奴隶制和男尊女卑持肯定态度，认为这是顺应自然的（他的这种思想也体现那个时代的特点）。不过他的多数思想哪怕放到现在也是很前卫的，例如“贫穷是革命和罪恶的根源”，“立法者应将重点放在对年轻人的教育上”，“忽视教育必然动摇国家根基”。（在那个没有公共教育的时代，显然他关于教育的思想是超前的。）

亚里士多德的影响力在最近这几个世纪已经明显下降了。可他的影响毕竟是广泛和深远的，我难免会因为没能把他排在更靠前的位置而遗憾。亚里士多德，他与前面的12位人物一样，都对人类历史的发展产生了巨大而深远的影响。

14

欧几里得

Euclid

约前 330—约前 275

在本书所有人物里，伟大的古希腊数学家欧几里得的声誉最是经久不衰。像拿破仑、亚历山大大帝和马丁·路德这些人物，生前的时候比欧几里得有名得多，可若是比谁的声望经久不衰，那欧几里得可是要大比分获胜的。

即便这样，知道欧几里得生平经历的人却不多。我们所了解的是，大约在公元前 300 年，欧几里得在埃及的亚历山大从事过教师工作，至于他何时出生、何时离世，他出生在何处、去过哪些城市，所有的这些信息我们都无从知晓。他有过几本著作，其中不乏有流传至今的。不过让他在历史舞台上占有重要位置则是《几何原本》——一本伟大的公理化数学巨著。

《几何原本》的伟大之处不在于提出了什么定理。书中提到的绝大部分定理和使用的证明方法，在欧几里得之前就已经为世人所知了。该书的卓越之处在于，作者不仅将这些知识进行了梳理划分，而且进行了全面系统地解释说明。其中就包括首次对公理和公设做出适当的选择（这项工作难度非常大，需要超强的判断力和洞察力）。之后，他细致地将这些定理进行排序，并确保定理在逻辑上的前后一致。对于一些衔接不紧密之处，他则会给出恰当的补充步骤或提供说明。值得一提的是，虽然《几何原本》中大多数内容是关于平面几何和立体几何发展的，但其中也不乏关于代数和数论的论述。

◇第一版英文版《几何原本》

（1570 年出版）

在长达两千年的时间里，《几何原本》都被当作教科书使用。它无疑是最成功的教材，以至于前期的同类作品在这部杰作面前不仅失去了所有光彩，而且迅速被取代，最终消失在人们的记忆中。原版的《几何原本》是用希腊文写成，后来被翻译成多种文字。在谷登堡发明铅字印刷术 30 多年后的 1482 年，这本书被首次印刷出版，至今它已经出版了上千种不同版本。

《几何原本》在锻炼人的逻辑思维方面，甚至比亚里士多德的这类书籍还优胜一些。而在建立完整的公理演绎体系方面，它更是卓越的典范。所以这本书一经问世就让许多思想家对其顶礼膜拜。

客观地说，《几何原本》是促进现代科学形成的主要因素之一。科学不仅仅是仔细观察和细致总结那么简单。科学之所以伟大，原因之一在于能够将经验与实践有机结合，原因之二在于详细的分析和正确的推理演绎。

我们不知道为什么科学的产生地不是中国、日本，而是偏偏是欧洲。但可以确定这是必然的结果。在这其中，诸如牛顿、伽利略、哥白尼和开普勒这样的人发挥了重要的作用。为什么这些杰出的人都是欧洲人，而不是东方人呢？这里面涉及了一些基础因素，其历史原因就在于希腊的理性主义和源自希腊人的数学知识让欧洲人更善于理解科学。

在欧洲人看来，只要依靠几个物理的基本原理，自然就能推演出其他理论。因为前辈欧几里得已经做了最佳示范（欧几里得的几何科学在欧洲人眼中不是抽象的存在，他们认为这类公设和相关的定理都是有客观现实基础的）。

上面提到的这些人其实都算得上欧几里得的传人。他们都曾认真地学习过《几何原本》，并从中掌握了数学基础知识。欧几里得对牛顿的影响是显而易见的。牛顿在创作《自然哲学的数学原理》时，就采用了类似《几何原本》的“几何学”的形式。牛顿之后，也有许多西方科学家效仿这位前辈的演绎论证方法。其中数学家包括伯兰特·罗素、阿尔弗雷德·怀特海等，哲学家则有斯宾诺莎。

用中国来做对比，更能凸显欧几里得的辉煌成就。很长时间里，欧洲的技术都是落后于中国的。可是，由于中国没有像欧几里得这样的数学家，便未能建立像欧洲数学理论那样的科学体系（中国人对实用几何的理解程度较高，却不曾将其升华成演绎体系）。1600 年，欧几里得的思想才传入中国。又经历了几

◇欧几里得演绎几何原理

个世纪，那些受过教育的中国人才掌握了他的演绎几何体系。这期间，中国人都没有开展过这方面的工作。

日本的情况跟中国差不多。日本人接触欧几里得思想的时候已经是 18 世纪，而且他们为了弄懂这些内容还花了好几年的时间。虽然日本现在有很多优秀的科学家，但是在那之前却一个都没有。这不禁让人好奇，要是没有欧几里得这位奠基者，欧洲还会有科学吗？

现代的科学家发现，还有其他内在统一的几何体系可以通过演绎来建立，欧几里得几何体系在这方面不是唯一的。过去的 150 年里，许多非欧几里得几何体系被创立出来。爱因斯坦的广义相对论被广泛接受后，人们开始认识到，欧几里得的几何学在实际宇宙中并非完全正确。比如，在面对黑洞和中子星周围的超强引力场时，宇宙的准确情况就无法用欧几里得的几何学来演绎。不过这只是极其特殊的情况。总的来说，欧几里得的几何学适用于大部分现实世界。

不论科学如何进步，欧几里得对数学发展做出的贡献，为现代科学形成建立逻辑框架的劳苦功高都不会被轻视，他的学术成就永耀光芒。

15

摩西

Moses

约生活于公元前 13 世纪

在历史上的所有人中，摩西拥有的崇拜者一定是最多的。甚至可以说，当时摩西的崇拜者随着他的名气遍布世界各地。摩西大概生活在公元前13世纪，在大家的认知里，摩西的《出埃及记》中的法老就是拉美西斯二世。而拉美西斯二世的死亡时间是公元前1237年。《出埃及记》中提到，摩西生活的年代，拉美西斯的统治遭到了大量希伯来人的反对。在长达五个世纪里，摩西都是令所有希伯来人深深敬仰的人。公元500年，随着基督教的传播，摩西的名字也传到了欧洲许多地方。一个世纪后，摩西被穆罕默德认为是真正的先知。随着伊斯兰教的发展，摩西获得了整个伊斯兰世界的尊敬（也包括埃及）。如今，他已经是犹太教徒、基督教徒和穆斯林共同敬仰的人。得益于现代的媒体，摩西的名气相较过去有过之而无不及。

尽管声望很高，但是有关摩西人生经历的真实资料并不多。就连他是哪里人都是人们推测出来的。有种说法，摩西不是希伯来人，而是埃及人，因为他的名字是埃及人才会取的（其名字的意思为“儿子”“儿童”，是许多法老名字中的一部分）。《旧约》中关于摩西的部分多是传说，而非真实的事件。例如荆棘经历火烧而不毁、手杖变蛇，甚至还有80岁的摩西率领希伯来人在沙漠里行进40年的情节。尽管我们特别想知道真实的摩西是什么样的，但前面提到的事情着实让人难以置信。

有不少人试着去说通《旧约》中有关摩西的记载，可面对充满神话色彩的故事，这实在太难了。其中摩西与荆棘的这一段，就如同巴比伦尼亚故事与阿卡得的萨尔贡之间的关系，匪夷所思又密不可分。公元前2360—公元前2305年，萨尔贡是苏美尔地区最伟大的统治者。

归纳起来，摩西有三个成就：

一是政治方面，他带领希伯来人走出埃及。

二是著作方面，他是律法书（犹太教《圣经》前5卷，包括《创世记》《出埃及记》《利未记》《民数记》《申命记》）的写作者。有些西方的基督教徒称犹太教为摩西教。希伯来人的行为规范——《旧约》中的古犹太律法就是由摩西制定的，其中包括十诫。鉴于《旧约》和十诫的特殊意义，摩

◇《西奈山上的摩西》

（西蒙·朱利安创作于1773年的版画）

西作为作者，他的巨大影响力是毋庸置疑的。对此也存在一些不同的声音。很多基督教的神学家提出，书中很多内容是摩西去世后被写进去的，所以摩西并不是这些著作的唯一作者。另外一个认同度更高的观点是，在记录希伯来人生活习惯和制定希伯来律法方面，摩西起到了作用，只是程度深浅难以断定。

三是唯一神论方面，很多人认为犹太教的唯一神论是摩西提出的。这种说法缺少事实支撑。关于摩西的信息都来源于《旧约》，但《旧约》却认为创立唯一神论的人是亚伯拉罕。不过我敢说，如果没有摩西，犹太教的唯一神论可能早就销声匿迹了，它能有后来的传播和进步，很大程度上都是摩西的功劳。犹太教的唯一神论是世界上最大的两个宗教——伊斯兰教和基督教的基础，从这一点上看，摩西的历史影响力是非常深远的。如今，他虔诚信仰的唯一神论已经遍布世界各地。

16

达尔文

Charles Robert Darwin

1809—1882

1809年2月12日，进化论的奠基人达尔文在英国的什鲁斯伯里出生（这天也是美国总统亚伯拉罕·林肯的生日）。他16岁进入爱丁堡大学学医，偏偏对这个专业和解剖提不起兴趣，便转入剑桥大学学习神学。可到了剑桥，他才发现自己不是读书的料，反倒是射箭、骑马这些体育运动比较适合自己。后来在他的请求下，他的导师将他以物理学家的身份推荐给海军“贝格尔”号，让他跟随考察团进行环球旅行。一开始他父亲是持反对意见的，觉得这样不利于他的学习，好在最终被说服了。事实证明，西方科学史上没有哪次环球旅行能比这一次更有价值。

1831年，22岁的达尔文跟随“贝格尔”号起程了。考察船航行了五年，先后经过南美海岸、加拉帕戈斯群岛，在绕过太平洋诸岛后，最终抵达印度洋和南太平洋。在长期的旅行途中，达尔文领略了很多美丽的景色，拜访了几个原始部落，发现了很多动物化石，观察了各种各样的植物生存生长情况。更重要的是，他还把自己的所见所闻都详细记录了下来，这为他后来进行相关研究奠定了基础。

达尔文于1836年回到了家。在后来的20年里，他创作推出了一系列著作，进而成为英国最有影响力的生物学家。他在1837年的时候就坚信，动物和植物都有一定的变化规律，绝不是一成不变的。只是那时候他的进化论思想还没有形成。1838年，达尔文读了马尔萨斯的著作《人口论》，从那之后，生存竞争的思想在他意识里逐渐形成。考虑到这种想法会遭到很多质疑，所以他并没有急着发表这个观点，取而代之的是把大量时间用在收集能够支持自己观点的证据。

达尔文的《物种起源》[①]的初稿于1842年完成。之后的几年里，他把所有时间和精力都投入到写作当中。1858年，正埋头对这部巨著进行完善的达尔文却收到一封来信，是英国博物学家A.华莱士（当时在东印度工作）写给他的。在信中，还附有华莱士关于进化的论文初稿。令人尴尬的是，在每一个主

① 《物种起源》全名为《通过自然选择的物种起源》，此为简称，后同。

要观点上，两人都出奇的一致。这是华莱士独立完成的理论，此次来信就是想在论文发表前，得到达尔文这位有实力的科学家的意见。显然，这件事如果处理不好，就会以双方争夺优先发表论文而收场。好在一个月后，他们将华莱士的论文和达尔文的大纲合在一起，交给了一个科学团体。

说来奇怪，这篇论文在当时居然没有什么人关注。反倒是达尔文的《物种起源》在1859年一经出版就引起轰动。它应该是有史以来发行量最大的一本书，社会各界的讨论度也非常高。后来达尔文的其他著作出版时，基本上也都是这样的情况。达尔文热度最高的作品是1871年出版的《人类的由来及性选择》。在这本书中提到——人类是由类人猿进化而成的。

围绕这本书的讨论十分激烈，但是达尔文并未参与其中。原因之一是，环球考察后他一直身体欠佳（在南美洲的时候，他被蚊虫叮咬患上恰加斯氏病，他身体不好可能是这个原因）；原因之二是，在支持进化论的人中有一位能言善辩、激情四射的人为达尔文代言，这个人就是赫胥黎。到1882年达尔文去世时，他的观点已经被科学家们广泛接受。

进化论的创始人不是达尔文。在他之前，达尔文的祖父伊拉兹马斯·达尔文和法国博物学家拉马克等人都提出过类似的设想。不过由于他们没有给出进化的方法，无法令科学界信服并接受这样的猜想。而达尔文不仅指出物竞天择的过程和结果，而且还提供了大量有利的证据，这才是他的伟大之处。

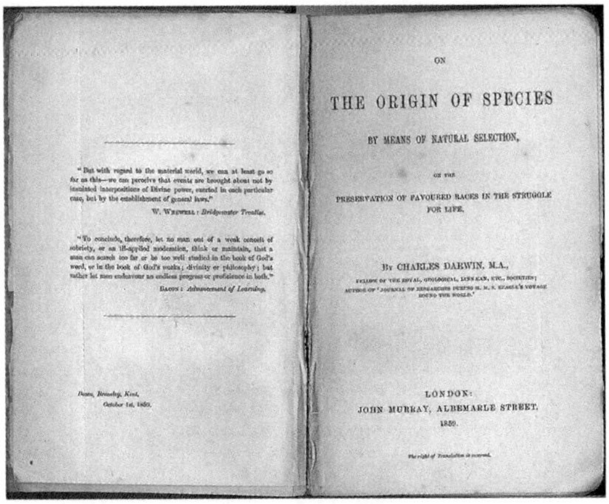

◇《物种起源》扉页

（1859年出版）

要特别说明的是，在达尔文所在的时代，人们对于动植物的某些特征能够传递给下一代的原理并不知晓。所以他的学说并不是建立在遗传学的基础之上。事实上，在达尔文做研究的同一时间段里，孟德尔正在研究遗传学定律，他的理论是对前者理论的完美补充，可惜他的作品直到1900年才得到人们的关注，那时达尔文的理论体系已经建立完整。现在，我们理解的进化论，其实是达尔文的物竞天择理论和孟德尔遗传定律的结合体，这要比单一的达尔文理论更加完善。

达尔文的学说深深地影响着人类的思想。单从科学角度来讲，它引发了生物学领域的重大变革。从物竞天择理论涉及的宏观领域来说，达尔文的学说对人类学、社会学、政治学和经济学也意义重大。

相较于科学和社会学，宗教思想受到达尔文思想的震撼更为剧烈。无论是达尔文生活的年代，还是之后的很长时间里，让虔诚的基督教徒接受进化论，无异于动摇了他们的信仰根基。其实难怪他们会有这样的担心，很明显，其他诸多因素也在削弱他们的宗教情感（后来，达尔文成为不可知论者）。

对于尘俗世界的人，达尔文的学说很大程度上改变了他们对世界的认知。从前，人类是自然界的中心，但现在人们不再这样想了。我们若是把自己看作动物中的一种，就会意识到，不知哪一天我们的优势地位就会失去。如此说来，赫拉克利特“一切皆流，无物常驻”的观点更容易获得广泛认同。用物竞天择理论解释进化发生的原理，从而解答人类进化过程的几乎所有问题，这正是进化论的成功之处。如今，达尔文的“物竞天择”“适者生存”不再是科学术语，它们已融入了人类的日常词汇。

事实上，不论有没有达尔文，进化论都会出现。毕竟华莱士的观点与他的理论十分相似。但为生物学和人类学带来变革的人终究是达尔文，是他改变了人类对自己在地球上所处地位的看法。

17

秦始皇

The First Emperor of Qin

前 259—前 210

公元前 246 年[1]至公元前 210 年，是秦始皇执政中国的时期。他通过战争统一中国后，推行了一些让中国在文化上保持统一的重要改革。

秦始皇嬴政生于公元前 259 年，逝世于公元前 210 年。为了更好地让大家理解他的历史地位，我先介绍一下那时的历史背景。中国的周朝建立于公元前 1046 年，而秦始皇则出生于周朝末年。早在秦始皇之前的几个世纪，周朝就已经开始衰败，中国进入诸侯割据时期。

那时候诸侯之间不断爆发战争，弱小的诸侯国难免会被吞并。位于中国西部的秦国，是一个相对强大的诸侯国。当时不同派别的思想有着不同的治国理念。法家强调法治，主张一切权力归君主所有；儒家提倡德治，主张仁义礼乐；道家则追求无为而治。在诸子百家之中，秦国的统治者最终采纳了法家的思想进行改革。

或许是法家思想、地理位置和统治者的治国能力让秦国凑齐了“天时地利人和”，这个国家日益强大。嬴政出生时，它已经是最强大的诸侯国了。公元前 246 年，刚刚十三岁的嬴政登基为王。公元前 238 年，他开始独立处理朝政，带兵出征其他诸侯国。公元前 221 年，秦国消灭了最后一个对手，诸侯割据的时代至此结束，一个中央集权的统一国家正式建立。秦王嬴政作为中国的第一位皇帝，自称始皇帝。

统一中国后，为了不再出现之前诸侯割据的局面，秦始皇废除旧制度，推行了一系列重要的改革。他把全国划分为 36 个郡，由朝廷任命和调动郡守、县令。国家中央则设丞相、御史大夫、太尉等职，平衡制约文武百官的权力。他还取消了官位世袭制，不论官大官小，都由皇帝直接任命。为了监管那些旧贵族，秦始皇还让他们都搬到京城咸阳。

不仅如此，秦始皇还推行“书同文”“车同轨”的改革。他修驰道、通水陆、去险阻，按秦国的制度统一全国度量衡、货币和车轨，将小篆作为全国统

① 关于秦始皇统治的时期在学术领域有不同观点，公元前 246 年被称为秦始皇元年，是其即位时间。——编者注

一的文字。

秦始皇最为人熟知的，也可以说是罪恶昭彰的行为，就是在公元前 213 年，下令焚烧除了农业、医药、法家和秦朝史书之外的所有书籍。这可能是历史上最大规模的禁书运动。秦始皇这么做的原因是想消除法家之外所有学派的影响，特别是削弱儒家的影响力。不过他自己却将一些禁书收藏在咸阳的御用图书馆。

秦始皇的对外政策十分强势。为了防止外族入侵，他下令把北部边界各处的城墙连起来，形成一道巨大的高墙，后也称作万里长城。修筑长城及对外征战大大增加了徭役赋税，老百姓苦不堪言。平民直接对抗暴政是不可能的，因此开展了一些刺杀秦始皇的活动。公元前 210 年，秦始皇驾崩。

◇荆轲刺秦王

秦始皇去世后，他的小儿子继承皇位，被称为秦二世。因为没有父亲那样的领导能力，登基不久秦二世就遭到起义反抗。三年后，秦大臣赵高逼死秦二世，项羽军队攻入咸阳并焚毁宫殿，秦朝被灭。

不过，秦始皇完成的统一大业仍在。暴政结束，百姓们都很高兴。其中有些人希望能够回到秦朝以前的制度，不受中央集权的管理。可随后建立起来的汉朝沿用了秦始皇建立的体制。之后的两千多年中，中国的体制也都是以秦制为基础的。所以，即使汉朝取代秦朝，儒家替代了法家，秦始皇对政治文化方面进行的统一也没有变。

由此可见，秦始皇对中国乃至世界都起到了至关重要的作用。中国的地大物博一直都让西方敬畏，不过古时候中国的人口数量并没有西方的多。另外，中国是一个统一的大国，而欧洲总是有许多小国家，这也是中西方的区别。其原因自然不是山川地理的阻隔，而是政治和社会因素造成的。不过中国统一的功劳不单单是秦始皇一个人的，隋文帝等也在这方面发挥过重要作用。

丞相李斯为秦始皇的皇图霸业立下了汗马功劳，所以有时候我们无法将他们的成就区分开来。但总的来说，功绩还是要归于秦始皇，因为如果他没有采纳李斯的建议，那么后来的一切都不会发生。

儒家一直都在批判秦始皇，说他是暴虐、迷信、凶恶的君主，这大概与当年的“焚书坑儒”有关。在西方人眼中，秦始皇与恺撒是同一个级别的，可能前者要比罗马帝国的奠基人更具有能力。二者所建帝国在政治制度创新上虽均有深远影响，且罗马帝国存续时间远超秦朝，但秦始皇统治的领土在后世得以长期维系，由此可见，秦始皇是具有特殊影响力的。

18

奥古斯都

Augustus

前 63—后 14

提起历史上的重要人物，必然少不了古罗马第一任皇帝奥古斯都。公元前 1 世纪，妄图分裂罗马共和国的内战被他平息。随后，他改变了罗马政府的架构，为罗马赢得了两个世纪的太平盛世。

奥古斯都原名盖约·屋大维，出生于公元前 63 年。35 岁时，他获得了“奥古斯都”这个称呼。奥古斯都年少时，罗马的统治者正是尤利乌斯·恺撒。由于恺撒没有儿子继承王位，便收外甥（还有一种说法是甥孙——译者注）屋大维当义子，作为自己的继承人。公元前 44 年恺撒遇刺，屋大维 18 岁，还是个学生。

恺撒死后，帝国内部的各方势力开始了对权力的争夺。原本一些对罗马政治比较了解的人并不看好屋大维，他除了是恺撒的义子之外，没有其他政治资本。但他恰恰是利用了这个身份，获得了恺撒老臣的支持。之后的几年，他击败了其他几个反对势力，拥有了与安东尼平分罗马的资格：东部归安东尼掌管，西部则由屋大维统治。接下来的时间，屋大维积极巩固政权，安东尼则享受着与克娄巴特拉的爱情。公元前 32 年，双方之间爆发战争。公元前 31 年，屋大维在亚克兴战役中打败了对手，终成罗马世界的统治者。安东尼与克娄巴特拉以自杀收场。

15 年前恺撒拥有的权力和地位，屋大维也有了。他想推翻共和体制，建立专制政权，为此还遭到过暗杀。不过由于连年的内战和共和势力的失败，在公元前 30 年，大多数罗马人都表示，在保持共和体制的前提下，他们可以接受一个体恤百姓的独裁者。

建立政权后，屋大维反而一改平息内乱时的冷酷，行事作风变得缓和。为了安抚老臣，公元前 27 年，他宣布退位并恢复共和制度，不过他仍是西班牙、高卢和叙利亚行省的总督。那时这三个行省掌握着罗马大部分军权，所以奥古斯都实际上仍掌控着罗马。同年，元老院授予他“奥古斯都”的称号。奥古斯都从未有过皇帝的头衔，所以在名义上，罗马是共和国，奥古斯都只是“第一公民”。不过，他其实是一个名副其实的独裁者，他的所有要求元老院都要满足。公元前 14 年，罗马已经从共和制过渡为专制政体，他去世后，他的义子顺理成章地登基为王。

一个能力超群、宽厚仁慈的独裁者——这就是奥古斯都的历史形象，也是他的特别之处。他深谙政治之道，通过采取和解政策成功解决了内战引发的问题。

虽然他统治罗马的时间只有四十一年，但是其政策对罗马的影响却很深远。他执政时，西班牙、瑞士、加拉西亚（位于小亚细亚）以及巴尔干半岛的大部分地区都被他纳入囊中。而在他的统治结束时，罗马北部边界已至莱茵河—多瑙河沿岸，并一直延续到之后的几个世纪。

奥古斯都治国理政能力很强。在他的指挥下，帝国的财税制度被修改，军队被改编，海军也被建立起来。他还建立了禁卫军，这支军队后来甚至能够影响皇帝的选择和废除。

奥古斯都掌权时，积极在国境内修建道路、设立公共设施、维修庙宇。他鼓励人们信仰罗马传统宗教，制定法律，鼓励国民结婚生子。

◇系列艺术作品“马背上的十二恺撒”中的奥古斯都画像

公元前30年以后，太平盛世中的罗马迎来了文化的繁荣时代。奥古斯都统治时期也是罗马文学的“黄金年代”，那时候出现了维吉尔、李维和奥维德这样的伟大诗人。因为作品观点不符合奥古斯都关于恢复古老道德风俗的思想，奥维德还曾被流放。

奥古斯都没有儿子，他的侄子和两个外孙还没有他的寿命长。后来他收提比略作为义子继承王位。但是罗马帝国在短暂经历了提比略、卡里古拉和尼禄三任君主后，最终还是灭亡了。不论结局如何，在奥古斯都统治时期，罗马是太平和繁荣的，其文化也被传入被罗马征服的地区，那时的帝国是名副其实的“罗马盛世”。

在古代帝国中，罗马帝国是最广为人知的一个。它既是古代文明鼎盛时期的标志，也是古老文化的重要传播力量，因为有了这个帝国，才使埃及、巴比伦、犹太以及希腊文化传入西欧。

把奥古斯都拿来与他的义父对比，其实是件很有意思的事情。虽然他可能在相貌、天赋、毅力以及军事能力上优于尤利乌斯，但是个人魅力方面也许就要稍逊一筹。所以尤利乌斯更能激发同时代人对他的想象，名气也更大。但从历史作用方面看，奥古斯都的影响力更大。

将奥古斯都与亚历山大大帝对比也很有趣。他们都是年少登基，不同之处在于，奥古斯都没有亚历山大那样强大的军队，但是为了获得至尊权力，他不畏强敌，最终获得了胜利。奥古斯都为罗马的辉煌未来奠定了基础，也为人类历史发展带来巨大的影响。

或许，我们还可以把他跟乔治·华盛顿进行比较。他们都是世界历史上举足轻重的人物，不过奥古斯都统治的时间更长，推行的政策也很成功，加之罗马帝国在世界历史上的重要地位，所以我觉得奥古斯都的影响力比华盛顿更大。

19

哥白尼

Nicolaus Copernicus

1473—1543

1473 年，在波兰维斯杜拉河畔的托伦城，伟大的天文学家哥白尼诞生了。哥白尼家庭富裕，在克拉科夫大学读书期间就对天文学产生了兴趣。23 岁时，他来到意大利，在博洛尼亚大学和帕多瓦大学学习法律和医学。后来又获得费拉拉大学教会法法学博士学位。哥白尼曾任弗龙堡天主教教堂的教士，由于工作原因，他大半生都在那里度过。哥白尼并不是专业的天文学家，但他却凭着业余时间完成的天文学著作获得了享誉世界的盛名。

在意大利求学期间，哥白尼接触到了阿里斯塔克（生活在公元前 3 世纪）的思想，这位古希腊萨摩斯的哲学家提出地球和其他行星是绕着太阳运行的。哥白尼对此深信不疑，并在 40 岁时完成了一本笔记，其中就有“日心说”的基础概念。这本笔记没有广泛流传，他只给自己的朋友看过。很多年里，哥白尼都在进行观察和计算，而这些都是在为《天体运行论》这本书做准备。书中不仅详细介绍了他的理论，并且提供了证据支撑。

◇哥白尼的宇宙理论逐渐被接受

1533 年，60 岁的哥白尼在罗马连续举办讲座，介绍他的理论观点。教会当时并没有反对。哥白尼快 70 岁的时候，才决定把自己的著作正式出版。他从印刷商手中拿到样书的那天是 1543 年 5 月 24 日，那也是他生命的最后一天。

在书中，哥白尼明确提出地球和其他行星都是绕日运转的。不过他和前人一样，把太阳系想得太小了。他还认为行星运行轨迹是圆形或者卵形的，这也是不对的。如此一来，他的理论不仅计算复杂，而且不能得到精准答案。不过他的书还是引起了轰动，并激励其他天文学家对行星运行进行更为准确地观测，其中就包括著名的丹麦天文学家第谷。约翰尼斯·开普勒推导出正确的行星运动定律，就是以第谷积累的观测数据为基础的。

虽然萨摩斯的阿里斯塔克提出“日心说”的时间比哥白尼早了 1700 多年，但将该学说的大部分功劳归于哥白尼并不为过。阿里斯塔克的猜想的确发人深省，可是他却没有为这个理论寻找证据，进而提升它的科学价值。哥白尼则通过计算解决了这个假说的细节问题，使其成为一种科学理论，这种理论不仅能够预测、检验其他天文观测结果，还能有力地对抗“地心说”。

◇诠释哥白尼理论的同心圆式天文图表

显然，哥白尼的理论掀起了一次人类宇宙观的革命，改变了我们的哲学观点。在评论他的功过时，我们要注意，天文学不同于理学、化学和生物学，没有广泛的适用性。从理论上说，哪怕完全不懂哥白尼的学说，也可以制造出电视、汽车、现代化工厂等（但是建造这些需要法拉第、麦克斯韦、拉瓦锡和牛顿等人的理论）。

不过只考虑哥白尼理论实际应用的科学性，就容易忽略其真正的意义。哥白尼为伽利略和开普勒的专研开辟了道路，而这二位又是牛顿的引路人——他们的发现促使牛顿运动定律和万有引力定律问世。所以如果从历史角度看，《天体运行论》的问世既是现代天文学的起点，也是现代科学的开端。

20

拉瓦锡

Antoine Laurent Lavoisier

1743—1794

拉瓦锡是一名非常伟大化学家，在化学发展史上具有重要的影响力。1743年，他出生在法国巴黎。在当时，化学并不像物理学、天文学和数学发展得那么好。尽管当时许多独立的化学现象已经被化学家们所发现，却没有人能将这些碎片的信息整合起来并形成合理的体系。那时候，人们不仅把空气和水误认为是两种基本元素，而且对火的性质的理解也是错误的。在他们的假想里，物质之所以能够燃烧是因为里面有一种“燃素”。当可燃物燃烧的时候，就会把燃素释放到空气中。

1754 年至 1774 年期间，天才化学家布莱克、普里斯特利、卡文迪许等人已经发现了氢气、氧气、氮气和二氧化碳之类的重要气体。但由于受到燃素理论的限制，导致他们在理解这些化学物质的性质和意义方面出现了偏差。例如，他们认为氧气里没有燃素（其实那时候人们已经知道，相对于空气，木条在氧气中燃烧得更旺，原因可能是无燃素的气体更容易从燃烧着的木头中吸收燃素）。很显然，基本原理都没有搞清楚，化学又如何进步呢？

把这些难题整合起来，并推动化学理论走向正确方向的人正是拉瓦锡。他率先否定了燃素的存在，指出燃烧的过程实际是燃烧的物质与氧气进行化学反应的过程。其次，他认为空气是由氧气和氮气组成的，其本身并不是一种元素。尽管这些知识放在现在都是很浅显的，但是对于拉瓦锡同时代或者他以前的人来说，却是未知的。甚至即便拉瓦锡已经为他的理论提供了证据，依旧有许多科学家不相信他的理论。不过拉瓦锡写了一本非常优质的教科书——《化学基本教程》，在这本书中他清晰地讲解了自己的观点，并列举了许多有说服力的证据。这让他在短时间内就获得了新生代化学家的支持。

明确了空气和水不是基本元素，拉瓦锡又将自己所认为的元素列了一张清单。尽管其中存在个别错误，但它却是如今化学元素表的基础版本。

在与贝托莱等人的共同努力下，拉瓦锡他们首次设计出了一套完整的化学术语命名方法——即根据化学物质的性质来命名。作为被首次采用的通用术语，这令全世界的化学家能够毫无障碍地交流他们的发现。

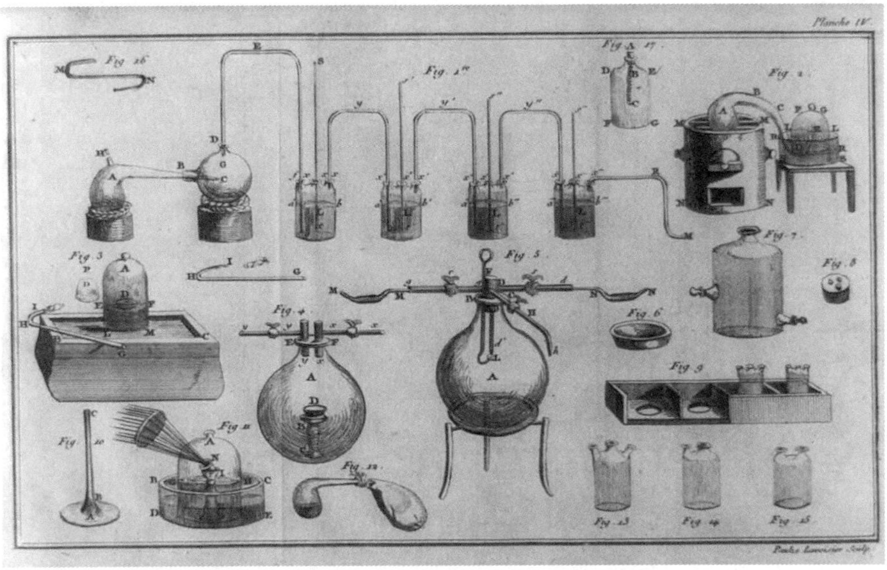

◇拉瓦锡在研究物质燃烧的化学反应时所使用的科学仪器

拉瓦锡是明确提出化学反应中质量守恒的第一人。即物质在化学反应中，元素会被重新排列，却不会被破坏，而且最终生成物质的质量等于原来物质的质量。对此，拉瓦锡特别强调，认真称量进行化学反应的物质是十分重要的。这让化学成为精密科学的一部分，同时也为化学未来发展奠定了基础。

在地质学方面拉瓦锡也略有建树，不过生理学方面的贡献要更大一些。通过与普拉斯合作开展的实验，他发现呼吸的过程几乎等于一次缓慢燃烧。也就是说，人和动物通过吸入氧气，使体内物质进行缓慢燃烧，进而为机体提供能量。这个发现的重要性可能不亚于哈维发现了人体血液循环，所以哪怕拉瓦锡没有其他贡献，依旧可以凭借该成就在本书中拥有一席之地。不过拉瓦锡最大的贡献还是将化学引向正轨，对于人们给他的“近代化学之父”的称号，他是当之无愧的。

与本书中很多人的经历类似，拉瓦锡年轻时曾是一名法律生。尽管拥有法学学位，也被法国律师行业认可，但是他从来没有从事过具体的法律工作，取而代之的是做了大量的行政和公益工作。他是法国皇家科学院的成员，也为一

◇拉瓦锡（戴着护目镜）操作他的太阳炉

个征税组织服务过。1789 年法国大革命后，他受到了政府当局的怀疑，并与其他 27 名伙伴一起被逮捕。那时候的审判虽不公正，却很有效率。1794 年 5 月 8 日，他们 28 人被一起送上了断头台。拉瓦锡的妻子接替了他的工作——她曾经协助丈夫开展研究工作，是一名非常优秀的女性。在审判拉瓦锡的时候，有人提出他对国家和科学而言是有功之人，希望法庭不要治罪于他。蛮横的法官严厉斥责道：“天才对共和国没有意义。”拉瓦锡的同事们对此有着很客观的评价，大数学家拉格朗日曾说：“砍掉他的头片刻不用，但是若想再有这样一个人，只怕等一百年都不够。”

21

君士坦丁大帝

Flavius Valerius Constantinus

280—337

罗马帝国第一位信奉基督教的皇帝就是君士坦丁大帝。由于他的鼓励和保护，有效推动了基督教从一个小团体发展成主宰欧洲的大教派。

君士坦丁出生在公元 280 年的内索斯（今塞尔维亚境内的尼什），父亲是一名位高权重的将领。他的青年时代都是在戴克里先的皇宫里度过的。

公元 305 年，戴克里先退位后，君士坦提乌斯，也就是君士坦丁的父亲继任为掌管罗马帝国西部地区的皇帝。一年后，君士坦提乌斯去世，君士坦丁在部下的拥护下继承王位。但军队里有人挑起了叛乱。公元 312 年，在罗马附近的米尔维亚桥，君士坦丁打败对手马克森提，最终平息了内战。

再没有人对君士坦丁的统治者地位提出过异议。公元 323 年，君士坦丁攻打罗马帝国东部，将统治者李锡尼拉下王位，成为统一罗马的皇帝。

没有人知道君士坦丁是从什么时候开始信奉基督教的。流传比较广的说法是，他在与马克森提决战的前夜，看见天空划过一个火红的十字架，随之听到一个声音："你将以此获得胜利。"不管缘由如何，结果都是君士坦丁成为一名虔诚的基督教徒。信教后，他第一时间颁布《米兰敕令》，将基督教确定为合法宗教，把之前没收教会的财产如数返还，还确定星期天为礼拜日。

《米兰敕令》的颁布并没有让大多数罗马人产生信奉基督教的愿望。与此相反，人们认为那个时期正是犹太教取得合法地位的起始。后来与基督教在欧洲对立了几个世纪的也正是犹太教。

尽管没有把基督教定为国教，但君士坦丁通过立法和推行相关政策大力支持这个宗教的发展。那时候，想要在帝国获得高级职务，一项重要条件就是信奉基督教。在君士坦丁的庇护下，教会拥有了很多特权，还建立了很多如耶路撒冷圣墓教堂这样闻名世界的教堂。

君士坦丁是第一位身为罗马皇帝的基督教徒，这是把他列入本书的原因之一。此外，他在其他方面也具有很大的影响力，比如他重建并定都拜占庭，还将其名字改为君士坦丁堡（今伊斯坦布尔）。这个城市后来成为中世纪时期影响力非常大的城市之一，且作为东罗马帝国的首都直到 1453 年。后来的几个世纪里，它又成了奥斯曼帝国的首都。

教会史上也有君士坦丁的身影，并且他还发挥了重要作用。公元325年，他召开了教会史上的第一次会议——尼西亚会议，目的是解决阿里乌与亚大纳西的教派之争。这次会议上他把《尼西亚信经》定为统一教义。后来的东正教宣言就源于此。

◇君士坦丁与狮子搏斗

君士坦丁颁布的民法也具有深远的影响。他规定了面包师、屠夫等为世袭职业，隶农不可以离开土地从事其他工作。可以说，这拉开了欧洲中世纪封建社会的序幕。

君士坦丁是虔诚的基督教徒，但接受洗礼却是在他临死前才完成的。戴克里先统治罗马的时候，虽然对基督教徒进行了迫害，但那时候基督教的势力已经很大了，所以他并没有真正压制住这个宗教。这让人不禁想到，哪怕没有君士坦丁，基督教也可能成为有巨大影响力的宗教之一。

这种猜测很有意思，我们的确很难想象那将会是怎样的结果。但至少，如果没有君士坦丁的政策支持，基督教发展壮大的速度不可能那么快——短短一个世纪，基督教就从一个宗教小团体，成为世界上最大帝国内的宗教之首。

君士坦丁无疑是欧洲历史上的重要人物。相较于他推行的政策所带来的影响，亚历山大大帝、拿破仑和希特勒都应排在他的后面。

22

瓦特

James Watt

1736—1819

英国发明家詹姆斯·瓦特就是人们口中常说的蒸汽机的发明者，也是工业革命的关键人物。

事实上，第一个制造蒸汽机的人并不是瓦特。早在公元1世纪，亚历山大的海洛就曾提到过这样的设备。1698年，托马斯·萨弗里发明了可以抽水的蒸汽机，并获得了专利。1712年，英国的托马斯·纽科门对蒸汽机进行了些许改进，不过这种机器效率依旧不高，只能用来抽取煤矿里的水，不过他也获得了专利。

瓦特对蒸汽机的兴趣源于1764年他修理了一台纽科门型蒸汽机。虽然只学习了一年机械制造，但他在发明创造上却是个天才。在他的改造下，纽科门蒸汽机的价值和意义都发生了质的改变。所以若把瓦特当作实用蒸汽机的发明人，也是合理的。

1769年，瓦特对蒸汽机进行伟大改进的同时，还在上面安装了一个可分离的冷凝装置，这让他成功获得了新设备的专利权。后来他又尝试将蒸汽机的气缸进行分隔，使得双向式蒸汽机于1782年问世。因为这些改进，蒸汽机的效率提高了三倍以上。蒸汽机也从华而不实的物件变成重要的工业设备。

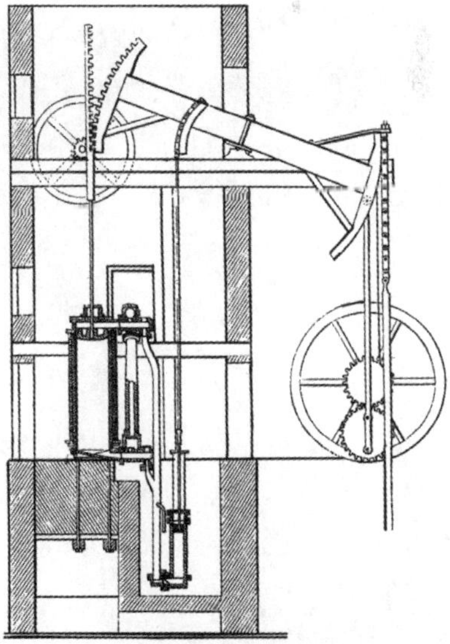

◇ **瓦特的双向式蒸汽机**

（1782年）

后来瓦特又发明了能够使蒸汽机进行旋转运动的齿轮（1781年），这样一来蒸汽机的使用范围就更广了。此外，他研究出一种能够自动控制蒸汽机速度的离心调速器（1788年），还在1790年发明出了压力表、计数器、指示器和节流阀门，并进一步对蒸汽机进行改进。

瓦特本人没有什么经商头脑。不

过在 1775 年，他与极具商业天赋的工程师博尔顿合作成立了一家公司。后来的 25 年里，两个人靠着生产蒸汽机赚得盆满钵满。

实在不知道该用怎样的言语来确切说明蒸汽机的意义。的确，还有很多发明家为工业革命做出过贡献。采矿业、冶金业和多种机械制造业在使用蒸汽机时，都会对它有所改进。瓦特改进蒸汽机之前也出现过一些诸如滑轮梭子（1733 年由约翰·凯发明）和珍妮纺纱机（1765 年由詹姆斯·哈格里夫斯发明）的发明，不过因为改进成效不大，所以他们并不足以影响工业革命的进程。

可蒸汽机却与之相反，它对工业发展的影响是颠覆性的，对工业革命的影响是具有重要意义的。有些地方虽然在蒸汽机出现之前就使用了风车和水车，不过主要还是依靠人力。蒸汽机的出现让人的双手得以解放。如今，大量能源可以用于生产，生产规模也因此大幅增长。而 1973 年的石油禁运，让人们意识到工业可能会因为能源紧缺受到严重的打击，从这一点上，或许我们就能明白瓦特对工业革命有多么重要了。

◇**《詹姆斯·瓦特与蒸汽机：十九世纪的黎明》**

（詹姆斯·劳德创作于 1855 年的油画）

蒸汽机不单单只能应用于工业生产，其他方面也有很多用武之地。1783年，阿班伯爵成功地让一艘船在蒸汽机的动力作用下启航。1804年，第一辆蒸汽机车由特里维西克制造出来。只不过这两个早期案例在商业上都没有取得什么好成绩。不过在后来的几十年里，蒸汽轮船和蒸汽火车彻底改变了水路和陆路交通。

与美国和法国爆发革命的时间相差不多，工业也在进行着一场革命。尽管当时工业革命并没有引起特别广泛的关注，但是以现代人的视角来看，那两场政治革命对人类生活的影响，远远不及后者重要。所以，在历史上有巨大影响力的人群里，一定要有詹姆斯·瓦特。

23

法拉第

Michael Faraday

1791—1867

当今世界已经进入电子时代。当然，也可以把它称作太空时代、原子时代。可是，不管遨游太空和原子武器对未来将有多么大的改变，反正对我们当下的生活并没有什么影响。而电子产品却是我们生活的必需品。其实，我们绝对可以这样说，现代世界，方方面面都离不开电。

我们能够掌握电的使用方法，少不了一些人的努力，其中比较重要的有意大利物理学家伏特、丹麦物理学家奥斯特以及法国物理学家库仑和安培等。比他们贡献更大的，是迈克尔·法拉第和詹姆斯·克拉克·麦克斯韦这两位伟大的英国科学家。虽然这两位没有一起共事过，但他们的成就在一定程度上是互补的。凭着卓越的成绩，他们完全有资格在本书排名中身居前列。

1791 年，迈克尔·法拉第出生在英国的纽因顿。由于家里没钱读书，他只能自学。他 14 岁时当了一名书籍装订出售商的学徒，借着工作的便利读了大量书籍。20 岁时，他听了英国著名科学家戴维的讲座，便对科学充满向往。他开始给戴维写信，后来还成为他的助手。之后的几年里，法拉第陆续取得了一些重要成就。事实上，他的数学基础并不好，不过这并不影响他成为一名顶级的物理学家。

1821 年，法拉第完成了一项电学领域的重要革新，这是他个人第一次取得这样的成就。这源于两年前奥斯特的发现——磁罗盘的指针会因为旁边电线里有电流流过而转动。法拉第从中联想到，如果把磁铁固定起来，那么动起来的就应该是电线了。基于此法，法拉第制造出了一个在通电情况下，电线能够在一块磁铁周围不停旋转的小发明。这就是世界上第一台利用电流使物体运动的电动机，也是如今所有电动机的先祖。

这无疑是物理学上的重大突破。不过那时候除了化学电池外没有其他电源，以至于这个发明在实际使用时不能达到理想状态。法拉第坚信，一定能够找到利用磁力发电的方法。正常情况下，一个固定的磁铁不会使附近的电线产生电流。但 1831 年，法拉第发现，如果一个磁铁通过一个线圈，当磁铁移动时，一股电流就会在导线中流动。这种效应被称为“电磁感应”，法拉第发现了这个定律（法拉第定律），这也成为他个人最伟大的成就。

◇法拉第在伦敦皇家研究院的实验室

我们可以从两个方面来证明这个发现有多伟大。第一，从理论上说，法拉第定律是电磁学的重要基础；第二，从实际应用上来说，电磁感应可以用来发电，法拉第制造的第一台发电设备向我们展示了这一点。而且正是因为有了电磁感应原理做基础，如今的发电机才能被精进、升级，并最终能为我们的城市和工厂提供能源。

在化学方面，法拉第也很有成就。液化气体的方法就是他发现的。此外，他还发现了包括苯在内的许多物质。电化学方面，他的成就更多。通过大量实验，他建立了两条“法拉第电解定律”，为电化学打下了基础。他还推广了很多如阳极（正极）、阴极（负极）、电极和离子这样的专业术语。

将磁力线和电力线的思想引入物理学的人也是法拉第。他强调的“磁场比磁本身重要”的观点，引导了后来许多物理学研究的进步，其中就包括麦克斯韦方程。法拉第还有一个意义重大的发现——磁场可能会改变偏振光的强度，这是光与磁之间的关系首次被提出。

除了有伟大的智慧，法拉第还有好看的外貌。此外他还是一名有影响力

◇1855 年 12 月 27 日法拉第在英国皇家学会做演讲

的科学宣传者。他谦虚，从不争名夺利，先后拒绝了爵士称号和英国皇家学会主席的职务。尽管没有孩子，但是他的婚姻很幸福。他是一个长寿之人，1867 年，他在伦敦附近离开了人世。

24

麦克斯韦

James Clerk Maxwell

1831—1879

麦克斯韦是一名伟大的英国物理学家，他最伟大的成就是通过 4 个方程式描述电磁间的基本定律。

在此之前，人们已经对电和磁进行了一定程度的研究，知道两者之间有着紧密的联系，以及一些适用于某些特殊情况下的电磁定律，不过综合性的、通用的理论却还没出现过。麦克斯韦则通过这组方程，将繁复的现象转化为简单、具有概括性的理论。通过这四个简短的方程（本质是复杂的）能够准确地描述电场、磁场之间的关系。在过去的 100 多年里，麦克斯韦方程在基础科学和应用科学中的应用都是十分广泛的。

通用性是麦克斯韦方程最大的优点，能够适用于任何条件。它不仅能够把现在所有已知的电磁学定律推导出来，而且能够推导出许多过去不知道的结果。

其中最重要的电磁场的周期性振荡就是麦克斯韦亲自推导出来的。这种震荡叫作电磁波，它一旦发生就会向外传播。通过方程的预测，电磁波的速度将近每秒 30 万千米。麦克斯韦认为这个速度与光速相同，因此确定是电磁波构成了光。

由此可见，麦克斯韦方程既是电磁学定律，也是光学定律。不论是已知的还是未知的光学定律都能从这个方程里推导出来。

可见光也许只是多种电磁辐射形式中的一种。麦克斯韦方程推导出，可能还有与可见光的波长和频率不同的电磁波存在。出人意料的是，在日后，赫兹证明了这些理论是正确的，他制造并探测出了那些存在于麦克斯韦预言中的、不可见的电磁波。又过了几年，这些不可见的电磁波被马可尼证实能够用于通讯，后来无线电的设想成真了。直到现在，它还被应用在电视上。另外电磁辐射还包括 X 射线、γ 射线、红外线和紫外线等。麦克斯韦方程适用于对前面所有这些射线的研究。

尽管为麦克斯韦带来极高知名度的是电磁学和光学方面的成就，不过他在天文学理论和热力学（对热的研究）领域也很有贡献。麦克斯韦对气体分子运动很感兴趣。他认为气体分子运动的速度是不同的，有的快，有的慢，有的特别快。他还建立了一个“麦克斯韦分布”公式，能够推导出一些气体分子在一

$$\nabla \cdot \boldsymbol{D} = \rho$$

$$\nabla \cdot \boldsymbol{B} = 0$$

$$\nabla \times \boldsymbol{E} = -\frac{\partial \mathbf{B}}{\partial t}$$

$$\nabla \times \boldsymbol{H} = \boldsymbol{J} + \frac{\partial \boldsymbol{D}}{\partial t}$$

◇麦克斯韦方程揭示了电磁学的基本定律

定温度下运动速度的概率分布。这个公式是应用非常广泛的科学公式之一，物理学的许多分支中都会用到它。

1831 年，麦克斯韦出生在苏格兰的爱丁堡。他年少时就很聪明，15 岁就把自己的一篇论文呈交给爱丁堡皇家学会，继而成为爱丁堡大学的学生，后毕业于剑桥大学。他一生几乎都在从事教授这份工作，最后工作的地方是剑桥大学。虽然结过婚，但是麦克斯韦没有孩子。在人们心中，他是与牛顿、爱因斯坦齐名的伟大的理论物理学家。只不过天妒英才，1879 年，48 岁的麦克斯韦因癌症离世。

25

路德

Martin Luther

1483—1546

1483 年，路德出生在法国的艾斯莱本城，欧洲宗教改革运动就是他发起的。自幼受到良好教育的路德，曾按照父亲的意思学习过法律，不过课程还没学完，他就转去学习神学了，并下定决心要成为奥古斯丁修道士。1512 年，他获得维滕贝格大学神学博士学位，随即成为教会的一员。

教廷的一些做法让路德很失望。1510 年他来到罗马，惊讶地发现那里的神职人员不仅贪婪，而且有渎职行为。不过让路德公开对抗教廷的原因是他们居然销售赎罪卡（教廷宣扬，信徒活着的时候如有不良行为，死后就要进地狱，但是购买赎罪卡就能免遭死后的惩罚）。为此路德写了《九十五条论纲》，并于 1517 年 10 月 31 日，将其贴在了维滕贝格教堂的大门上。《九十五条论纲》痛斥教堂贪污腐败，特别是销售赎罪卡现象。为了让更多人看到，路德还把《九十五条论纲》进行印制分发，并寄了一份给美因茨地区的大主教。

路德的做法迅速引起很大反响，很快罗马教皇和总教会也被牵连其中。路德坚持只有《圣经》和真理才配指引他。教会自然不会容忍他的观点。教会官员把路德传唤到跟前，召开了好几次听证会，并不许他继续坚持那种主张。1521 年，沃尔姆斯议会将路德判定为异教徒，不再受法律保护，他的著作也严禁流传。

◇路德把《九十五条论纲》钉在维滕贝格教堂的大门上

若是按照判决，他们是要把路德绑在火刑柱上烧死的。不过那时候路德的观点在德国群众中影响很大，一些诸侯还是他的支持者。尽管在将近一年的时间里，他都没有公开露面，但是他强大的支持者已经能够保护他不受教会的伤害了。

路德一生有很多广为流传、影响深远的作品和言论。其中最大的成就就是翻译德文版的《圣经》，只要是识字的人都可以直接阅读《圣经》，而不是只能依靠教会和神父的传授（路德翻译《圣经》语言优美且有个人风格，德国语言文学都受到他的影响）。由于篇幅有限，对于路德的理论在此便不做全面介绍，只强调一下他的核心内容，即“人若想得救，只能依靠信仰进行自救”。路德的这个观点来自保罗的著作。他说：“诚实者依靠信仰而生。”所以“圣礼”以及“赎罪卡”根本就是无稽之谈。在他看来，把教堂当作信徒和上帝之间对话的桥梁本就是不对的。一个相信路德理论的人，就不会再相信旧教义了。

除了质疑教堂在宗教中扮演的角色，路德还批判了教会其他的一些理念和行为。比如，他认为地狱是不存在的，牧师不能结婚的规定也是不正确的。1525 年，路德娶了一位曾经的修女，两人生了 6 个子女。1546 年，他准备回到家乡艾斯莱本，可是在途中就离开了人世。

路德并不是首位新教思想家，生活在一个多世纪以前的波希米亚人胡斯和 14 世纪英国学者威克里夫都曾提出过这类思想，路德则是受到他们的影响。而且在 12 世纪，有一位名叫沃尔多的法国人，他被认为是最早的反抗者。只不过前期这些反抗活动范围都是在国内，而路德推动的对抗天主教教廷运动，却覆盖了欧洲很多地方。所以路德是最有影响力的宗教改革家。在这场活动中，最重要的成果是有很多新教教派诞生。作为基督教的一个不太大的分支，新教教徒却比佛教和其他宗教的信徒还多。

引发欧洲宗教战争是宗教改革运动带来的第二个影响。其中有些战争十分残酷，在德国爆发的“三十年战争”（1618—1648）就是其中一场。除了战争，之后的几个世纪里，欧洲的政治也因天主教和基督教的分歧受到了巨大的影响。

受影响的还有西欧的思想发展。1517 年以前，西欧只有一个法定的罗马天主教廷。任何人一旦得罪它，就会被扣上异端的帽子。这样的环境会让人失去独立思考的能力。宗教改革后，很多国家的人实现了宗教自由、思想自由。

要特别说一下，在本书中除了英国人，就数德国人最多。事实上，书中大多数人都来自北欧和美国等信奉新教的国家，他们之中生活在 1517 年以前

◇路德在沃尔姆斯议会上

的只有两个人。也就是说，在信奉新教以前，这些国家对人类文化和历史的贡献很小。这样我们就会发现，路德的宗教改革和新教的发展，为这些地区之后的 450 年带来了多么大的影响。也许越来越自由的思想正是推动这些地区文化繁荣的重要原因。

路德的性格也有缺点。尽管他敢于对抗教廷的权威，却不能接受别人对他的反对。可能是因为德国的宗教战争异常残酷，是英国和其他国家所不能理解的吧。另外，路德对犹太人十分厌恶。他在著作里用十分强硬的态度批判犹太人，为 20 世纪出现希特勒时代埋下了伏笔。

有时候，路德会强调人们要服从国内政权。可能一开始他反对教廷的原因，就是他们干预了德国的内政。这样的话，我们就可以把宗教改革理解为是超出神学争端的、针对罗马教廷开展的一次德国民族主义反抗运动。之所以这样说，是因为在这次运动中，很多德国贵族都支持了路德。不论路德的初衷如何，他的言论让很多德国新教徒接受了专制政治，这样或许也为希特勒时代的到来铺平了道路。

有人大概会好奇，路德的位置不能更靠前一些吗？要知道，纵使路德对欧洲和美国人影响很大，但对于没有很多新教徒的亚洲和非洲来说，他并没有特别重要。大多数中国人、日本人以及印度人并不关心天主教和基督教的区别（就像大多数欧洲人不会关心伊斯兰教的派别）。另外，从影响时长来看，生活在中世纪的路德，自然比不上穆罕默德、释迦牟尼和摩西。况且，宗教对西方社会的影响正在减弱，长此以往，只怕路德的影响力终将消失。

而且大家应该还记得，在宗教改革的同时，科学史上正发生着更为重要、影响更为深远的变革。所以，哪怕路德个人对新教的影响力要比哥白尼对科学革命的影响力大，但纵观全局，哥白尼也应排在路德之前。

26

乔治·华盛顿

George Washington

1732—1799

1732年，乔治·华盛顿出生在弗吉尼亚州的韦克菲尔德。他父亲是一个富裕的农场主。他20岁时就得到了一大笔遗产。1753年到1758年是华盛顿的军旅时期，在参加法国对印第安人的战争中，他积攒了很多经验，赢得了大家的肯定。1758年下旬，他离开军队回到了家乡，并很快娶了带着两个孩子的寡妇玛莎·丹德里奇·卡斯蒂斯（华盛顿自己没有孩子）。

之后的15年里，华盛顿一直经营着自家的产业。他能力超群，总能想到最好的办法去解决问题。1774年，他作为弗吉尼亚州的代表出席第一届大陆会议，那时他已经是殖民地数一数二的富翁了。乔治·华盛顿并非最早倡导独立运动的人，但是凭着丰富的军事经验、雄厚的资产、强壮的身体（华盛顿大约有1.89米高）和超群的能力，他在第二次大陆会议上当选了大陆军总司令。华盛顿以十分的热情投入到战争之中，在这期间他都是无偿服务于军方的。

1775年6月到1797年3月，在华盛顿担任大陆军总司令到第二任总统卸任这段时间里，他取得了事业上的辉煌成就。1799年12月，华盛顿在家乡芒特弗农离世。

作为美国的开国之人，华盛顿的名字无人不知无人不晓。他的名气来自三个方面的成就：

第一，他是美国独立战争中卓越的领袖。尽管没有亚历山大大帝、儿利乌斯·恺撒那样的军事能力，对手英国显然也有些愚笨，但是当美军将领打了败仗的时候，华盛顿仍然坚持作战。纵然他偶有失利，但最终赢得胜利的人还是他。

第二，他是制宪会议的主席。虽然宪法并不是按照华盛顿的想法制定的，但是他的地位和对宪法的支持，在各州政府批准该文件时发挥了重要作用。毕竟那时候抵制新宪法的力量不容小觑，如果没有华盛顿，也许新宪法就不会通过。

第三，他是美国第一任总统。美国人是幸运的，因为他们能有华盛顿这样高尚的人来当首任总统。借鉴南美以及非洲一些国家的历史就能知道，建立一

◇《华盛顿横渡特拉华河》

（伊曼纽尔·洛伊茨创作于 1851 年的油画）

个新的国家是很不容易的，即便它是以民主制拉开的序幕，也容易以军事独裁而落幕。华盛顿十分坚定——坚绝不能让国家以分裂收场。他没想过要一直掌握国家权力，更没有当皇帝和独裁者的想法。他开创了和平移交权力的先例，这是美国人遵守至今的规矩。

与托马斯·杰弗逊、詹姆斯·麦迪逊、亚历山大·汉密尔顿、本杰明·富兰克林等当代美国总统不同，华盛顿没有那么多创新的思维和敏锐的政治嗅觉。可他的政治思想却比他们中的任何一位都重要。不论是战争时期还是和平年代，华盛顿作为领袖的作用都是无人能及的。任何政治运动离开他，都不可能成功。如果说麦迪逊是建立美国的功臣，那么华盛顿就是不能缺少的关键。

华盛顿在美国历史上的地位是非常高的，这决定了他在本书中的排名。不过，要客观地对一个当代的美国人进行评价本身就很难。尽管美国在 20 世纪中期的军事力量和政治影响力超过了鼎盛时期的罗马帝国，不过它也许

◇《乔治·华盛顿在特伦顿接受敬礼》肖像画

（约翰·法德创作于1856年的油画）

无法像罗马的辉煌时期那样持久。但是从另一方面看，美国取得了一些意义重大的科技成就，对人类文明做出了非凡贡献。就拿飞机的发明、登陆月球和研发核武器这些来说，都是超乎以前人类想象的事情。

作为政治人物，华盛顿是可以与罗马恺撒大帝相提并论的，所以把他的位置放在与奥古斯都相近的地方，也是合理的。华盛顿的排名之所以会稍后面一些，原因之一是他执政时间比奥古斯都短；另一个原因是托马斯·杰弗逊和詹姆斯·麦迪逊也为美国的建立发展贡献了巨大的力量。不过相对于亚历山大大帝和拿破仑，华盛顿的历史地位更高，这是因为他的成就影响时间比前两位的更长。

27

马克思

Karl Marx

1818—1883

卡尔·马克思是社会主义学说的先行者。1818年，马克思出生在德国特里尔的一个律师家庭。17岁时，他进入波恩大学学习法律，后来又转到柏林大学，最后成为耶拿大学的哲学博士。

毕业后他进入新闻行业工作，做过科隆市《莱茵报》的编辑。由于政治立场激进惹了麻烦，他只好搬去巴黎生活。在那里，他遇到了与他志同道合、缔结终生友谊的恩格斯。由于两个人紧密的合作关系，以至于很多人误把他们独立发表的作品当成是二人合作完成的。

可是没过多久，巴黎也容不下马克思了，他只好搬到了布鲁塞尔。1847年，他的作品《哲学的贫困》在那里发表，这是他的第一部重要著作。第二年，他与恩格斯合作完成《共产党宣言》，这是他影响力最大的作品。年底的时候，马克思返回科隆，结果没待几个月，又被迫离开了。最终马克思在伦敦度过了余生。

原本马克思还靠着做新闻主编赚过一些钱，但是在伦敦时，他的大部分时间都被研究和撰写政治、经济著作占用了（那些日子里，恩格斯提供了很多资金帮助，供马克思自己和家庭的开销）。1867年，《资本论》第一卷问世，这是马克思一生中最重要的作品。1883年，马克思去世，留下的两卷尚未完成草稿，恩格斯接替了后续的编辑出版工作。

马克思的著作是共产主义和近代社会主义的理论基础。然而直到他去世，都没有任何一个国家把他的理论付诸实践。就在马克思逝世后的34年（1917年），俄国（苏俄）通过十月革命建立了首个社会主义政权；半个多世纪后的1949年，中国等国也相继走上社会主义道路。在他的理论指引下，社会主义运动爆发，并展开政权争夺战。可以说，马克思是全世界影响力最大的哲学家，列宁、斯大林和毛泽东等很多人都深受他的影响。

概括来说，马克思主义思想包括以下四个主要内容：（1）世界上有少部分人生活奢侈，大多数劳动者却生活在贫苦之中；（2）建立社会主义制度能够改变这种不公平的情况，即生产资料不归个人所有，而是由政府掌管；（3）武装夺取政权是建立这种制度的唯一渠道；（4）要长时间地坚持无产阶级专政，才能保障社会主义制度真正落到实处。

前三种思想早在马克思之前就已经有了明确的表述，第四种观点则属于马克思“无产阶级专政”思想的内容。然而，苏联时期的统治更大程度上是列宁和斯大林实践的结果，而非按照马克思的思想去执行。这就导致有些人质疑马克思对共产主义的影响更像是名义上的。

这样的言论或许有些道理，可是太过极端。就拿列宁来说，他坚持自己是马克思主义者，他不仅拜读过马克思的著作，而且完全认同且认真执行；毛泽东和其他一些共产主义领导人亦然。话又说回来，就算马克思的思想被创新了，可是耶稣、释迦牟尼、穆罕默德的思想也经历过这些啊！如果马克思主义真的被那些政府完全照搬执行，那么他就要排在本书更靠前的位置了。

其实马克思能排在什么位置，取决于共产主义在世界历史中的位置。在马克思去世一百多年后，马克思主义的信仰者超过十亿人。世界上没有哪种信仰的追随者人数能与之相比。很多共产主义者都坚定地认为，最终在全球范围赢得胜利的必将是马克思主义。

28

莱特兄弟

Wilbur Wright，1867—1912
Orville Wright，1871—1948

1867 年，威尔伯・莱特出生在美国印第安纳州的米尔维尔，而他的弟弟奥维尔・莱特出生于 1871 年，出生地是俄亥俄州的代顿。他们两个虽然没有什么文凭，却也学过高中知识。由于他们的成就息息相关，所以兄弟两个便以组合的形式出现在本书中。

这两兄弟自幼就展现出了机械方面的天赋，而且特别喜欢研究载人飞行相关的事物。1892 年，兄弟二人开了一家店，专门制造、销售和维修自行车，这让他们有了一些钱用来做飞行研究。他们不知疲倦地阅读有关航空学的书籍，其中包括利林塔尔、夏尼特和兰利等前辈的著作。功夫不负有心人，他们终于在 1903 年 12 月取得了成功，期间经历了四年多的时间。

人们不禁好奇，那么多人研究飞行设备都失败了，莱特兄弟怎么就能成功呢？原因之一，三个臭皮匠，赛过诸葛亮，聪明智慧的莱特兄弟一起研究，自然是兄弟齐心，其利断金；原因之二，先学飞行方法，再造飞行器，正是他们的聪明之处。这看上去似乎有些本末倒置——学飞行也得先有飞行器啊！原来问题的关键在于莱特兄弟是用风筝和滑翔翼学习飞行的，而且从 1899 年开始，他们就这么做了。第二年，他们制造了一架载人滑翔机，不过在北卡罗来纳的基蒂霍克试飞失败。经过一番努力，1901 年，他们又进行了第二次试飞，还是以失败告终；1902 年，他们又制造了第三架飞行器。兄弟两个对它进行了一些关键性地改进，并用它完成了 1000 多次成功的滑翔。此后才开始制造动力飞行器。因此他们是那个时代最优秀的滑翔机飞行员，丰富的飞行经验是他们成功的第三个原因。

以往研究飞行器的人大多考虑怎么能让飞行器飞离地面。莱特兄弟则把重点放在如何在空中控制它。为此，他们耗费了大量的时间和心血。最终，他们研究出了三轴控制法，可以让飞行员在空中牢牢控制住飞行器的平衡。

在机翼设计方面，莱特兄弟取得了不俗的成绩。他们发现过去一些关于机翼设计的数据不准确，便亲自建造风洞，并对两百多种不同形状的机翼曲面进行测试，进而掌握了机翼上的空气压强与机翼形状关系的一组数据，并以此设计出了理想的飞行器机翼。

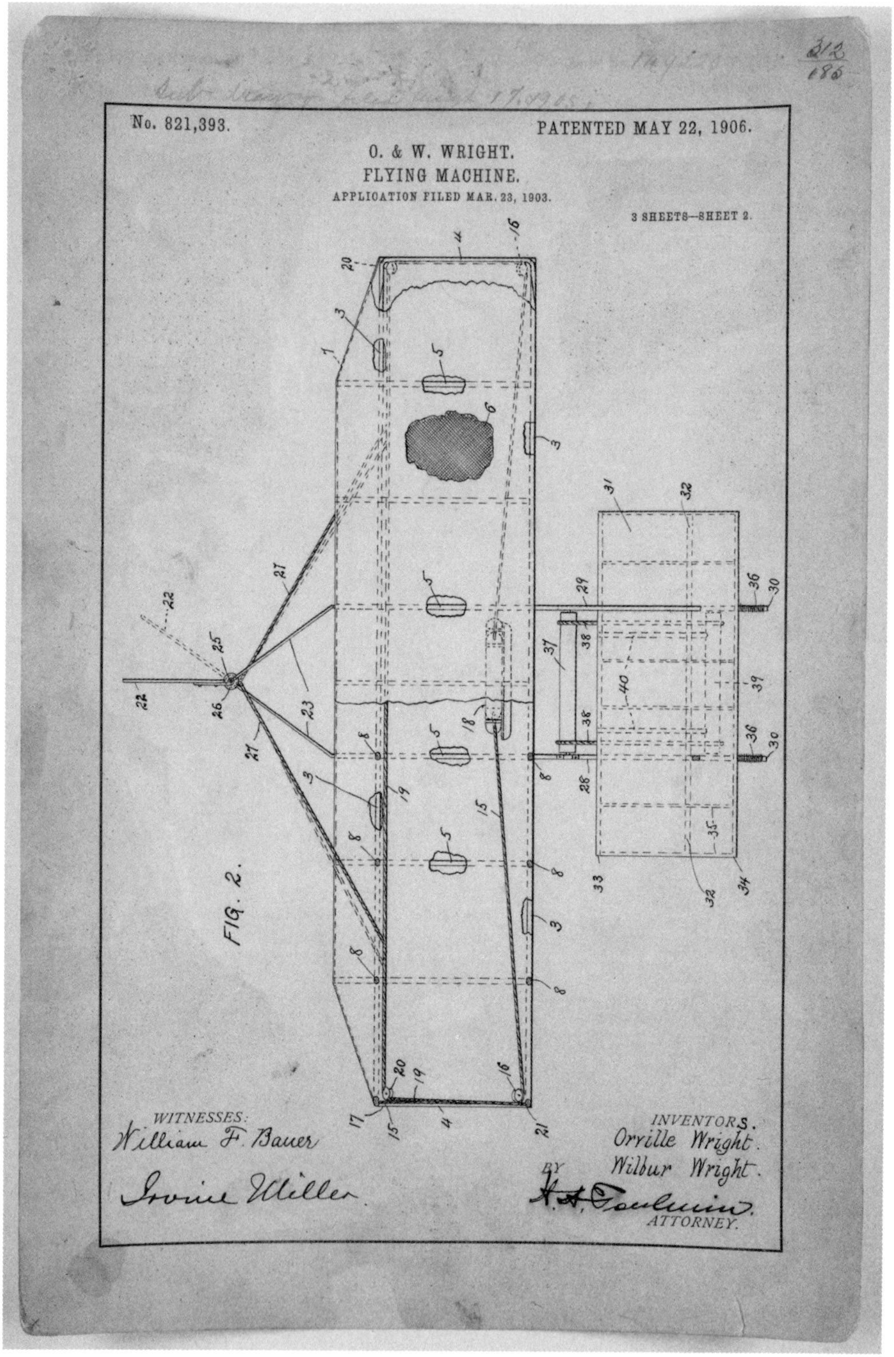

◇莱特兄弟的飞行器示意图

莱特兄弟能取得成功，也有天时地利的因素。在 19 世纪前期，所有有关飞行器的研发都失败了。原因在于，相较于蒸汽发动机产生的动力，它本身的重量太大了。纵使莱特出生前，就已经有了高效率内燃机，不过机器产生的动力还不足以带动内燃机本身的重量去飞行。那时候所有工厂都无法生产出重量轻、动力强的发动机。在得到一名机械师的帮助后，没过多久，莱特兄弟成功设计出了轻便发动机，由此可见两个人是多么有天赋。他们还设计了螺旋桨。1903 年，莱特兄弟使用的螺旋桨的效率达到了 66%。

1903 年 12 月 17 日，人类第一架飞机在北卡罗来纳州附近起飞，莱特兄弟创造了历史。第一次试飞时，奥维尔飞了 120 英尺（约 36 米），时长 12 秒。最后一次试飞是威尔伯完成的，总共飞了 892 英尺（约 272 米），飞行时长 59 秒。他们给这架造价 1000 美元的飞机取名“飞行者 1 号”（也称为“基蒂霍克”）。这是一架全长 40 英尺（约 12 米），重 750 磅（约 340 千克）的飞行器，其发动机重 170 磅（约 77 千克），功率能达到 12 马力（约 8.95 千瓦时）。如今它仍被收藏在华盛顿的国家航空博物馆里。

这次飞行有五名见证者，然而第二天，却没有出现相关的新闻报道。兄弟俩家乡俄亥俄州代顿的媒体没有意识到他们错过了怎样的大事件。人们得知载人飞行成功已经是 5 年后的事情了。

完成这次飞行后，莱特兄弟回到代顿继续制造“飞行者 2 号”飞机。1904 年，这架飞机飞行 105 次，却依旧无人关注。1905 年，改进后的“飞行者 3 号”完成，这时它已经更具实用性。他们在代顿附近飞行了无数次，可是人们还是无法相信真有飞机的存在。1906 年，巴黎的《纽约先驱报》（后更名为《纽约先驱论坛报》）还出现了一篇以《是飞行家还是骗子》为题的文章。直到 1908 年，人们才相信莱特兄弟真的成功了。威尔伯带着第一架飞机来到法国进行宣传和公开飞行表演，并联合当地一家公司推销这项发明。几乎在同一时间，身在美国的奥维尔也在做着同样的事情。这年的 9 月 17 日，他驾驶的飞机意外坠毁。自从他们飞行以来，还从未发生过这样严重的事故。奥维尔一条腿和两根肋骨骨折，但并没有危及生命，可飞机上的一名乘客却断送了性命。即便如此，莱

◇莱特兄弟制作的双翼飞机

特兄弟的飞行纪录还是得到了美国政府的认可，双方签约支持美国国防部对飞机进行后续研制。1909 年，联邦给空军的预算拨款就有 3 万美元。

在争取专利所有权方面，莱特兄弟曾与竞争者打过一场很轰动的官司。1914 年，莱特兄弟胜诉。在这个过程中，威尔伯因伤寒死于 1912 年，去世时才 45 岁。1915 年，奥维尔把自己在航空公司的股权全部卖掉，1948 年，他也离开了人世。他们兄弟二人一生都没有结过婚。

不论之前关于莱特兄弟的报道有多少，都不影响他们在发明飞机上的贡献度。把他们写进本书的时候，飞机存在的意义是最先被考量的因素。我认为，飞机并没有像印刷术或者蒸汽机那样有改变人类生活方式的巨大作用。不过鉴于飞机不仅能用于作战，在和平年代亦有用武之地，所以也是同样重要的发明。经过几十年的发展，原本巨大的地球在飞机的影响下，仿佛变成了一个更小的世界。与此同时，莱特兄弟的载人飞行也为当今太空航行筑牢了基础。千百年来，飞上天空一直都是人类的梦想。那时候，阿拉丁乘坐飞毯的故事只是一个存在于童话世界的遥不可及的幻想。可是天才如莱特兄弟，他们的发明让人类梦想成真了。

29

成吉思汗

Genghis Khan

1162—1227

成吉思汗大约出生在1162年，他是蒙古最强的征服者。他的父亲曾是一个蒙古小部落的首领。在打败一个敌对部落后，父亲给他取名为铁木真。后来铁木真的父亲被杀，那时他才9岁，一家人的生活立刻陷入贫穷和危险，而之后的日子则更加艰难。稍大一些后，他在一次袭击敌人时被俘虏，并被戴上枷锁。就是在这种极端艰难的境遇中，铁木真从一个连字都不认识的囚犯，在这片蛮荒的土地上最终成长为权力顶峰的男人。

逃离俘虏的生活是他崛起前的第一步。之后，他找到一位盟友，那是他父亲曾经的好朋友，同时也是一个部落的首领。之后的很多年里，各部落之间的战争从未停止，铁木真从中找到了攀登人生巅峰的途径。

众所周知，蒙古人善于骑射、骁勇能战。历史上，他们经常进攻中原王朝的北部地区。不过在铁木真称霸以前，各部落主要还忙着内部间的你争我夺。铁木真有着让人望尘莫及的军事才能，外交和组织能力也超乎常人，加之性格沉着冷酷，让他成功收服了其他部落。在1206年蒙古族首领会议上，铁木真成为“成吉思汗”，意为“全天下的皇帝”(“成吉思”也有“海洋”的意思)。

自那以后，成吉思汗开始征服蒙古以外的地区。最先被攻击的是西夏和金国，他们分别位于宋朝的西北部和北部。后来，成吉思汗与花剌子模国王摩诃末发生冲突，并于1219年进攻并消灭了这个统治波斯和中亚地区的国家。成吉思汗还带领军队攻打过阿富汗和印度北部，与此同时，他的另一支蒙古军队则在进攻俄国。

窝阔台是成吉思汗的第三个儿子，也是他临终前确定的继承人。显然这个决定是明智的，作为天才将领，窝阔台带领军队继续对南宋进攻，又在打败俄罗斯联军后，远征欧洲。1241年，蒙古军队相继战胜波兰、匈牙利、德意志军队，剑锋直抵捷克境内的布达佩斯。同年，窝阔台去世，蒙古军队撤离欧洲，之后便没有再回去。

蒙古各部落首领之间的汗位之争从未停止。不过在之后几位大汗执政期间，蒙古军队又开始对亚洲一些地区发起战争。1279年，忽必烈灭南宋，此

◇花剌子模国王横渡印度河，躲避成吉思汗及其军队的追击

（出自史诗《成吉思汗传》）

时蒙古人统治着有史以来疆域最辽阔的陆上帝国，他们的领土包括中国、俄国、中亚、伊朗以及亚洲西北部的大部分地区。波兰及印度北部地区也遭到蒙古军队的攻占。朝鲜以及部分东南亚国家和地区都屈服在忽必烈权威之下。

那时候的交通工具还很原始，所以想让这么大的帝国保持长久统一是不可能的。没多久，蒙古帝国就分裂了，不过蒙古人还是对一些国家进行了较长期的统治。中国的元朝持续到 1368 年，俄罗斯被统治的时间就更久了。成吉思汗的孙子拔都在俄罗斯建立的金帐汗国存在了两个半世纪。克里米亚直到 1783 年才结束被蒙古人统治的时代。中亚和波斯也被成吉思汗的其他子孙占领并建立了王朝。14 世纪的时候，这些地区的主人都是自称成吉思汗后代的帖木儿，这种情况一直持续到 15 世纪帖木儿帝国灭亡。不过蒙古人的征服并没有就此结束。帖木儿的后代巴布尔建立的莫卧儿（意为蒙古）帝国几乎占据了整个印度。该帝国在 18 世纪灭亡。

历史上不乏想要征服世界的狂人，而且他们还在一定程度上成功了。亚历山大大帝、成吉思汗、拿破仑和希特勒都是有代表性的人物。为什么这四个人在本书的排位都如此之高？难道思想的力量不是比军队的力量更强大吗？我当然同意，从长远来看，笔比剑更强大。然而，短期的影响也很重要。这四个人都曾统治过广博的领土和众多的人口，并对当时人们的生活产生了巨大的影响，所以不能简单地把他们看作悍匪莽夫。

30

亚当·斯密

Adam Smith

1723—1790

1723年，亚当·斯密出生于苏格兰柯卡尔迪城。他是经济理论发展的先锋人物。他年轻时在牛津大学读书。1751年至1764年期间，他担任格拉斯哥大学哲学教授。这期间，他发表了《道德情操论》，这是他的第一部作品，也让他在学术界崭露头角。不过真正让他享誉世界的则是他的另外一部作品——《国民财务的性质和原因的研究》(简称《国富论》)。这本书在1776年一经发行就大获成功，并让他享誉终生。1790年，他在柯卡尔迪去世，一生未婚，也没有后代。

亚当·斯密并不是第一个专业研究经济学理论的人，很多思想也不是他开创的，不过他却是完善经济学理论并建立相关系统的第一人，也是该理论未来发展的奠基人。我可以负责任地说，现代政治经济学研究的起始点就是《国富论》。

这本书其中一个伟大之处在于，它指出了很多过去的错误理念。比如强调国家应该拥有大量黄金的重商主义，强调土地是重要价值来源的重农主义，这些都是斯密所反对的。他认为依靠劳动分工实现生产的大增长才是重点。他还批评了政府出台的一套限制措施，认为那是陈腐和不计后果的，是有碍于工业发展的。

◇亚当·斯密全身像

《国富论》的中心思想是，看起来似乎杂乱无章的自由市场，实际上是个自行调整机制，它能自动倾向于生产社会最迫切需要的货品种类并达到一定数量。比如，某种商品供不应求，那么它的价格就会上涨，而生产商就会获得更高的利润。这样一来，就会有更多的人想要从事这种商品的生产。增长的商品产量能够缓解之前的供应短缺，但与之相伴的还有众多生产商之间的相互竞争，结果反而会促使价格回落到该产品的“自然价格”，即其生产成本。社会物资短缺的问题就这样无须刻意为之地解决了。斯密说：“他只是打算获取个人的利益。”但那些人的确“被一只看不见的手牵引着，完成了一件并不是他本意的事情……他在追求个人利益的同时，往往会提高社会的效率，这完全超过他当初想要的结果。”（引自《国富论》第四卷，第二章）

如果自由竞争被限制，那么“看不见的手”就无法发挥应有的效应。因此斯密十分反对高额的关税。不仅如此，大多数政府对商业和自由市场的干预行为，他都是反对的。在他看来，这种行为只会降低经济效率，公众则要付出更多来买单。（“自由放任”这个术语不是斯密提出的，但他却用实际行动推广这个概念。）

有人觉得亚当·斯密不过就是个商业利益的代言人，这简直大错特错。他多次态度坚决地斥责商业垄断，强烈要求减少这种行为。斯密看待实际商业活动的目光是成熟的。在《国富论》里有一句很经典的话：“同行业者难得聚在一起，他们的谈话要么是以反对大众的诡计结束，要么是以哄抬物价的愉悦讨论收尾。”

亚当·斯密建立了自己的经济思想体系，并不吝于对外公开。在之后的几十年里，早期的经济思想已经被抛弃、被遗忘，不过其中正确的观点却被斯密收集到自己的思想体系之中，并系统地指出了不足之处。托马斯·马尔萨斯、大卫·李嘉图继承了斯密的思想，并把他的基本体系归纳融入如今的古典经济学的理论结构中。虽然现代经济学里有了很多新的概念和技术方法，不过它基本上还是古典经济学的自然结果。

在《国富论》中提到了马尔萨斯一些关于人口过剩的看法。相较于李嘉图和卡尔·马克思所持的——人口过剩将使实物工资永远接近于仅可维持工人生活所需的最低金额（即“工资铁律”）的观点，斯密却认为，工资会随着产能提升而提高。显然，通过回顾历史发展，我们可以知道斯密是正确的。

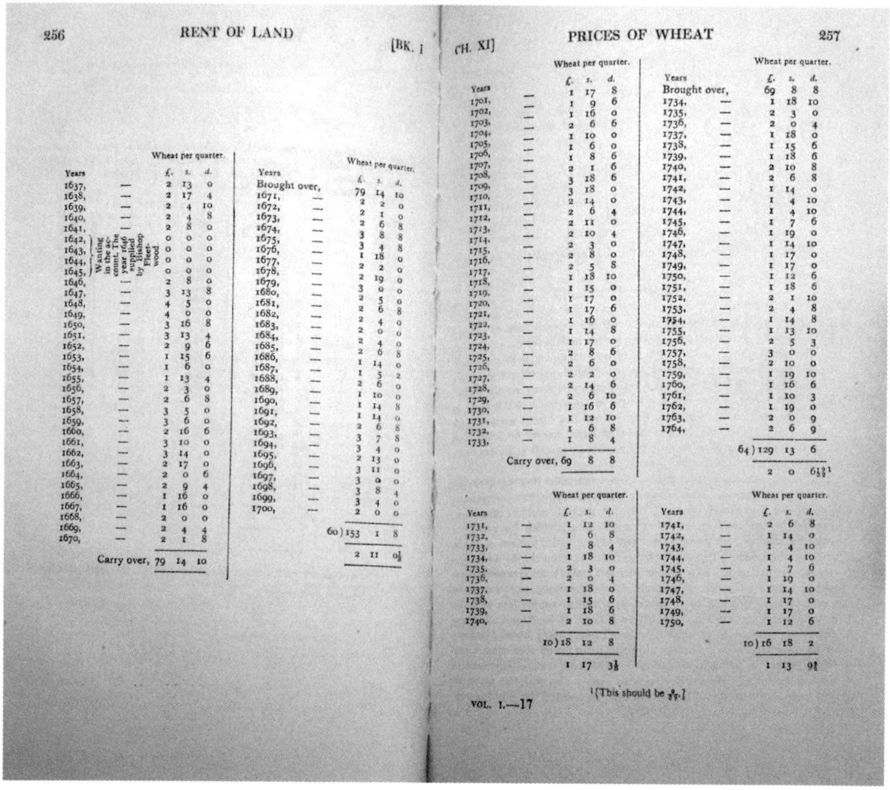

256 RENT OF LAND [BK. I

Years		Wheat per quarter. £.	s.	d.
1637,	—	2	13	0
1638,	—	2	17	4
1639,	—	2	4	10
1640,	—	2	4	8
1641,	—	2	8	0
1642,	Wanting in the account. The year 1646 supplied by Bishop Fleetwood.	0	0	0
1643,		0	0	0
1644,		0	0	0
1645,		0	0	0
1646,	—	2	8	0
1647,	—	3	13	8
1648,	—	4	5	0
1649,	—	4	0	0
1650,	—	3	16	8
1651,	—	3	13	4
1652,	—	2	9	6
1653,	—	1	15	6
1654,	—	1	6	0
1655,	—	1	13	4
1656,	—	2	3	0
1657,	—	2	6	8
1658,	—	3	5	0
1659,	—	3	6	0
1660,	—	2	16	6
1661,	—	3	10	0
1662,	—	3	14	0
1663,	—	2	17	0
1664,	—	2	0	6
1665,	—	2	9	4
1666,	—	1	16	0
1667,	—	1	16	0
1668,	—	2	0	0
1669,	—	2	4	4
1670,	—	2	1	8
	Carry over,	79	14	10

Years		Wheat per quarter. £.	s.	d.
Brought over,		79	14	10
1671,	—	2	2	0
1672,	—	2	1	0
1673,	—	2	6	8
1674,	—	3	8	8
1675,	—	3	4	8
1676,	—	1	18	0
1677,	—	2	2	0
1678,	—	2	19	0
1679,	—	3	0	0
1680,	—	2	5	0
1681,	—	2	6	8
1682,	—	2	4	0
1683,	—	2	0	0
1684,	—	2	4	0
1685,	—	2	6	8
1686,	—	1	14	0
1687,	—	1	5	2
1688,	—	2	6	0
1689,	—	1	10	0
1690,	—	1	14	8
1691,	—	1	14	0
1692,	—	2	6	8
1693,	—	3	7	8
1694,	—	3	4	0
1695,	—	2	13	0
1696,	—	3	11	0
1697,	—	3	0	0
1698,	—	3	8	4
1699,	—	3	4	0
1700,	—	2	0	0
	60)	153	1	8
		2	11	0⅓

[CH. XI] PRICES OF WHEAT 257

Years		Wheat per quarter. £.	s.	d.
1701,	—	1	17	8
1702,	—	1	9	6
1703,	—	1	16	0
1704,	—	2	6	6
1705,	—	1	10	0
1706,	—	1	6	0
1707,	—	1	8	6
1708,	—	2	1	6
1709,	—	3	18	6
1710,	—	3	18	0
1711,	—	2	14	0
1712,	—	2	6	4
1713,	—	2	11	0
1714,	—	2	10	4
1715,	—	2	3	0
1716,	—	2	8	0
1717,	—	2	5	8
1718,	—	1	18	10
1719,	—	1	15	0
1720,	—	1	17	0
1721,	—	1	17	6
1722,	—	1	16	0
1723,	—	1	14	8
1724,	—	1	17	0
1725,	—	2	8	6
1726,	—	2	6	0
1727,	—	2	2	0
1728,	—	2	14	6
1729,	—	2	6	10
1730,	—	1	16	6
1731,	—	1	12	10
1732,	—	1	6	8
1733,	—	1	8	4
	Carry over,	69	8	8

Years		Wheat per quarter. £.	s.	d.
Brought over,		69	8	8
1734,	—	1	18	10
1735,	—	2	3	0
1736,	—	2	0	4
1737,	—	1	18	0
1738,	—	1	15	6
1739,	—	1	18	6
1740,	—	2	10	8
1741,	—	2	6	8
1742,	—	1	14	0
1743,	—	1	4	10
1744,	—	1	4	10
1745,	—	1	7	6
1746,	—	1	19	0
1747,	—	1	14	10
1748,	—	1	17	0
1749,	—	1	17	0
1750,	—	1	12	6
1751,	—	1	18	6
1752,	—	2	1	10
1753,	—	2	4	8
1754,	—	1	14	8
1755,	—	1	13	10
1756,	—	2	5	3
1757,	—	3	0	0
1758,	—	2	10	0
1759,	—	1	19	10
1760,	—	1	16	6
1761,	—	1	10	3
1762,	—	1	19	0
1763,	—	2	0	9
1764,	—	2	6	9
	64)	129	13	6
		2	0	6$\frac{13}{32}$[1]

Years		Wheat per quarter. £.	s.	d.
1731,	—	1	12	10
1732,	—	1	6	8
1733,	—	1	8	4
1734,	—	1	18	10
1735,	—	2	3	0
1736,	—	2	0	4
1737,	—	1	18	0
1738,	—	1	15	6
1739,	—	1	18	6
1740,	—	2	10	8
	10)	18	12	8
		1	17	3⅕

Years		Wheat per quarter. £.	s.	d.
1741,	—	2	6	8
1742,	—	1	14	0
1743,	—	1	4	10
1744,	—	1	4	10
1745,	—	1	7	6
1746,	—	1	19	0
1747,	—	1	14	10
1748,	—	1	17	0
1749,	—	1	17	0
1750,	—	1	12	6
	10)	16	18	2
		1	13	9⅘

[1] [This should be $\frac{9}{32}$.]

VOL. I.—17

◇1637 年至 1750 年间的小麦价格（摘自亚当·斯密的《国富论》第一卷第十一节）

除了正确的观点和对后来经济学家的影响，斯密还在立法和政府政策方面做出了不小的贡献。《国富论》构思巧妙，语言简洁易懂，故而传阅度很高。特别是书中传递出的反对政府干预经济和市场、提倡低关税以及自由贸易的观点，深刻地影响了 19 世纪政府的政策，而且这种影响力的余威至今犹在。

斯密之后，经济理论有了很显著的发展，加之有些观点后来者居上，导致亚当·斯密的影响力可能被低估。但不管怎样，他都是系统研究经济理论的带头人和奠基人，也是人类思想史上十分重要的人物。

31

莎士比亚

William Shakespeare

1564—1616

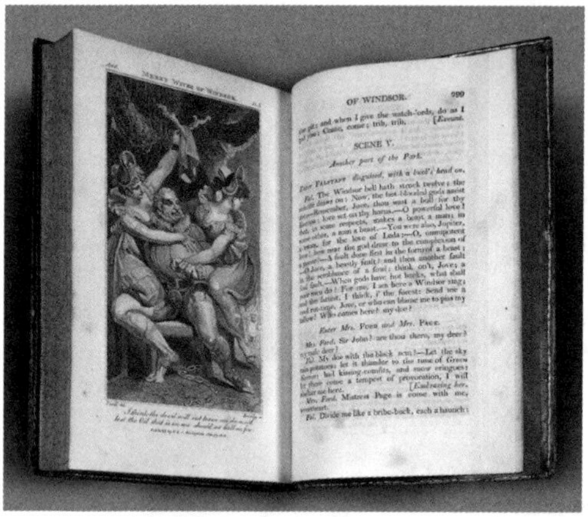

◇威廉·莎士比亚戏剧第 1 卷

英国剧作家、诗人威廉·莎士比亚被认为是史上最伟大的文学家。他的身份引起过很多争论，不过从未有人质疑他在写作上的才能和成就。

像《哈姆雷特》《麦克白》《李尔王》《尤利乌斯·恺撒》《奥赛罗》这样的戏剧作品，莎士比亚至少写了 6 部，此外还有 154 首优美的 14 行诗，以及一些长诗。既然他有如此才华和成就，声望又高，为什么没有被排在更靠前的位置呢？并非我不欣赏他的艺术成就，只不过相对来说，文学、艺术名人对人类历史的影响要弱一些。

能够对人类生活有着多方面影响的，通常是宗教领袖、科学家、政治家、探险家或哲学家。比如，科学发展不仅带动了经济和政治的变革，还影响着宗教信仰、哲学和艺术。

若是换作一个画家，不管他对后来的画家带来多大影响，却不太会影响到音乐和文学领域，更不会影响到科学、探索以及其他人类活动。同理，诗人、剧作家和作曲家也是如此。通常来说，艺术家仅能影响到他所在的艺术领域。基于这个原因，不仅在本书前 20 名人物里没有文学、音乐和戏剧艺术人物，而且总榜中这类名人也不多。

可如果这样，这个排行榜里怎么又出现了艺术人物呢？答案很简单，在社会学层面看，艺术是文化构成的一部分。而且它还是促进社会联系的纽带。不论哪种文明必然都离不开艺术。

生活中，每个人都有着不同程度的对艺术的喜好。比如花时间去阅读、赏画，哪怕在做别的事情的时候顺便听听音乐。不可否认，这些事情对我们的生活来说都是有一定意义的。从某种角度来说，艺术能够影响我们的生活。它与我们的灵魂对话，在表达我们心底的情感的时候也让我们正视这种情感。

艺术作品里或多或少都蕴含着哲学意义，这些很可能会影响我们的价值观。不过这里多指文学作品，而非音乐和绘画艺术。就拿《罗密欧与朱丽叶》来说，莎士比亚借着亲王之口道出："如果对杀人凶手仁慈，就是在纵容行凶。"很明显，它传递出一种哲学思想。所以相比欣赏《蒙娜丽莎》，文学更能影响人的政治立场。

不用怀疑，莎士比亚在文坛无人能及。如今乔叟、维吉尔甚至荷马的作品已经很少有人阅读，除非学校里要求这样做。不过，演出莎士比亚戏剧的剧场里常常座无虚席。他是语言运用方面的旷世奇才，就连没有读过他作品的人，也会引用他的名句。由此可见，他的知名度丝毫没有因岁月流逝而减弱。那些作品经受住了时间的考验，在长达四个世纪里为观众和读者带来了快乐。因此，我们有理由相信，莎士比亚的作品在未来很长时间里仍会受到大众的喜爱。

◇麦克白与女巫

◇莎士比亚早期创作的著名喜剧《皆大欢喜》

要评价莎士比亚的重要性，就要想到，如果没有他，这些作品也不会存在。

莎士比亚是世界级的名人。他用英文进行写作，相对于其他语言，英语更加通用，本就近乎世界语。此外，他的作品还被翻译成许多其他语言，在很多国家被上演和阅读。

文学评论家们往往会对一些受欢迎的作家进行批评，但是对莎士比亚，则是一边倒地高度赞扬。他的文学风格是一辈辈剧作家学习和模仿的对象。相比其他作家，莎士比亚经久不衰的影响力足以让他排在本书靠前的位置。不过关于他的真实身份，却一直是个有争议的话题。

官方说法，莎士比亚于 1564 年出生在埃文河附近的斯特拉特福，1616 年在这里去世。但是有些人对此提出了质疑，在对照认同者给出的证据后，我认为质疑者给出的论据更加充分和合理。

很多证据都表明，“威廉·莎士比亚”其实只是一个笔名，作者真正的身份是十七世牛津伯爵——爱德华·德·维尔。而传闻中的威廉·沙克斯皮尔（名字拼写和发音在某些地方与莎士比亚相同）只是个跟戏剧毫无关系的富商，他不过是因为要做生意才去伦敦的。

我并不是说德·维尔是沙克斯皮尔的代笔，那时他的作品已经很受赞誉了。沙克斯皮尔在世时，人们并不认为他是那些作品的作者，他自己也没这样说过。直到莎士比亚去世七年之后的1623年，沙克斯皮尔是伟大的剧作家威廉·莎士比亚的传闻才出现。当时莎士比亚戏剧对开本的第一版刚刚出版，该书的编辑在序言等材料中强烈暗示（虽然没有直接说）作者是一位来自埃文河畔斯特拉特福的人。

为了证明沙克斯皮尔不可能是一名剧作家，我们有必要了解一下他的生平。

沙克斯皮尔有一位名叫约翰的富商父亲，但是后面遇到了一些麻烦，导致沙克斯皮尔小时候家境很差。不过他还是上了斯特拉特福文法学校，拉丁文和古典文学知识都是在那里学的。

18岁的威廉使一个名叫安妮·哈瑟维的姑娘怀孕了。他只好奉子成婚，几个月后孩子出生。又过了两年半，安妮又生了一对双胞胎。才21岁的威廉就承担起抚养妻儿的担子。我们无从知晓之后六年里发生的事情。16世纪90年代初，他已经是伦敦一个剧团里小有名气的演员了，很快他开始往戏剧和诗歌方面进军。1598年，他已经被奉为英国最伟大的作家。沙克斯皮尔大约有20年都待在伦敦，期间创作了至少36部戏剧，154首14行诗和少数长诗。后来他积累了财富，并于1597年在斯特拉特福买了一处豪宅，家人们一直住在那里，而且他也履行了抚养的义务。

让人猜不透的是，他的戏剧作品从来没有发表过。缺德的印刷商人从中看到商机，盗版了他差不多一半的作品。其中少不了漏洞和篡改，不过沙克斯皮尔并未试图阻止这样的事情发生。

差不多在1612年的时候，48岁的沙克斯皮尔停止了创作，回到斯特拉特福与妻子生活在一起，直到1616年去世。他的墓碑上没有写名字，不过后来

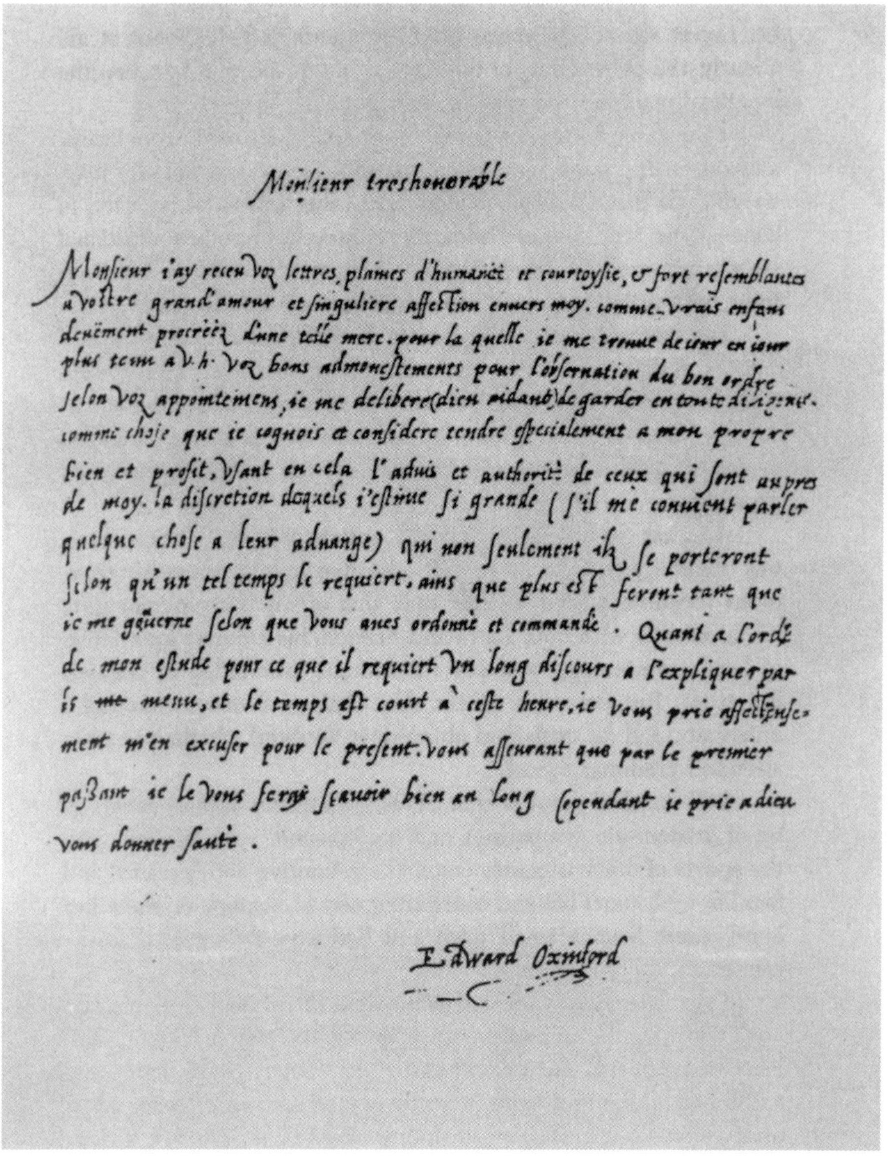

Monsieur treshonorable

Monsieur j'ay receu voz lettres, plaines d'humanité et courtoysie, & fort resemblantes a vostre grand amour et singuliere affection envers moy. comme vrais enfans deuëment procréez d'une telle mere. pour la quelle ie me trouve de jour en jour plus tenu a v. h. voz bons admonestements pour l'observation du bon ordre selon voz appointemens, ie me delibere (dieu aidant) de garder en toute diligence. comme chose que ie cognois et considere tendre especialement a mon propre bien et profit, usant en cela l'advis et authorité de ceux qui sont aupres de moy. la discretion desquels i'estime si grande (s'il me convient parler quelque chose a leur advantage) qui non seulement ils se porteront selon qu'un tel temps le requiert, ains que plus est feront tant que ie me gouverne selon que vous aves ordonné et commandé. Quant a l'ordre de mon estude pour ce que il requiert un long discours a l'expliquer par le menu, et le temps est court a ceste heure, ie vous prie affectueusement m'en excuser pour le present. vous asseurant que par le premier passant ie le vous feray scavoir bien au long. Cependant ie prie a dieu vous donner santé.

Edward Oxinford

◇13岁的爱德华·德·维尔用法文写的信

墓墙附近安放了一块纪念碑。他的多数财产都留给了大女儿苏珊娜，早在去世的前三周，他就已经做出了这样的安排。苏珊娜和后人一直生活在新地，1670年，他们中的最后一位也离世了。

过去，很多传记里关于主人公的经历都是猜想出来的。就拿沙克斯皮尔来说，我们找不到他曾就读斯特拉特福文法学校的证据，没有任何一位老师和同学能为此证明，他的演员经历也没人能说得清到底是真是假。

官方的说法看似可信，却经不起推敲。首先，我们对这位名人知之甚少、少之又少，这个观点我们与认同派是一致的。不过为了让这个事实能够说得通，人们只好用“他差不多生活在400年前，丢失大部分信息也很正常！”来解释。这种观点实在是低估了我们对那个年代的了解。

那并不是文化落后的地区，也不是原始蛮荒时代。早在维多利亚女王时期，英国就已经有了印刷机和其他文化用品，很多人都能读书写字，所以在保存资料方面还是有很好的先天条件的。即便会有很多资料丢失，但是那时候保存下来的原始资料还是以百万计的。

世界著名文学天才威廉·莎士比亚吸引了三代学者去探寻有关于他的信息，期间他们顺带收获了许多与莎士比亚同时期诗人的情况，其中有知名的，也有默默无闻的。可是关于沙克斯皮尔的只有寥寥三十几份没有太大参考价值的信息，且都没有提到他是一位诗人或者剧作家。

相较之下，我们对培根、伊丽莎白女王、本·琼森、斯宾塞等人的事迹就掌握得太多了。就连约翰·莉莉这种不算太有名气的诗人，流传下来的信息都比沙克斯皮尔多。

若是与著名科学家艾萨克·牛顿对比，差距简直悬殊到令人瞠目结舌。虽然牛顿比沙克斯皮尔晚了70年才出生，可是他的初始资料却是数以千计的（他们都出生在英国小镇）。而与沙克斯皮尔同年的伽利略、比他早出生89年的米开朗琪罗，甚至出生在1313年的薄伽丘等人的资料也都相对详细得多。

还有一个情况，那就是当时伦敦的人们没有谁是真正见过这位大作家的。也就是说，若他真的在伦敦生活了20年，为何我们找不到在此期间有谁见过他的证据呢？试想一下，如果一个人见过著名演员理查德·伯比或是剧作家本·琼森，肯定要将之作为一件幸事记录下来。那么在沙克斯皮尔蜚声文坛的20年里，若是哪个人在伦敦看到他在舞台上，或是曾与他一同讨论过诗歌、打过招呼，又或是在舞会、街道上偶遇了他，难道不会把这件事记录下来吗？

最合理的解释就是“威廉·莎士比亚”是笔名，作者的真实身份被成功掩盖了。那些曾经遇到过他的人根本不知道对方就是伟大的威廉·莎士比亚。（很显然，莎士比亚与沙克斯皮尔十分相似，作者若是取一个和本名差不多的笔名，就不能成功隐藏自己了。）

在官方给出的信息里，还有一处更令人疑惑的地方，那就是斯特拉特福镇对沙克斯皮尔的态度。这个公认的英国最伟大作家、演员，在家乡却不曾被人刮目相看，自然也没有特别的轶事流传。更奇怪的是，当人们提起他时只表示，他离开镇子的时候很穷，后来却衣锦还乡。朋友和邻居都对他的变化感到好奇。另外，他在世时，所有的亲友邻里都不曾用演员、作家、诗人或者任何文学称谓称呼他。

能够证明沙克斯皮尔是真正作者的原始手稿又在哪里呢？可惜，任何以他的字迹完成的原稿、草稿、残稿或者未对外公开的痕迹都没有。他的手迹只能在六份法律文件的签名上看到。笔记、手册、记事本、私人或商业信件，全都没有。从这些信息来看，沙克斯皮尔显然不可能是一名作家，甚至可能是个文盲。

而且，沙克斯皮尔的亲人全都是文盲。没错，他决定不了父母的文化程度，择偶时也可能不把能读书作为条件之一。不过对于一个看重读书写字的人来说，他的孩子怎么可以不认字呢？若沙克斯皮尔就是莎士比亚，那么他应该是大作家当中唯一一位有文盲孩子的人了。

还有他的遗嘱的问题。留存下来的原始文件有三页纸，他的财富被详细地列在其中，具体指出了分配方式。这里面没有提到他有哪些诗歌、剧作、手稿，或者其他尚在创作中的作品，当然也没有提到作品的版权。总体来说，在他的遗嘱里，“书”“论文”这类词都没有出现过，连暗示性表达要把其他剧作发表的愿望也不曾有过（那时应该有 20 部以上剧作没被印刷出版），更没有能够体现他曾创作过诗歌、剧本的内容。这应该就是一个没有什么文化的，或者是一个文盲的遗嘱。

值得一提的是，在当时的英国，诗人死后都会有隆重的葬礼和像长诗一样的追悼词。可是 1616 年，沙克斯皮尔去世时，却不曾被任何一位英国同行提起。就连之后称自己是威廉·莎士比亚的超级粉丝和朋友的本·琼森，在沙克斯皮尔去世时也毫无波澜，对此事连提都没提。显然，在其他诗人眼中，斯特拉特福镇的那个男人跟大作家之间毫无关系。

通过以上信息足够我们做出结论——威廉·莎士比亚不是沙克斯皮尔的笔名，后者也不是剧作家。当然，我们还有一些能够间接证明这一点的证据。

例如，威廉·莎士比亚应该是受过良好教育的。通过他的作品，我们能感受到他深厚的语言功底（他的词汇量比其他剧作家更丰富）、渊博的古典文学知识，并且精通拉丁文、法文，懂得很多法律专业词汇和知识。不过所有人都确认，沙克斯皮尔没有念过大学，而且如上面提到的，就连他是不是真的上过文法学校都是个值得怀疑的问题。

还有，莎士比亚对贵族的心理和生活背景应该很了解，比如贵族的运动、宫廷里的生活方式和权谋。可来自小城市的沙克斯皮尔的背景就相对卑微渺小多了。

沙克斯皮尔的种种经历都不符合著名作家威廉·莎士比亚的特点。关于这种推测的其他观点，我们可以列举很多，只怕写起来都要耗费许多笔墨。（如果感兴趣，可以把查尔顿·奥格本的《神秘的威廉·莎士比亚》找来看看。）不过正史传记已经通过各种假设把我描述过或没描述过的疑问都解释了一遍，其中有些很说辞简直异想天开，不过它又在不可能中带着一些细微的可能性。

比如，沙克斯皮尔与别人沟通的信函、个人的便条、笔记、手稿全都丢失，即便大家都会去尽量保存自己与名人的信件。例如，英国最伟大的诗人就是喜欢用儿歌似的顺口溜来当自己的墓志铭。再如，一个激情赞颂受过教育的女性的男人，偏偏愿意把自己的女儿培养成文盲。又如，英国最著名的作家在乡亲朋友眼中，从来都不是演员、诗人和作家。尽管这种事件发生的概率很小，不过可能性也不一定就是零。

通常情况下，我们看问题的角度都是关注整体，对局部细节的在意会少一些。所以官方传记里一两处疑点，我们尚且也能接受。但是后来我们发现，官方传记里的故事完全找不到证据去支撑它的真实性。好像每一件发生在沙克斯皮尔身上的事情都要用很牵强的理由去解释才行。关键是，斯特拉特福镇商人威廉·沙克斯皮尔，从学识、性格、活动轨迹，再到邻居友人口中的描述，都不符合著名作家威廉·莎士比亚的特征。

那么如果大作家不是沙克斯皮尔，又会是谁呢？其实，被当成莎士比亚的人有很多，培根就是其中最著名的一位。不过近些年，更多的人认为爱德华·德·维尔才是真正的作者。

我们掌握很多关于爱德华·德·维尔的实际情况：他曾身处险境，经历传奇，很多事情仿佛是莎士比亚戏剧里的桥段。出生于 1550 年的爱德华，是高高在上的贵族——16 世牛津伯爵的儿子和继承人。牛津伯爵的称号可以追溯到诺曼征服时期。

为了成为一个合格的继承人，作为一名年轻的贵族子弟，爱德华学习了骑马、打猎、武术以及音乐和跳舞。当然，科学知识的学习也是很重要的。在私人教师的教导下，他掌握了法语、拉丁语和其他知识，并顺利获得剑桥大学学士学位和牛津大学硕士学位。后来，他进入伦敦最有名的四家律师学院之一的格雷律师学院，在那里又学习了一年法律。

爱德华 12 岁的时候，他的父亲去世，很快母亲也改嫁了。他并没有跟母亲生活太久。在王室的安排下，英国财政大臣威廉·塞西尔成为爱德华的监护人。作为深得伊丽莎白女王信任的老顾问，塞西尔绝对称得上是英国极具权力和威信的重要人物。

同样都是拥有高贵身份的人，年轻的爱德华在塞西尔家里受到了不错的待遇。（有秘闻称，塞西尔家的一个仆人被爱德华打死了，不过在塞西尔的庇护下，他并未受到审判。）过了几年，爱德华被带到了王宫，并接触到了很多大人物，其中就包括女王。凭着出众的才华、英俊的相貌，他深得女王欢心。

爱德华 21 岁那年迎娶安妮·塞西尔为妻，对方是他监护人的女儿。这样的婚姻有些特殊，因为两人从小一起长大，就像兄妹一样。（在《辛白林》中的主人公波塞摩斯·里奥那托斯的人生与爱德华有很多相似之处，他也是受王室保护的人，并与监护人的女儿结了婚。）

爱德华·德·维尔在 24 岁时开始在欧洲各处旅行，先后去过法国、德国，又在意大利住了 10 个月，后经法国再回到英国。途径英吉利海峡时，他曾遇到过海盗。原本他会被当作索要赎金的人质，但是当德·维尔告诉对方自己和伊丽莎白女王的关系后，海盗们没有鲁莽行事，在没要赎金的情况下释放了他。（相似的桥段也发生在《哈姆雷特》剧中。）

德·维尔离开英国的八个月后，他的妻子安妮生下一个女孩。不过他坚称孩子不是自己的亲生骨肉，指责安妮不守妇道，并与她开始了分居生活。很多历史学家都觉这是对安妮的无端指责。后来德·维尔也意识到了自己的错误，分开五年后，他不再用莫须有的罪名指责妻子，并与她重新住在一起。（在莎士比亚的戏剧中，常有年轻的无辜妻子被指控与人通奸的桥段，并且最终结局都是遭受伤害的妻子选择原谅丈夫。这类内容在《皆大欢喜》《辛白林》《冬天里的故事》《奥赛罗》里都出现过。）

◇莎士比亚的悲剧作品《哈姆雷特》

与安妮分居的五年里，

德·维尔跟王室的一个女人乱搞并使对方有了身孕。伊丽莎白女王一气之下把他丢进伦敦塔里关了好几个月。不过事情并没有到此结束，那个女人的朋友因为看不惯德·维尔，冲动之下把他打得遍体鳞伤。两个家族对此都不依不饶，后来女王下令，如果他们再不停止对立斗争，就把双方都关进监狱，这才让事件平息下来。（这样的情景很难不让人想到《罗密欧与朱丽叶》。）

重新与安妮在一起后，夫妻俩又生了5个孩子。不过安妮在32岁的时候突然离世了。过了四年，德·维尔再婚，这位妻子活得比他要久。

慢慢地，德·维尔的经济条件有了很大改善。早些时候，他总是过度挥霍金钱，导致财务状况很不乐观。1586年，德·维尔36岁时，他得到了女王赐予的每年1000英镑的终身津贴。这在当时可不是个小数目，相当于现在每年15万美元，且不用交税。考虑到伊丽莎白吝啬的名声，能得到这样一笔钱，真是让人震惊。更让人不解的是，这是没有任何理由和前提条件的恩赐，德·维尔完全不需要有任何付出。不论如何，后来女王一直按期付给他这笔资金，1603年女王去世，她的继任者詹姆斯一世接替女王兑现着她的承诺。

德·维尔一直热衷于诗歌和戏剧，跟很多文学界的名人都有交情。青年时代的他就创作署名诗歌和戏剧，并因此有了不小的名气。（他早期的剧本都遗失了，只有些诗歌被保留下来。虽然远没有达到莎士比亚的巅峰水平，但是其中也有些还算不错的作品。）那时候贵族发表诗歌会被看作是不体面的事情，所以德·维尔没有正式发表过任何诗歌作品。（这种情况用现在眼光看来是很奇怪的，但是历史学家认为当时这种观念很普遍，而且几乎没有人会去打破这种禁忌。）

德·维尔在获得伊丽莎白的资金后，就再也没有用自己的名字进行创作了。几年后，一个名叫“威廉·莎士比亚”的作者横空出世，人们开始知道他的诗歌和戏剧。也许这就可以解释伊丽莎白为什么突然对德·维尔如此慷慨了。很明显，她是在资助一个能为她的统治增光添彩的艺术家。假若这是真的，那么女王的做法实在是太明智了。这样正确的选择，在统治者中绝对是前无古人后无来者。

爱德华·德·维尔得到女王的资助后，彻底告别过去的浮华，并脱离了宫廷圈子。大胆设想一下，在他生命的后 18 年里，他都在以“莎士比亚”的名义为创作和修改伟大的剧作和诗歌而忙碌着。1604 年，瘟疫横行，他就死于那个时期。他被埋葬在汉克尼村，村子就在斯特拉特福镇附近，距离他的乡村寓所不远。（在英格兰有两个斯特拉特福镇，埃文河畔的斯特拉特福镇相对小一些。）

相较于沙克斯皮尔和其他被认为是“莎士比亚”的人，爱德华·德·维尔各方面的条件都更贴近那个神秘的人。

他受过高等教育，学过法律，精通好几门外语（除了拉丁语和法语，也许还有其他多种语言）；他出身高贵，了解宫廷生活和权谋。并且他还有大量的时间可以用于写作；他常常被人称赞是一个有才华有天赋的人；他毕生热爱戏剧，年轻时署名的诗歌和戏剧作品让他积累了名气。在他的一生里，他是为数不多的、用真实姓名创作过诗歌且没有将作品发表的贵族之一，这让他有了与众不同的名气。何况他还被认为是绅士中诗歌创作水平最高的人。

爱德华·德·维尔的很多经历都与威廉·莎士比亚戏剧中的桥段相对应（上文提过一些，但其他相似之处还有很多）。

唯一让大家怀疑的是：如果德·维尔是莎士比亚戏剧的作者，他为什么要隐瞒身份？我想可能有以下几种原因。

第一，在那个年代，贵族为了发表作品而去创作诗歌，或者以商业目的去创作戏剧，都是不被允许的。

第二，众所周知，德·维尔熟悉宫廷生活。如果他承认自己是那些戏剧的作者，那么剧中关于宫廷的情节，很容易就会被对号入座，并被认为是故意诋毁宫廷和相关的真实人物。这种戏剧放在现在虽不至于引起纠纷，但是也有些让人难以接受。更何况在那个时候，只怕要闹上公堂或者兵刃相见了。为了避免麻烦，他有必要隐藏自己的真实身份。

第三，威廉·莎士比亚的十四行诗中有一些是写给情人的爱情诗。隐藏自己的身份，他的妻子不至于太难堪。

第四，更麻烦的是，十四行诗里还有很多是写给男人的情诗，这样一来就会让人怀疑作者很可能是同性恋或者双性恋。不管是真是假，若他承认自己是作者，必然要引起各种猜测甚至传出绯闻，这将给他的家族带来极大的耻辱。

或许上面每一个原因都不够充分，但是凑在一起基本上就是对德·维尔隐藏真实身份最好的解释。当然，也许还有我们想不到的理由（比如，这可能就是他获得女王资助的条件，为了不让自己的宫廷里发生决斗事件，要求他不能用真名发表作品）。

不管德·维尔究竟因为什么隐藏真实身份，他都是最符合莎士比亚条件的人，没有之一。对我来说，他就是莎士比亚。

那么最后来说一下，那些戏剧为什么会被误认为是沙克斯皮尔的作品呢？其实最初的时候，是有三个模糊的参考条件的，而且还都是沙克斯皮尔去世后被提出来的。除非这是天大的巧合，否则这便是一个惊天大骗局。那么为什么要去制造骗局，背后又是谁在搞鬼呢？

真正的原因我们无从知晓，但最大的嫌疑人就是德·维尔的家人。大概在1620年的时候，他们要把德·维尔的文集出版，但又想隐瞒他的身份，便制造了这个骗局。原因极可能就像德·维尔之前选择用笔名创作一样——避免麻烦。为了做得天衣无缝，他们便找来另外一个替代者。名字差不多的沙克斯皮尔就成了最好的选择，他去世多年，自然是不可能站出来否认的。更何况他在伦敦的经历也没什么人知道和记得，所以当时伦敦很少人会意识到其中的问题。

这件事做起来并不难。为第一版文集写序言的本·琼森在别人的授意下，在文中暗示作者是埃文河畔的斯特拉特福镇人。接着，他们在莎士比亚墓地附近弄了一座纪念碑，碑文用含混不清的言语表达强烈的歌颂之意。因为莎士比亚的身份一直是一个谜，所以一点点关于他家乡的线索就够在人们去尽情自行填充内容了，那时候才没有人会去认真地考证事情的真假。等到莎士比亚第一版传记（1709年，威廉·罗著）完成，知道真相的人早都死了，所以长久以来，人们才会接受沙克斯皮尔是那些巨著作者的传说。

32

道尔顿

John Dalton

1766—1844

19世纪早期，英国化学家道尔顿把原子观点引入主流科学，使得化学从那时进入发展的快车道。

在道尔顿之前，就有人提出物质是由大量微小的、结构不能破坏的粒子也就是原子组成。古希腊哲学家德谟克里特（公元前460—公元前370）很可能就是提出这个理论的第一人。另一位古希腊哲学家伊壁鸠鲁对此十分认同。后来古罗马的作家卢克莱修（死于公元前55年）将这一观点写进了著名的诗集《物性论》。

中世纪的时候，人们完全没有在意德谟克里特的观点（亚里士多德不认同这个观点），它自然也不会有什么影响力。不过17世纪的时候，几位重量级的科学家开始对这类观点表示赞同。不过那时候原子理论中没有哪个是用定量方法表达的，也不在科学研究的范围内。更关键的是，没有人发现这种哲学假说能与现实的化学产生联系。

这个领域恰恰是道尔顿要去探索的。他提出了一个采用定量分析法、能够清楚说明问题的理论。通过这种方式，不仅能够解释化学实验，而且可以用于实验检验。

尽管他当时使用的名称与现在有些不同，但是原子、分子、元素和化合物这类的概念都被道尔顿阐述出来了。他还指出，虽然原子大量存在，但是种类却很少。（他曾在早期著作里提出20种元素或原子，现在已知的元素有100多种。）

道尔顿认为，不同种类原子的质量不同，但是同种类的原子不仅质量相同，而且特性也相同。（现代实验证明，这个观点并不完全正确。同一化学元素有两种或三种原子，也就是同位素，它们的化学特性几乎完全一样，但是质量却有些差异。）道尔顿还首次制出不同类型原子的相对质量的列表，后来这类表格成为定量原子理论的重要特征。

道尔顿还表示，同一化合物的分子都是由相同原子构成的（例如一氧化二氮分子都是由一个氧原子和两个氮原子组成的）。这样说来，任何化合物无论被如何使用，又被使用在什么地方，所包含的元素是不变的，元素之间重量比例也是不变的。这符合普鲁斯特在实验中发现的“定比定律”，这个发现要比道尔顿的理论早出现几年。

道尔顿的观点很有说服力，因此成为此后 20 年里多数科学家都认同的理论。他们按照他书中给出的步骤开展工作：精确测量原子相对质量；通过质量对化合物进行分析；确定构成每种分子的原子的确切组合。后来这个模式被成功地推广开来。

无须夸大原子说的重要性。我们要理解化学，就要先弄清这个中心概念。而且，对大多数物理学家来说，它也是必要的前提。道尔顿之所以无法在本书中排名更靠前，仅仅是因为原子学说在他之前就已经被提出过了。

1766 年，道尔顿出生在伊格尔思菲尔德，那是英格兰北部的一个村庄。他的校园学习生活只持续到 11 岁，科学知识都是靠自学完成。他很早熟，12 岁就开始以教师或私人教师作为职业谋生，这也是他终身的职业。15 岁时他搬到康达尔。26 岁以后一直住在曼彻斯特，直到 1844 年去世，他一生不曾结过婚。

21 岁时，道尔顿喜欢了上气象学，随后用了 6 年时间完成了这方面的著作。在对空气和大气层进行研究的过程中，他又对气体的特性产生了兴趣。通过大量实验，他发现了两个关于气体的定律。首先是道尔顿在 1801 年提出的——气体体积与温度有关（这一条也被认为是查理定律。法国科学家查理比道尔顿更早发现了这个定律，只是没有对外发表）。另外一条是道尔顿分压定律，也是 1801 年被提出来的。

1803 年，道尔顿完成了原子理论，并制出原子重量表。不过他的代表作《化学原理的新体系》却是 1808 年才出版的。这让他一鸣惊人，并在后半生拥有无数光环。

不过道尔顿一直被色盲困扰着。这促使他对这方面也进行了研究，并发表了有史以来第一篇关于色盲的论文。

33

亚历山大大帝

Alexander the Great

前 356—前 323

公元前356年，史上最著名的征服者亚历山大大帝出生在马其顿首都佩拉。其父马其顿国王腓力二世是一位英明睿智的君主。在腓力二世的指挥下，马其顿军队被重组，战斗力快速提升，先后征服了希腊北部周边地区和希腊的大部分国土。随后腓力建立希腊城市联邦，并担任领导人。公元前336年，46岁的腓力二世遭到刺杀，那时他进军希腊东面、广阔的波斯领土的计划刚刚启动。

20岁的亚历山大顺利登基。在腓力二世的精心培养下，年轻的亚历山大已经具备了足够的军事经验。腓力二世对亚历山大的文化教育也很重视，甚至请来古代最伟大的科学家和哲学家亚里士多德来当儿子的老师。

这时，希腊和王国北部的人以为可以借机摆脱马其顿的统治。不过亚历山大继位两年后就平息了这两个地区的战乱。随后他将精力放到征服波斯方面。

在长达200年的时间里，从地中海到印度洋的广阔领域都在波斯的统治之下。彼时虽然波斯已经没有了巅峰时期的实力，但作为世界上最国富力强的帝国，它依旧是一个强大的对手。

公元前334年，亚历山大进军波斯帝国。那时，为了控制已经占领的欧洲领土，他只好把大部分兵力留在国内，然后带着仅仅三万五千名骑兵去打仗，对比庞大的波斯大军，他的力量其实是很弱的。然而事实却是，人数处于劣势的亚历山大接连取得绝对性的胜利。原因有三：一是腓力留下的军队比波斯军队更加训练有素，也更有组织性。二是亚历山大是天生的军事领袖，甚至可以说是史上最卓越的统帅。三是亚历山大本身英勇无畏。尽管在战斗的初期，他在后方指挥，但在决定性战斗中，亚历山大都是亲自冲锋陷阵的，他多次身处险境并负伤。士兵们看到亚历山大身先士卒，与大家一同浴血奋战，大大鼓舞了士气、振奋了斗志。

亚历山大的军队最先进入小亚细亚，摧毁驻守在那里的小股军事力量后，又向叙利亚北部进军，在伊苏将一支兵强马壮的波斯军队打败了。而后，亚历山大带着队伍继续朝南进发，占领了腓尼基的海岛城市推罗，也就是如今的黎巴嫩。成功攻占这座城市之前，亚历山大把推罗包围了七个月，

◇亚历山大指挥士兵

这期间，波斯国王写信给亚历山大，表示愿意用一半的国土换取双方之间的和平。帕米诺是亚历山大的一位将领，他表示这是个不错的建议："如果我是亚历山大，我肯定会接受这个协议。"然而亚历山大却说："如果我的身份像帕米诺一样，那么我也愿意接受这个协议。"

打下推罗后，亚历山大大军继续南征。加沙在被包围两个月后被彻底攻占。后来，亚历山大让自己的军队在不战而降的埃及休整了一阵子。在那期间，年仅 24 岁的亚历山大被拥立为法老，位同神灵。这之后，他带着军队重返亚洲，并在公元前 331 年，在高加米拉大决战中打败了一支更加强大的波斯军队。

获胜的亚历山大大军进入苏萨和波斯波利斯，这两座城市分别是巴比伦和波斯的首都。因为担心自己的国王会向亚历山大投降，波斯人于 330 年暗杀了自己的国王大流士三世。结果大流士的继任者又被亚历山大打败并杀死了。持续三年的战争，最终以整个伊朗东部地区乃至中亚都臣服于亚历山大而告终。

征服了整个波斯帝国的亚历山大本可以回到家园享受战果。但他的野心并不止于此。在他的指挥下，军队攻进了阿富汗，然后翻过兴都库什山脉进入印度。在西部地区接连打了胜仗后，他又想要对印度东部开战。不过连年作战，军队已经不堪重负，无法再继续前进。无奈之下亚历山大只好回到波斯。

在波斯，他花了一年多的时间来整顿国家和军队，其间还干了一件很有意义的大事。从小到大，亚历山大所受的教育都让他坚信，希腊文明是唯一真正的文明，希腊以外的人都是野蛮人。当然这种信念也是整个希腊世界的共同意识，亚里士多德也是这么认为的。不过，尽管波斯已经成为自己的手下败将，但是亚历山大意识到波斯人并不是想象中那么野蛮，波斯人也可能是勤劳且有智慧的，也是值得尊重的。因此，他想建立一个融合希腊文化和

◇亚历山大凯旋进入巴比伦

波斯文化的国家，自己则作为这个国家的统治者。可以确定，亚历山大是想平等对待波斯人、希腊人和马其顿人的。为此他把很多波斯人招募到了自己的军队里，并举办了一场被称为“东西方联姻”的宴会。宴会上，数千名马其顿军人与亚洲女人举行了婚礼。亚历山大自己则娶了大流士之女，而在此之前他已经娶了一位亚洲公主了。

重组军队后，亚历山大开始筹谋新的战争计划。阿拉伯半岛就是他计划中的一部分，波斯帝国北部地区很可能也在其中。或许他还想再次侵略印度，又或是罗马、迦太基以及西地中海地区。不论计划内容是怎样的，都不会被付诸行动了，征战结束了。公元前 323 年 6 月初，还不到 33 岁的亚历山大在巴比伦高烧不退，短短十天就因病离世了。

亚历山大没有确立继任者，在他死后不久，一场权力之战就开始了。在随后的斗争中，亚历山大的母亲、妻子和孩子都被杀了。他的帝国最终被他的将军们瓜分了。

亚历山大壮年离世且保持着不败纪录，这不禁让人猜想——“如果他没有那么早死去，世界该会是什么样的？”其实，如果他能带兵进入西地中海地区，大概率是能够获胜的，那么西欧的历史将会被改写。然而这毕竟是猜想，所以不太会影响到我们对亚历山大的评价。

亚历山大是历史上的传奇人物，他的成就和品格都有着不同寻常的色彩。就连发生在他身上的事情都充满了戏剧性，几十个传奇故事与他的名字世代相传。很显然，他有成为史上最强战士的雄心壮志，他也确实做到了。作为战士，他能征善战；作为统帅，他连续 11 年战无不胜。

另外，他还很有学识。他曾跟随亚里士多德学习，从《荷马史诗》中受到不少启发。从某些方面来讲，他比同时代的多数希腊思想家更有格局，比如能够意识到希腊以外也有文明人。可是有些方面，他却实在考虑不周，让人费解。就拿确立继承人来说，他久经沙场屡屡犯险，居然在这方面没有足够的考量，难怪他死后帝国很快就分裂了。

相传亚历山大很有人格魅力，常常会抚慰自己的手下败将。但同时，他也是一个性格暴戾、唯我独尊的人。在一次酒后争执中，他甚至杀死了曾经救过自己的亲信克莱特。

亚历山大和拿破仑、希特勒一样，都是具有绝对的时代影响力的人。不过由于当时交通和交流方式的限制，他的影响力相对于另外两位在短期内显得局限一些——仅在世界的部分地区产生影响。

从长期来看，亚历山大功劳在于结合了希腊文明和中东文明，进而丰富了两种文化。在亚历山大以及他之后的一段时期，希腊文化迅速渗透到伊朗、美索不达米亚（即“两河流域”）、叙利亚、朱迪亚以及埃及。在此之前，希腊文化进入这些地区的速度很慢，印度和中亚更是不曾涉足，而亚历山大却把希腊文化带了过去。文化的影响不仅限于此。东方思想在古希腊时期（以及亚历山大之后的几个世纪）传入了希腊世界，尤其是宗教文化。后

◇亚历山大登基

来这种以古希腊文化为主，同时又受到东方文化影响的希腊文化体系，对罗马也产生了深远影响。

亚历山大一路征战，延途建立了 20 多座城市。埃及的亚历山大城就是其中最著名的一座。建城不久，它就成为世界上的主要城市之一，同时也是闻名遐迩的文化和教育中心。另外，还有少数城市，如阿富汗的赫拉特和坎大哈等，也得到了很不错的发展。

整体来看，亚历山大和拿破仑、希特勒的影响力旗鼓相当。不过人们会有这样一种感觉，那就是另外两个人的影响力不会像亚历山大的那么长远。故而，哪怕亚历山大英年早逝，但他的排名还是更靠前一些。

34

拿破仑一世

Napoléon Bonaparte

1769—1821

大名鼎鼎的拿破仑一世是法国皇帝和将军。1769 年，他出生在科西嘉岛上的阿雅克肖城，本名拿破仑·波拿巴。在他出生前 15 个月，科西嘉岛被法国占领。起初，作为一个科西嘉民族主义者，法国人在拿破仑眼里都是欺压者。可是后来拿破仑进入法国军事学校学习，1785 年，16 岁的他毕业后转而成为法军少尉。四年后，法国爆发大革命，新政府在之后几年里又陷入对外战争中。1793 年，拿破仑在土伦堡包围战负责炮兵指挥（在这次战争中，英国统治的土伦堡被法国人夺了回去），他有了第一次展现能力的机会（彼时他已经不再坚持科西嘉民族主义，而是把自己当成法国人了）。凭着优秀的表现，他被升为准将。1796 年，他成为驻意大利的法军指挥官。1796 年至 1797 年，他在驻地取得了一系列战绩。回到巴黎时，他已经是人们眼中的英雄了。

1798 年，一支法国军队在拿破仑的带领下进攻埃及。那是一场损失惨重的战争。拿破仑的陆军尚算成功，但是法国的舰队却被纳尔逊领导的英国海军击败了。1799 年，拿破仑放弃埃及的作战计划回到法国。

拿破仑发现，当时法国人并没有抓住他在埃及落败的事情不放，而是牢记着他在意大利取得的胜利。凭着这样的政治资本，他和西哀士教士等人在一个月后发动了政变，并建立了新政府——执政府，第一执政就是拿破仑。尽管拿破仑看上去对精心设计且经过人民公投批准制定的宪法很拥护，但实际上他却是一个军事独裁者。很快，他就让那些蠢蠢欲动的对手偃旗息鼓，获得了政治上的优势。

拿破仑掌权速度十分快。1793 年 8 月的土伦堡战役前，他不过是军队里一个 24 岁、非法国本土出生的无名小辈。短短六年内，30 岁的拿破仑就成了法国的绝对领导人。而且在未来的 14 年里，他都稳坐在那个宝座上。

统治法国期间，拿破仑对行政和法律制度都进行了大刀阔斧的改革。比如，修改财政结构和司法体制，创建法兰西银行和法兰西大学，还对国家行政部门进行中央集权式管理。这些改革对法国产生了十分深远的影响，不过在其他国家和地区，这些影响就显得不那么重要了。

但也有例外，法国民权法典，也就是著名的《拿破仑法典》注定要影响到法国以外的国家。该法典将法国大革命思想从很多方面进行了具体的解释。其中就包括人人生来平等，没有人该享有特权。为了使法典在群众和法律专家中推行开来，它还充分地结合了法国原有的法律和习俗。这就让法典看上去既清晰流畅、逻辑严密，又科学严谨、适用性强。因此法典不仅在法国被长期使用，而且不少其他国家也借鉴了其中大部分内容，用于自己国家的法律中。

向来支持拥护法国大革命队伍的拿破仑，却在 1804 年登基称帝，并将自己的三个兄弟任命为其他欧洲国家的国王。法国共和党对此自然很不满，并把这看作是对法国大革命的背叛。但这不足以对拿破仑造成威胁，他的困难都来自外部战争。

1802 年，亚眠，拿破仑和英国签署和平协定。这让法国在经历 10 多年战争后，有了可以休养生息的机会。第二年，和平协定被废弃，紧接着法国又与

◇拿破仑穿越阿尔卑斯山

英国及其同盟国展开了长期的作战。拿破仑的陆军连连取胜，可是如果不能打败英国的海军，那么英国就永远不会输。1805 年，英国海军在大决战——特拉法加尔海战中取得了绝对性胜利，从此牢牢掌握制海权。纵使六个星期后拿破仑也取得了一次伟大的胜利（在奥斯特里茨对抗奥地利和俄国联军），但是依旧无法弥补海军方面的损失。

1808 年，拿破仑的失策令法国卷入伊比利亚半岛上一场毫无意义的消耗战中。好几年的时间里，军队都在那里进退两难。这还不是拿破仑最大的错误，最要命的是他竟然对俄国开战。1807 年时，拿破仑会见沙皇，通过《提尔西特和约》表达了双方友好的决定。渐渐地，他开始破坏这个约定，并于 1812 年 6 月，率领法国军队进攻俄国。

这是一场著名的战争。因为拿破仑军队进攻速度快，所以俄国方面尽量避免与他决战。当年 9 月，莫斯科已经被法军占领，俄国人一把大火把莫斯科烧了一大半。拿破仑在那里耗了五个星期（他原本希望俄国人主动求和），等他决

◇拿破仑从厄尔巴岛归来

定撤军时一切都来不及了。俄国冬天的气候、法军供给不足、俄军的反扑，这三个因素综合在一起，使法军的成功撤退变成了溃败逃离。活着离开俄国的法军只有原来的十分之一。

奥地利和普鲁士这样的欧洲国家趁机联合起来，想要脱离法国的掌控。1813 年 10 月，拿破仑在莱比锡战役中再次尝到了失败的滋味。第二年，他失去皇位，被流放到意大利海边附近的厄尔巴岛。

1815 年，从岛上逃跑的拿破仑返回法国，不仅受到法国人的欢迎，且重新掌权。其他欧洲强国立刻对法国宣战。拿破仑回归的 100 天后，在滑铁卢彻底败下阵来。英国人把他囚禁在南大西洋的圣赫勒拿小岛，直到 1821 年他因癌症离世。

拿破仑戎马一生，军事部署方面前后的反差却令人费解。凭着早期的军事天赋，他可能是史上最伟大的将军，但是在进军埃及和俄国这些重大决策上，他又错得离谱。因为他战略上的失策而不能排在头等军事领袖的行列，是不是

◇拿破仑在滑铁卢战役中

有些不公平呢？我觉得不会。评价一位将军的能力，其中一个标准就是能够避免失误。像亚历山大大帝、成吉思汗和泰摩兰（帖木儿）这样鲜少败绩的伟大将军，我们就没有理由给予偏低的评价。可拿破仑的结局是失败，他对外征战的时间也相对短暂。1815 年战败后，法国国土甚至比 1789 年大革命爆发时更小了。

拿破仑是个绝对的利己主义者，以至于常常有人把他跟希特勒相提并论。不过他们之间还是有着很大的差别。希特勒危险可怕的信念是他做事的动机。拿破仑则不同，他不热衷大屠杀这类恐怖的活动，在他统治的地区从来没有出现过类似纳粹的集中营，他只是一个想要抓住机会的野心家罢了。

因为名声很响亮，所以拿破仑的影响力很容易被高估。在短时间里，也许他的影响力会超过亚历山大，不过却逊色于希特勒。（在拿破仑发动战争期间，法国有 50 万法国士兵阵亡，但是二战中德国人死亡了 800 万。）所以不论如何，拿破仑对当时的人们造成的伤害，要比希特勒对同时期人们的伤害要小。

从长远影响来看，拿破仑似乎要比希特勒的影响力大一些，但又比亚历山大小。拿破仑主导推行了法国行政制度的改革，不过当时法国人口只占世界人口的十七分之一。不管怎样，我们要对法国行政制度的变革给予客观的评价。相对于之后两个世纪里的技术变革，他对法国人生活的影响要小得多。但有人认为，拿破仑执政时期为法国大革命成果提供了制度保障，也为巩固法国资产阶级阵营、维护其利益赢得了时间。其实，1815 年法国再次确立君主制度时，革命的根基已经很深了，想要回到旧制度已经不可能了。要知道，变革在拿破仑之前早就发生了，这是很重要的。到 1799 年拿破仑执政，他已经无法恢复旧制。所以，即便拿破仑有着当独裁皇帝的野心，却也实实在在地在欧洲传播了大革命

的思想。

在拿破仑的间接作用下，拉丁美洲的历史也受到深刻的影响。由于拿破仑的入侵，西班牙政府的力量被削弱，因此对拉丁美洲的殖民控制也随之弱化。在相对自治的状态下，拉丁美洲独立运动萌芽了。

不过在拿破仑所有决策中，有一项无心插柳却影响长久且巨大的事件。1803 年，拿破仑意识到法国可能无法在英国的觊觎下守住北美的领土，加之当时财政紧缺，便把一大片土地卖给美国。历史上最大宗的土地和平交易大概就是路易斯安那州这次了。美国因此成为一个次大陆国家。若是没有这次交易，没有人知道美国会变成什么样子，但一定不是现在这个样子，甚至也不会成为如今的超级大国。当然，这次交易不是拿破仑一人之力能够促成的，美国政府也发挥了巨大作用。不过面对这样的交易，美国任何一届政府必然都乐意接受，但是法国方面却是拿破仑的个人决定。

35

爱迪生

Thomas Alva Edison

1847—1931

1847年，爱迪生出生在美国俄亥俄州的米兰城。他一生有很多发明，却只接受过3个月的正规教育，甚至曾被老师认为是智障。

21岁时，爱迪生发明了电子投票记录器，这是他人生中的第一项发明，可惜没有销售出去。后来，他开始钻研一些自认为会比较好卖的发明。没多久，他因为改进了股票行情收集系统而获得四万美元的收入，这在当时是一大笔钱。接着他又完成了许多其他发明，很快就名利双收。其最有创造性的发明当属留声机，并在1877年取得专利。不过对人类来说，他最重要的发明是1879年的白炽灯。

首先发明电灯的人不是爱迪生，在白炽灯发明出来之前，巴黎街道上已经在用电弧灯照明了。但是爱迪生通过将自己发明的电灯和电力分配系统联系在一起，使之被应用到了百姓的日常生活中。1882年，他的公司开始向纽约居民供电。而后家庭用电在全世界普及。

建立世界首家电力公司，并为普通居民供电，爱迪生开启了一项巨大产业的先河。现代生活中，电不仅被应用于照明，还包括电视机、洗衣机等家用电器。有了爱迪生的供电网络，工业用电的进程也大大加快。

另外，电影摄像机和电影放映机的发展也离不开爱迪生的功劳。他还提升了电话音质和电报、打字机的性能。像口述记录机、扬声器和碱性蓄电池也都是他的发明。据统计，他的全部发明专利加在一起有1000多项，简直不可思议。

他的研发效率如此高，一部分原因是爱迪生早早就建立了一个实验室，地点在新泽西州的门洛帕克。为此他还请了一批能干的帮手。后来，许多工业公司建立大型实验室也都是效仿他的做法。在设备精良的现代化实验室里，团队可以很好地配合开展工作。尽管他首创的这个“发明”拿不到专利，但这绝对是爱迪生重要的发明之一。

除了发明家这个身份，爱迪生还是一个从事制造业、拥有多家公司的企业家。通用电气公司就是从他组建的一家公司发展而来的。

虽然算不上是一位纯粹的科学家，不过爱迪生却在1882年有过一个很重

◇爱迪生在实验室中

要的科学发现——在接近真空状态下，两根互不接触的电线之间可以产生电流。这个“爱迪生效应”不仅具有巨大的理论价值，而且实用性也很强。它在短时间内推动了电子管的发展，并为后来电子工业的建立打下了基础。

爱迪生一生中大半的时间都忍受着耳聋的折磨，不过靠着顽强的毅力，他没有在疾病面前屈服。他一生有过两任妻子（第一段婚姻结束于丧偶），与每一任妻子都生了三个孩子。1931 年，爱迪生在新泽西州的西奥兰治离开人世。

爱迪生的才华和成就是世界公认的，他是当之无愧的、史上最伟大的天才发明家。或许就算没有他，他的大部分发明也能在 30 年后被别人研究出来，但是他的事迹却鼓励了许许多多的人。就拿白炽灯来说，虽然应用广泛，但也不是唯一的照明工具。原理与它完全不同的日光灯，应用也很广泛。所以，就算没有白炽灯，人们的日常生活也不会有特别大的影响。毕竟在电灯之前，人

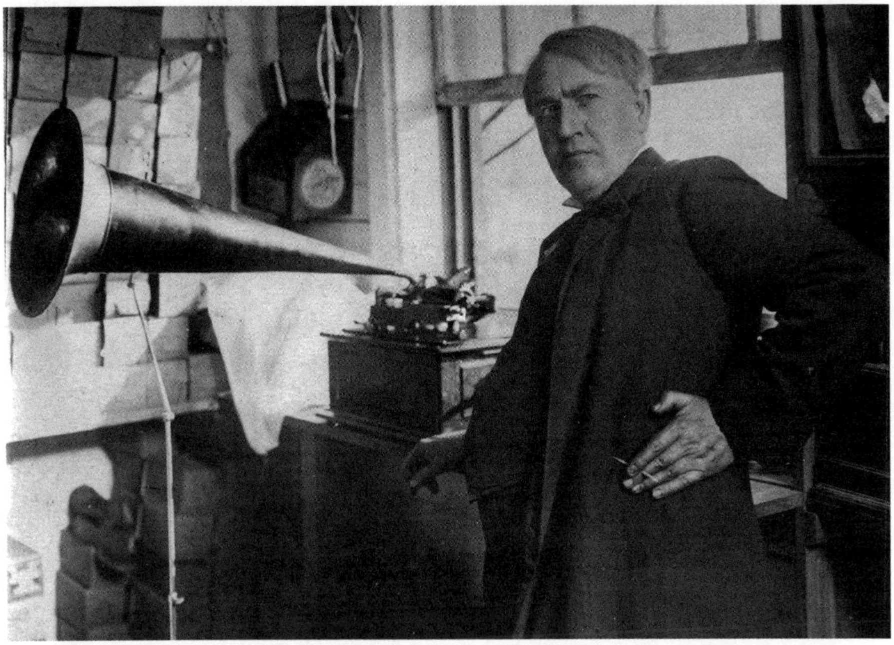

◇爱迪生发明的留声机

们对蜡烛、煤油灯和煤汽灯也是很满意的。

留声机算得上是很了不起的发明，可是人们会觉得收音机、电视机和电话给生活带来的变化更大。特别是近年来，我们又有了磁带录音等多种录音方式。再说，我们的生活也不会因为没有留声机和录音机就变得十分不同。另外，爱迪生很多发明也是对已有的且已经具有实用性的设备进行改进。虽然改进是好事，但是从历史角度来看，其重要性就会弱一些。

不过，哪怕爱迪生的发明中没有任何一种具有非它不可的重要意义，但他的 1000 多项发明依然值得我们牢记。这也是我把他排在马可尼和贝尔等发明家前的原因。

36

列文虎克

Antonie Van Leeuwenhoek

1632—1723

微生物是由列文虎克发现的。1632 年，列文虎克出生在荷兰的代尔夫特城。中产家庭出生的他，为这座城市的政府部门服务了大半生，一直都是一个小官。

列文虎克喜欢使用显微镜，这是他后来能够在微生物方面有重大发现的前提。那时候，普通人根本没有获取显微镜的渠道，所以他自己制作了这种仪器。他并非专业的制镜人，也不曾受到任何这方面的指导，但他与众不同之处就在于，能够拥有远超当时专业人员的技术水平。

尽管复合式显微镜出现的时间早于列文虎克的出生时间，但是他却从来没有亲自使用过。即便如此，在他的细致琢磨下，还是制造出焦距非常短的小透镜，而且他的透镜的分辨率高于其他任何早期的复合式显微镜。现存的一块早期透镜的放大倍数是 270 倍，但资料显示列文虎克制造的透镜的放大倍数要高于前者。

在观察方面，列文虎克既细心又耐心。而且他还拥有善于发现的眼睛和对事物的好奇心。利用这些精心制作的透镜，他观察了包括头发、狗的精液、雨滴、小昆虫、肌肉组织、皮肤纤维等许许多多物质。不仅如此，他还把观察的内容详细记录下来并绘制成图。

列文虎克从 1673 年开始给英国皇家学会写信。尽管没接受过高等教育（他读过小学，但除了母语他不懂其他任何语言），但是在 1680 年，他成为这所在当时十分有影响力的科学学会的成员，后来还成为巴黎科学院的通讯院士。

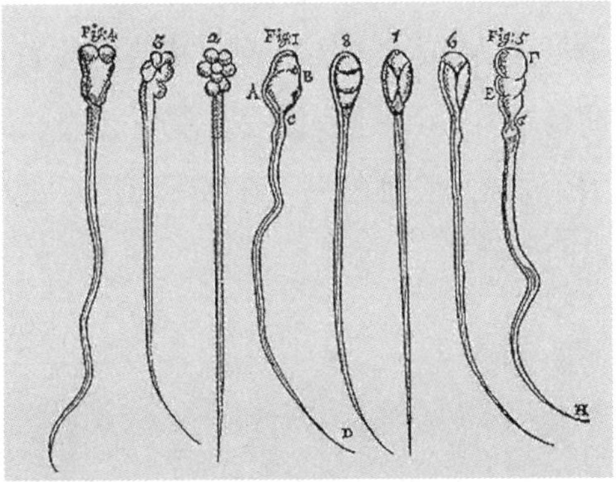
◇列文虎克观察到的兔子的精子

列文虎克有过两次婚姻和六个孩子，不过他的家庭里没有孙子辈成员。他一直工作到晚年，这得益于他健康的身体。他受到过包括俄国沙皇（彼得大帝）和英国女王等很多重要人物的访问。

1723年，90岁的他在代尔夫特去世。

列文虎克有很多成就。他是第一个发现精子的人，也是早期发现红细胞的人中的一个。对于低等动物是自然产生的理论，他提出了很多反对证据。比如他证明了跳蚤与其他带翅膀的昆虫的繁殖方式是一样的。

他最伟大的贡献是在1674年首次观察到了微生物。这个发现是人类的又一伟大进步。他在一个小水滴里发现了一个完整的、过去不曾见过的新世界，它充满了活力！不过彼时的列文虎克还不知道这些“小小的微生物”不仅大多数具有生命，而且还能威胁人类的生命。通过研究，他发现很多地方都有微生物，比如水井、池塘，还有雨水中、人的嘴巴里、肠道里等等。他详细地描述了各种细菌和原生动物，甚至还计算了它们的大小。

列文虎克的伟大发现真正被应用到实际，已经是差不多两个世纪后的巴斯德时代了。因为在19世纪以前，显微镜尚未被改进，微生物学几乎没有任何发展。所有人提出，若是没有列文虎克，那些微生物也会在19世纪被发现，所以他并没有改变科学的进程。然而列文虎克发现微生物是事实，因为有了他，微生物才被科学世界所认识。

偶尔，列文虎克的发现会被认为是他运气好。这种说法太不科学了。微生物的发现，是以列文虎克制作了当时最好的显微镜和他的耐心、细致的观察为前提的。也就是说，这是技术和付出的收获，而不是单单靠运气那么简单。

像观察到微生物这种由单独个人完成的十分重要的科学发现，其实并不多见。没有人能想到，列文虎克能靠着自己努力就发现原生动物门和细菌，而且这不同于其他大多数生物学上的进步，它完全是开创性的。基于这个原因，加之后期他的发现在实际应用方面的重要意义，他才会在本书中排在靠前的位置。

37

威廉·莫顿

William T.G.Morton

1819—1868

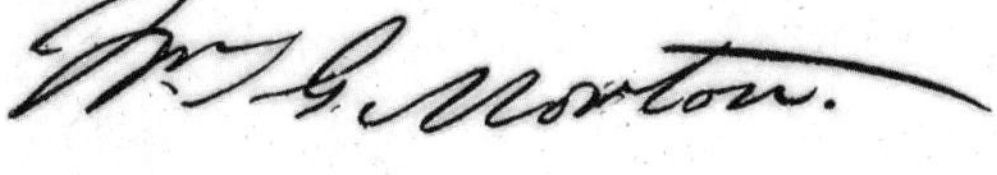

莫顿的名字或许并不为大家所熟知，不过他却比很多名人更有影响力。因为将麻醉术应用到外科手术的人正是他。

在史上众多发明中，没有几个能发明能像麻醉术这样备受赞誉，且对人类生存状况产生重大影响。试想一下，一个清醒的患者在没有麻药的情况下进行外科手术，医生要生生锯断他的骨头，那该是有多么恐怖。对这种痛苦的终结，绝对是赠予人类最大的礼物。

1819 年，莫顿出生在美国马萨诸塞州的查尔顿，青年时期曾是巴尔的摩牙医学院的学生。1842 年，他开始从事牙齿治疗工作。1842 年至 1843 年之间，他与另外一位年长自己几岁的牙医霍勒斯 · 威尔斯合作，后者是一个对麻醉很感兴趣的人。不过两人的合作经营没有赚到什么钱，所以这种关系仅维持到 1843 年下半年。

第二年，威尔斯开始进行一氧化二氮的麻醉实验。在康涅狄格州的哈特福德，他有运用这种麻醉剂来进行牙科手术的成功案例。但是在波士顿公开展示时却失败了。

莫顿的领域是给患者安装假牙。为了保证效果，他要先把对方受损的牙根拔掉。在没有麻醉的条件下，患者必须要承受巨大的痛楚。人们都希望能有某种麻醉技术出现。莫顿认为一氧化二氮在手术方面的麻醉效果不太令人满意，便开始寻找一种更强效的麻醉剂。

在莫顿认识的人中，有一位博学的医生杰克逊，同时还是一位科学家，他建议莫顿使用乙醚。那时已经有了关于乙醚具有麻醉效果的说法。最早是距离他们 300 多年前的瑞士医生和炼金术士帕拉塞尔苏斯发现的，后来在 19 世纪早期，也出现过类似的两篇文献。纵使有像杰克逊这样的人知道乙醚的功效，却也从来没有把它应用在外科手术里。

莫顿对乙醚很有信心，于是开始了相关的实验。实验对象从刚开始的动物（包括他自己的宠物狗），发展到他本人。1846 年 9 月 30 日，莫顿终于有机会在患者身上进行这项实验。患者弗罗斯特来到诊所，由于牙齿疼痛难忍，所以他愿意使用任何能够缓解拔牙痛的方法。莫顿为他使用了乙醚，然后拔掉了他的牙齿。等这位患者醒来后，表示自己完全没有感觉到疼痛。这真是一个超出意料的完美结果，莫顿感觉自己就要到达名利双收的人生巅峰了。

这项手术操作的时候有人旁观，事后也有报纸进行宣传，但是反响并不大。看来，还要再进行一次更轰动的展示才行。莫顿向沃伦求助，对方是波士顿的马萨诸塞医院的高级外科医生。沃伦同意让他在医院里当着许多医生的面演示他的止疼方法。1846 年 10 月 16 日，莫顿在马萨诸塞医院医生和医学院学生的面前，为外科病人艾博特使用了乙醚，紧接着沃伦对这位病人进行了颈部肿瘤切除术。这次展示非常成功，他证明了这种麻醉方法完全有效。多家报纸对此争相报道，这也让麻醉术在之后几年被广泛地应用在外科手术中。

这场手术没过几天，莫顿和杰克逊就跑去申请专利了。从申请到获得专利，虽然只有短短一个月的时间，但是并不妨碍发生优先发明权的争夺事件。

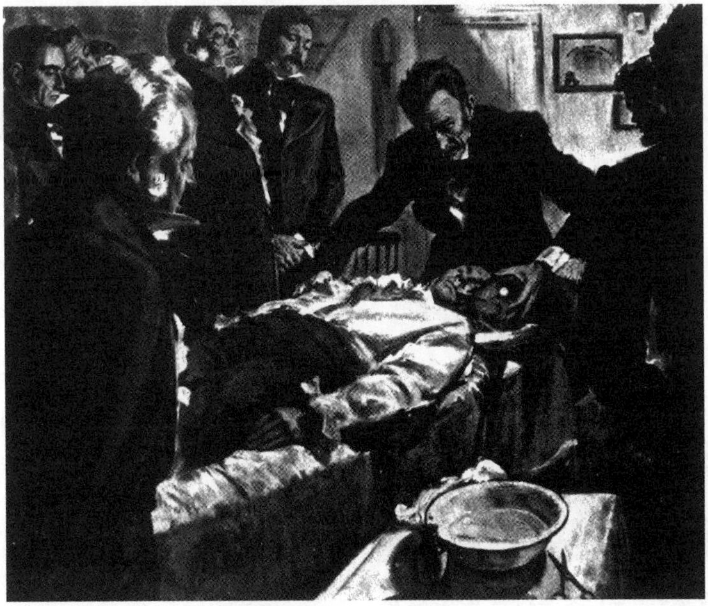

◇莫顿在给一个病人进行麻醉

莫顿认为在这项发明里，自己功劳更大，这遭到了杰克逊的带头反对。另外，莫顿希望借此发财的梦想也破灭了。因为很多医院和医生在使用乙醚来麻醉的时候，根本不会去支付专利使用费。最终，他从这项发明中获得的收益尚不足以支付诉讼费用，以及在争夺优先权上的支出。1868 年，不到 49 岁的莫顿在纽约于贫困中油尽灯枯。

麻醉对牙科和其他外科手术有多重要这无须多言。所以在评价莫顿的影响力时，主要的纠结是，麻醉引入外科手术这项荣誉，要如何公平分配给莫顿和韦尔斯、杰克逊以及佐治亚的格劳福特·朗医生等人。从实际出发，我认为莫顿比其他人的贡献都大，这也是我这样排名的原因。虽然威尔斯在牙科手术上使用麻醉比莫顿要早两年，而且他所用的一氧化二氮在一定程度上能够发挥功效，但是其麻醉强度还不足以单独支撑重要的外科手术，更无法引起外科手术革命性的进步。（如今，一氧化二氮在被应用到一些牙科手术时，只是作为众多复杂的麻醉药物中的一种。）然而，乙醚的麻醉功效和适用性就强多了，正是因为有了它，外科手术才会发生革命性的变化。现在尽管我们有了比乙醚更好的麻醉药物，但就过去而言，即便是乙醚被引入外科手术之后的 100 多年，它都是被使用最多的麻醉剂。它的确不是完美的（有易燃的缺点，还有一些药物副作用），但它具有便于运输、使用方便的优点，更重要的是，它安全且有效，这就够了。

◇利用这个玻璃容器，莫顿于 1846 年第一次将硫化乙醚使用到病人身上

其实在 1842 年，佐治亚州的朗医生（生于 1815 年，死于 1878 年）就已经将乙醚用于外科手术了，莫顿要比他晚了四年。不过朗医生并没有推广这种麻醉方式，所以当时受益的只是他的部分患者。莫顿则不同，他让全世界都成为受益者。

诚然，莫顿使用乙醚是接受了杰克逊的建议，后者在如何使用乙醚方面也对他进行过指导。不过杰克逊本人对此从未进行过有价值的实践，而且在莫顿公开展示前，他也不曾告知医学界乙醚可以用在外科手术方面。最终，赌上自己的职业生涯，并承担着巨大风险的人，是莫顿，而不是杰克逊。试想，艾博特若是死在那场公开的手术中，杰克逊是不会去承担哪怕一丁点责任的。

既然如此，莫顿应该拥有怎样的地位呢？我们可以拿他与利斯特比较一下。这两位都是医生，且都是以引入一种彻底改变手术和分娩的新技术而闻名。事后看来，这是两项很显著的创新。虽然他们两个均不是各自技术的首位实践者，却用实际行动将其进行宣传和普及。不过他们必然又要与别人分享这份荣耀。而我之所以将莫顿排在利斯特之前，则是出于长期的考量——麻醉技术的应用要比外科消毒法更重要。因为若是没有外科消毒法，抗生素在某种程度上也能起到一些作用。但是若是没有麻药，那些精细且耗时长的手术就无法进行了。

1846 年 10 月，莫顿公开展示麻醉术的那个早上，成功开启了人类历史的新篇章。莫顿的墓志铭是对他成就最合适的总结："威廉·莫顿，发起和推广麻醉剂吸入法之人。因为他，外科手术不再有疼痛。于他之前，外科手术是极其痛苦的，在他之后，疼痛被科学地控制。"

38

马可尼

Guglielmo Marconi

1874—1937

马可尼是无线电的发明者。1874年，他出生在意大利博洛尼亚的一个富裕家庭，曾跟随家庭教师学习。1894年，20岁的马可尼看到了一份海因里希·赫兹在前些年做的实验报告。上面记录着电磁波的存在，并提到电磁波尽管不能被人眼看见，却能够以光速在空气中穿行。

马可尼突然灵光乍现——这些电磁波或许能够在不使用电线的情况下，用于远距离的信号传输。

通过一年的努力，马可尼在1895年成功制造出一部设备。1896年，他公开展示了自己的发明成果，并拿到了专利。不久之后他就成立了一家公司，并在1898年发送了第一封无线电报。第二年，他的无线电信息就能穿越英吉利海峡了。他不停地改进着技术，随之拥有更多的改进专利。1900年，他拿到了对他来说最重要的一个专利。1901年，他的无线电信号从英格兰发出，越过大西洋，成功送达纽芬兰。

人们在非常偶然的情况下见识到了这个新发明的重要性。1909年，“共和国号”轮船因事故受损，就在它要沉没的紧急时刻，无线电发挥了作用，并挽救了船上大部分的人（只有六人没有被救）。也是在那一年，马可尼凭着自己的发明荣获了诺贝尔奖。又过了一年，他又成功地将无线电信号从爱尔兰输送

到距它约 9656 公里（6000 多英里）的阿根廷。

顺便说一下，无线电信号都是利用“–·”系统，也就是莫尔斯电码输送的。在当时，纵使人们已经知道无线电可以传输人的声音，但 1906 年之前，一直没有人能将这个理想变成现实。到了 20 世纪 20 年代初期，商业无线广播一经出现就火速普及开来，且重要性日益凸显。

如此有价值的发明难免会引起专利的争夺。不过在 1914 年之后，相关的诉讼就没有了，马可尼作为最先发明者，得到了法律的认可和保护。在以后的人生里，他又在短波和微波通信方面取得了重要的进展。1937 年，马可尼在罗马去世。

作为著名的发明家，其发明的无线电和相关子产业的发展决定了马可尼的影响力。（电视不是马可尼发明的，但是无线电对电视的发展具有带动意义，

◇马可尼在他的浮动实验室里——游艇“艾力查”号

那么马可尼或许也能分享电视方面的荣耀。）无线电通信对现代社会的极端重要性是显而易见的，它可以用在新闻传播、娱乐行业、军事领域、科研方面、治安管理等等。虽然电报也能完成其中某些任务（无线电比电报晚了半个世纪），不过大多数的情况下它无法替代无线电。通过无线电，人们可以与行驶的汽车、海上的轮船、天上的飞机进行联系，甚至太空中的宇宙飞船也能收到无线电的信号。而且无线电可以传送电话的讯息，但是反之则不可以，相较之下，无线电比电话也更有优势。

在本书中，马可尼的位置排在贝尔之前，原因就是无线电比电话更重要。而爱迪生排在马可尼前面，则是因为他的发明数量多，哪怕其中没有任何一个能像无线电这般重要。至于为什么要让马可尼位列法拉第和麦克斯韦之后，其实这也是很公正的，毕竟无线电只是前两位理论成果在众多实际应用中的一个。不论如何，马可尼在本书中的位置还是比较靠前的，从客观角度来看，只有极少数最重要的政治人物对世界的影响能与马可尼相媲美，所以这个排名他实至名归。

39

希特勒

Adolf Hitler

1889—1945

不得不说，我真是十分不情愿把希特勒写到这本书中。他做的事情实在是罪大恶极。我不可能对一个手上沾染 3500 万人鲜血的家伙有一丝一毫的尊敬。但事实就是，希特勒影响了很多人的一生，那是极度恶劣的影响。

1889 年，希特勒出生于奥地利。成为一名艺术家是他年少时的梦想，不过愿望落空。后来他成了一个德国民族主义的极端分子。第一次世界大战时，他已经是一名德国的军人，他在战争中受过伤，还曾获得过两枚勋章。

希特勒因德国的失败而愤愤不平。1919 年，30 岁的他加入了一个慕尼黑的右翼小组织。后来这个组织更名为“民族社会主义德国工人党”，也就是纳粹党。过了一年多，希特勒成了这个组织说一不二的领导人。

纳粹党在希特勒的带领下发展得很快，在 1923 年发动了“慕尼黑啤酒馆起义”。不过这次政变失败了，希特勒被判了刑，可惜不到一个月他又被放了出来。

1928 年，由于大萧条，公众对各个政党有了诸多意见，那时的纳粹党虽然也不够完善，却趁着这个机会悄悄地壮大了。1933 年，希特勒 44 岁，他成为了德国总理。

希特勒掌权后就开始动用政府力量镇压反对自己的人，独裁统治很快就形成了。相伴而来的就是民权的丧失和反对派人士遭到镇压，在希特勒的领导下，这些事短时间就完成了。不少与希特勒政见相左的人不用经过审判就会被殴打和杀害。不过在第二次世界大战前，很多德国人都拥护希特勒，因为他的政策让经济复苏，失业率降低。

后来，希特勒把德国带上了对外侵略的道路，并导致了第二次世界大战的爆发。起初的时候，他的领土扩张甚至没有动用武力。那时候英国和法国都受困于自身经济问题，所以只希望天下太平。因此希特勒在进行破坏《凡尔赛和约》、重组德国军队一系列操作时，没有受到任何阻碍。1936 年，莱茵地区被德军占领，并被设防 3 个月；1938 年，希特勒领军入侵奥地利。对于希特勒的种种行为，英法两国都没有进行阻止。1938 年 9 月，捷克斯洛伐克至关重要的苏台德地区被希特勒占领，对此英国和法国也默许了。英法为了各自的利益不惜牺牲了捷克人民，签订了《慕尼黑协定》，几个月之后，德国把整个捷克都占领了。在开展这些行动前，希特勒曾下令，如果哪个国家反对，就对他们付诸武力行动。

当希特勒把波兰作为下一个侵略目标时，英国和法国决定出手了。为此，希特勒与斯大林在 1939 年 8 月签订了互不侵犯条约（为了瓜分波兰，双方建立了一种很危险的关系）。9 天之后，希特勒进攻波兰，又过了 16 天，苏联军队也来了。纵使英法两国后来对德国宣战，也无法阻挡波兰的沦陷。

1940 年是希特勒最得意的时候。当年 4 月，德国军队占领丹麦和挪威，5 月让荷兰、比利时和卢森堡陷落，6 月法国举起了白旗。不过年底的时候，英国在德国空军的长期空袭下，逆势夺取“不列颠之战”的胜利。这之后，德国便无力再向英国开火了。

1941 年 4 月，希腊和南斯拉夫（南斯拉夫于 1991 年开始解体，今为塞尔维亚共和国）又在德国军队面前败下阵来。同年 6 月，希特勒单方面废除了互不侵犯条约，并对苏联发兵。德国有段时间占领了广阔的苏联领土，不过冬天来临的时候也没能彻底消灭苏联的军队。这边德国与英国和苏联的战争还在持续，另一边希特勒又向美国宣战了。

1942 年中期，欧洲大部分地区和北非的许多地方已经落入德国的掌控。但是在下半年，希特勒分别在埃及的阿拉曼战役和苏联的斯大林格勒战役中打了败仗，经过这两次战役，二战进入拐点。那时起，德国军事力量开始下滑，眼见战败是既定的现实，可是希特勒却拒不投降，并在斯大林格勒战役后负隅顽抗了两年多。1945 年 4 月 30 日，希特勒以自杀结束了自己的一生。德国在几天后投降。

希特勒掌权时推行了前所未有的种族灭绝政策。他痛恨犹太人，曾公开表示自己最大的愿望就是把全世界的犹太人都消灭掉。每个被德军侵占的地方，都有无辜的男女老少受到非人的对待，他们像牲畜一样被塞进毒气室里屠杀。几年里，被这样杀死的犹太人数量超过 600 万。

受到希特勒残害的不止有犹太人。那时候，他还残忍屠杀了许许多多的俄国人、吉卜赛人，以及被他认为是低劣种族的人和所谓的德国的敌人。实在无法理解，那些刽子手怎么忍心在毒气室和战场上屠杀那么多人。希特勒的死亡集中营组织精密，简直就像一家大公司，里面有完整的事项记录，有工作指标和配额。为了得到像金牙、戒指这种值钱的物件，他们甚至会搜查受害者的尸体。更可怜的是，有些尸体还会被制成肥皂。希特勒的屠杀行动不曾有过任何松懈，战争末期，在德国国内和军队都缺少燃料供应的情况下，他们宁愿使用曾经运载牲畜的车厢，也要把一车车的人运去死亡集中营进行屠杀。

由于种种原因，希特勒的名字还将继续流传下去。首先是因为，他是史上公认的要遗臭万年的人。虽然人们对尼禄、卡尼古拉这些暴虐之徒也议论至今，但是希特勒的行为却要比他们更恶劣，所以他必然要长久地被钉在耻辱柱上。另外，人们也不会忘却，挑起历史上最大规模战争——第二次世界大战的人，正是希特勒。要知道，因为核武器的出现，未来不容易再出现这样大规模的战争，所以从今往后的很长时间里，二战都将是历史上令人刻骨铭心的大事件。

再者，希特勒身上的一些谜团，也是让他的恶名继续传播的原因。他是一个让人好奇的存在。作为一个毫无背景的外国人，在没有资金和政治支持的情况下，他居然能够在十四年间成为当时一个世界大国的元首，这简直让人匪夷所思。而且他绝对是世界上最巧舌如簧的人，其煽动能力让旁人难以企及。不过说一千道一万，最让人难以遗忘的还是他的残酷暴虐。

希特勒在那时的影响力已是无人能及。他挑起的战争、因他而存在的集中营，让千千万万的人或是流离失所或是失去生命。战争彻底地改变了人们的生活和命运。

评判希特勒的影响力，我们应该从两方面进行考量。第一，如果没有希特勒，在他的领导下发生的很多事情可能根本就不会存在。当然，德国和欧洲的局势确实为希特勒提供了一个机会。例如，他的军国主义和反犹主义言论，无疑蛊惑了很多人。然而，没有迹象表明，在 20 世纪 20 年代或 30 年代，大多数德国人希望他们的政府采取希特勒那样极端的政策，也没有迹象表明其他可能成为德国领袖的人也会做出希特勒那样的事情。可是，谁能想到那时出现的偏偏是希特勒呢？

第二，希特勒一个人主宰的纳粹，居然能够发展到那样极端的程度。其他政党的崛起，都要有多位人物在其中发挥作用。但是民族社会主义在希特勒之前和之后都没有其他有影响力的人物。希特勒从领导纳粹夺取政权到纳粹执政期间，始终都是唯一的领导人。他死后，纳粹党及其领导的政府也一同灭亡了。

诚然，希特勒对那个时代产生了很大的影响，但他的所作所为对后世来说并不重要。他的所有想法都没有成为现实，甚至后来都事与愿违了。比如，希特勒想要提高德国的实力、扩大国土面积，虽然在一段时间里他做到了，然而却十分短暂，甚至后来德国的版图较他上台时更小了；希特勒仇恨犹太人，

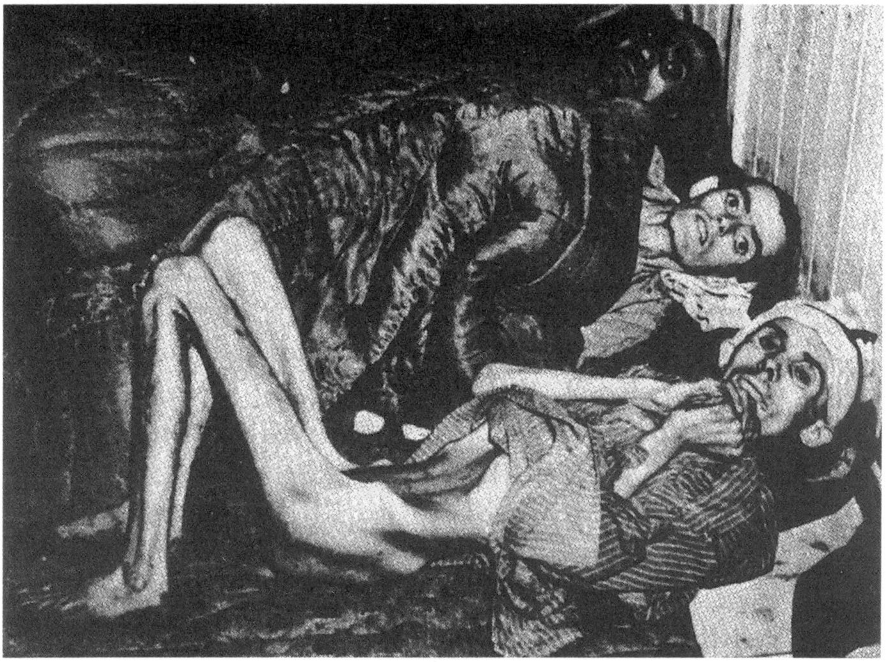

◇布痕瓦尔德集中营中的一幕

然而在他当政的 15 年后，竟然成立了第一个 20 世纪的犹太国家；他还将共产主义和俄国视为敌人，结果他死后，不仅东欧大部分地区被俄国人掌管，而且共产主义的影响力也日益扩大；他还妄图在德国及其占领地区实行独裁，但是德国如今的民主制度推行得十分稳健，德国人更是前所未有地反对专制制度。

因为希特勒对那个时代的影响太大，所以我只好把他列入本书当中。不过他必须在秦始皇、奥古斯都·恺撒和成吉思汗之后，因为这几位的影响力能够延续几个世纪。他也要排在拿破仑、亚历山大大帝之后，虽然他们都是把世界搅得天翻地覆的人，甚至希特勒在短时间内的影响更大，但是在影响时长上他还是弱于那两位。

40

柏拉图

Plato

前 427—前 347

古希腊哲学家柏拉图是西方政治哲学的起点，也是我们许多伦理和形而上学思想的起点。两千三百多年来，人们一直在阅读和研究他对这些主题的思考。因此，柏拉图堪称西方思想界的伟大先驱之一。

公元前 427 年，柏拉图生于雅典。作为一名贵族，他在青年时期就认识了苏格拉底，并成为这位大哲学家的学生。在柏拉图心中，自己这位良师益友是“我认识的所有人中最聪明、最公正、最优秀的人”。公元前 399 年，古稀之年的苏格拉底被冠以毒害雅典青年灵魂的罪名被处死。这让柏拉图开始痛恨政府和国家的制度。

柏拉图在苏格拉底去世后不久就离开了雅典，去往国外旅行了 10 年（也有说 12 年）。约公元前 387 年，他回到瑞典创办了一所存续了 900 年的学校——柏拉图学园。此后的四十多年，柏拉图一边教育学生，一边进行哲学写作，就这样度过了他的大半段人生。在他的学生当中，最耳熟能详的就是亚里士多德。在柏拉图 60 岁的时候，17 岁的亚里士多德来到学园求学。公元前 347 年，80 岁的柏拉图永远离开了这个世界。

柏拉图一共有 36 部作品，其中大部分内容都是关于政治和伦理道德的，也有一部分是关于形而上学和神学的。在这里，我无法一一展示他的所有成果，仅以他的代表作《理想国》来解读他对理想社会的想法。

◇**柏拉图学园**

在柏拉图的观点里，贵族国家是最理想的社会形态。当然，他提到的贵族身份不是王侯将相世袭的，而是凭资格和才能获得的。这需要统治阶级允许其他有能力的人进入这个行列，另外这些人是凭借某些条件被选出来的，而不是群众投票产生的。这样掌握国家权力的才能是最优秀、最有智慧的人。

柏拉图还提出，应该让不论男女的所有人都有展示才华和进入管理层的机会（他大概是第一个支持男女平等的哲学家）。为此，他建议国家让所有孩子都能接受教育。首先要给孩子们进行体能锻炼，与此同时还要让他们学习音乐、数学以及其他知识。要在人们成长的各个时期进行广泛地测试，成绩普通的学生经商，成绩优异的学生继续学习学术课程和哲学理论。这里提到的“哲学”，指的是对他关于理念形式的形而上学学说的研究。

等这些人 35 岁的时候，要测试他们是否真正领会了理论原则的实质，如果通过测试，还要让他们接受 15 年的工作经验累积训练。真正能够将理论应用到实际，且对公共事业有热情的人才可以进入管理阶层。

每个人都有成为管理者的机会，这与他们的财富无关。事实上，在这种国度里，管理者除了少量个人财产，是不可以拥有土地、私宅和金银珠宝的。他们只能定期领取数额固定的工资（数额不大）。另外这些人还不可以有小家庭，他们需在一起生活，共有配偶。他们获得奖励的方式是从服务人民的过程里获得精神的满足，而非物质收获。以上就是柏拉图理想社会的简单概况。

《理想国》被广泛传阅了数百年，不过这种制度并未在现实中执行。从柏拉图时期到现在的很长时间里，大多数欧洲国家都实行世袭君主制。近几个世纪以来，一些国家组成了民主政府。同时，也有军事统治和极具煽动性的独裁政权出现，比如希特勒和墨索里尼领导的政府。但这些都与柏拉图的理想国不同。那么是不是意味着，柏拉图的理想无法在现实中实现呢？我不这么认为。

虽然柏拉图的治国理念没有被哪个国家所应用，不过中世纪天主教的组织结构与柏拉图理想中的管理层结构非常相似。中世纪的教会由一个自我延续的精英团体组成，成员们都接受过宗教哲学的训练。通常来说，教士们不能结婚，这样他们就不会因为私欲膨胀而影响对百姓的关心。

美国一定程度上受到了柏拉图的影响，宪法中的一些条款与他的政治理念很相似，比如倡导尊重民意，让最优秀、最智慧的人成为国家领导者。

柏拉图的影响力实在太过深远广博，以至于我们几乎无法准确地分析他的重要性。不过从某种意义上讲，其影响是间接的。其实，很多后世的哲学家都深受柏拉图的政治理论、道德理论和形而上学理论的影响。在这里，我之所以把柏拉图排在亚里士多德之后，并不是因为后者在哲学方面比柏拉图优秀，而是因为亚里士多德还有很重要的科学贡献。将伏尔泰和杰弗逊排在柏拉图之后的原因就很简单了，因为他们两位作品的影响力最多不过持续两三百年，可是柏拉图的影响力却足足持续了两千三百多年。

41

克伦威尔

Oliver Cromwell

1599—1658

战功赫赫的克伦威尔是英国著名军事领导人，在他的指挥下，国会军取得了国内战争的胜利，此外他还是推动英国建立议会民主制度的功臣。

1599年，克伦威尔出生在英格兰亨廷顿。在他的青年时期，国家正处于宗教分裂状态，国王希望能够彻底实现君主制度。起初他不过是一个信仰清教的农夫，1628年，他当选国会议员，不过第二年随着国王查理一世宣布国会解散，他的议员生涯也结束了。1640年的时候，英格兰需要资金用于与苏格兰的战事，国王再次召集国会，克伦威尔复出。新的国会反对政府进行宗教迫害和征收苛捐杂税，但国王却不理会这些建议，于是在1642年，支持国王的军队和国会派军队之间爆发了战争。

为了支持国会，克伦威尔回到家乡招募了一支军队，与国王的军队作战。在四年的战斗中，克伦威尔展示出非凡的军事才能。在马其顿荒原战役和内斯比战役中，他作为将领都发挥了关键性作用，特别是马其顿荒原战役，是英国内战的转折点。1646年，战争以国王查理一世被俘告终，克伦威尔则成为军队里最受尊重和爱戴的将军。

然而期盼中的和平并没有在现实中到来。国会内部因为理念不同，分成多个派系，国王也拒绝谈判。1648年2月，逃跑的国王招兵买马，妄图把国家夺回来，英国第二次内战因此爆发。结果查理一世再次被抓，克伦威尔在铲除了国会中的温和派后，于1649年1月将国王处死。

那时，英国成立了共和国（即英联邦），国家大权暂由国务委员会掌握，克伦威尔任主席。但国王的余党并不死心，他们很快就控制了爱尔兰和苏格兰，并支持已故国王的儿子——查理二世。克伦威尔的军队再次入侵爱尔兰和苏格兰，成功粉碎了那股力量。至此，长期的战争最终在1652年结束。

战争结束，紧接着就要组建新政府。可惜克伦威尔终其一生，也没有解决政府要采用哪种宪法形式的问题。这个清教徒，他有权力、有名望，能够成功粉碎专制制度，可是却无法说服自己的支持者接受新宪法。因为这些冲突与复杂的宗教交织在一起后，新教内部也四分五裂了（清教是新教中的一派）。

克伦威尔在1640年上台时，国会的规模很小，也没什么表决权。他曾试

◇克伦威尔在马其顿荒原战役

图举行新的选举，但最终没有成功。1658 年 4 月 20 日，克伦威尔宣布国会解散。从那时起到克伦威尔去世，国会几次三番地成立又解散。那段时间有两种宪法被推行，但是都不成功。克伦威尔只能依靠军事力量统治国家。这样看来，他似乎也是一个军事独裁者。但是在实践民主方面他是真诚的，面对唾手可得的王位，克伦威尔选择了拒绝。这足以说明他只是想建立一个高效的政府，而不是进行独裁。

1653 至 1658 年，克伦威尔以护国公的身份统治了英格兰、苏格兰和爱尔兰五年。那时的政府还算开明。克伦威尔修改刑法、振兴教育。对于宗教，他也很宽容。他准许犹太教回到英国并在那里传播教义（大约 300 年前，爱德华一世将犹太教驱逐出英国）。克伦威尔在外交方面也很有成就。不过，在 1658 年，克伦威尔因患疟疾而去世。

克伦威尔死后，其长子理查德·克伦威尔曾短暂地掌管过英国。但是在 1660 年，查理二世夺回了政权。他命人把克伦威尔的尸体从墓地里挖出来，挂在绞刑架上。但这种报复行为并不能扭转王室专制主义已经结束的事实。认清形势的查理二世没有与国会硬碰硬。可他的继任者詹姆士二世偏偏想要恢复专制，结果在 1688 年爆发了“光荣革命”，詹姆士二世被迫退位。这次政变实现了克伦威尔在 1640 年的愿望——确立君主立宪制，推行宗教宽容政策。

对克伦威尔的争议，在他死后持续了 300 多年。有些人认为他是个虚伪的人，嘴上说着把权力交给国会，却做着独裁的事情，甚至他的政府都是军事独裁政权。不过多数人觉得，克伦威尔对民主的追求并不是虚假的，他的独裁是当时形势所迫，是不得已而为之。他为人坦坦荡荡，政治方面温和宽容，他从没想过长久地进行独裁统治，所以才能坚定地拒绝接受王位。

克伦威尔对历史的影响要如何评价呢？其实在英国内战中打败国王派系是他主要的成就。战争之初，在国会军处于劣势的时候，是他带着军队一路厮杀才扭转了局面，赢得了马其顿荒原战役的胜利。若是没有他，国会军是不可能胜利的，那么英国的民主政府也许也不会建立。

千万不要把这当成历史的必然。17 世纪的时候，欧洲很多国家都在强化

◇克伦威尔拒绝加冕

君权，而英国的民主制打乱了这种节奏。在它的影响下，法国启蒙运动和法国大革命才得以开展，民主制在欧洲才能够扎根。它还为美国、澳大利亚、加拿大等国家做了示范，推动他们确立民主制度。纵观全世界，英格兰并不大，但是民主制就是以这片土地为起点传播到了更为广博的地方。

克伦威尔对英国确立民主制劳苦功高，与之相似的是哲学家洛克对美国的巨大影响。其实要比较他们两个的影响力是非常难的。因为他们一个是实践者，一个是思想家。不过再深层次地思考一下，如果没有洛克，那么民主思想应该也不会太晚出现。但是如果没有克伦威尔，在英国内战中胜利的就不会是国会军。如此说来，克伦威尔理所当然地要排在本书更靠前的位置。

42

亚历山大·贝尔

Alexander Graham Bell

1847—1922

亚历山大·贝尔是发明电话的人。他于1847年出生在苏格兰的爱丁堡。他没上过几年学，不过在家庭培养和个人努力下，他还是成长为一个有学识的人。贝尔对声音感兴趣也是情理之中的事，因为他的父亲就是一名在声学专业做研究，同时也是从事语言矫正和聋人教学的专业人士。

贝尔搬到美国马萨诸塞州的波士顿是在1871年，四年后的1875年，他成功发明了电话。次年二月，他申请了电话的专利，数周后便拿到了批复。（巧合的是，贝尔申请专利那天，还有一个人也去申请电话专利，但是这个名叫伊莱沙·格雷的人比贝尔晚了几个小时。）

专利获批不久，费城的百年展览会就展出了贝尔的电话，这引发了公众极大的兴趣，他也因此获奖。西联电报公司本可以用10万美金买下这项发明，但是他们却不想这么做。这样一来，贝尔便和朋友们在1877年7月成立了公司，也就是日后的美国电话电报公司。电话业务迅速为他们带来了巨大的商业利益，公司后来也发展成全球最大的私营公司（不过现在国电话电报公司已经被分成好几个公司了）。

1879年3月的时候，贝尔夫妇持有公司15%的股份，不过他们当时没想到公司会那么赚钱。所以在之后的七个月里，他们以每股均价250美元的价格，把大部分股票都卖了。可是到了11月，每股股票已经涨到了1000美元。（三月份股票每股价格为65美元，当时贝尔的妻子因为担心价格下跌，极力劝说他卖掉了股票。）1881年，他们又把剩余股票的三分之一卖掉了。不过即便如此，1883年时，他们持有的股票价格还在100万美元左右。

因为发明电话，贝尔变得十分富有，不过他并没有因此放弃研究工作，还发明了另外几种物品，不过影响力都没有电话那么大。他的兴趣广泛，不过最热衷的还是为聋哑人解决问题。其实，贝尔的妻子就是他曾经辅导过的聋人姑娘。夫妻俩生了两儿两女，不过儿子都没有活到成年。1882年，贝尔正式成为美国公民，于1922年去世。

对贝尔的评价主要来自电话对人类的影响。在我看来，像电话这样被广泛应用于人们生活且产生巨大影响的发明是少之又少的，因此它绝对是一项

◇1892 年，贝尔开通了纽约到芝加哥之间的电话线

非常伟大的发明。

而我之所以把马可尼排在贝尔前面，是因为无线电的用途更多一些。从工作原理上来说，无线电也能够传送语音，它一定程度上拥有类似电话的功能，但是在无线电能应用的领域，很多情况下电话是不能替代的（比如正在航行中的飞机通讯）。如果只考虑这一点，贝尔与马可尼之间的差距还要更大一些。不过我们还有其他要考虑的因素：第一，虽然无线电能够替代个体电话来进行通话，但是要替代整个电话系统，怕是很难有那样一个无线电通讯网络可以完成这个任务；第二，贝尔是能够重现声音的第一人，他在这方面技术后来被很多发明家应用，例如无线电接收器的发明者、电唱机的发明者等等。以上这些，就足以缩小亚历山大·贝尔和马可尼之间的差距了。

43

亚历山大·弗莱明

Alexander Fleming

1881—1955

1881年，亚历山大·弗莱明生于苏格兰，他是青霉素的发现者。弗莱明毕业于伦敦圣玛丽医学院，后从事免疫学方面的研究。第一次世界大战爆发时，他成为一名军医，开始研究重伤士兵的感染问题。在这个过程中，他发现很多防腐剂对人体细胞的伤害甚至比对微生物的伤害大。所以一定要找到一种既能抵抗细菌又不会伤害人体细胞的物质。

弗莱明在战后回到圣玛丽医院工作。1922年，他发现了溶菌酶，这是人体黏液和眼泪中的一种成分，对人体细胞完全是无害的。它具有一定的杀菌作用，但是对一些特别有害的细菌起不到太大作用。所以这只是一个没有很大意义却比较有意思的发现。

1928年，弗莱明取得了一项重大发现。他的实验室里有一份培养葡萄球菌的培养液，因为暴露在空气中，结果被一株霉菌污染了。当发现这株霉菌周围的细菌都消失了之后，他便意识到这株霉菌能够消灭葡萄球菌。很快，他又发现这种霉菌还能抑制其他有害菌的生长。他为这种对人和动物都无害的物质取名盘尼西林（青霉素的音译）。

1929年，弗莱明对外宣布了这个发现，提出青霉素有潜力成为一种很重要的药物，不过他无法靠一己之力发展青霉素的提纯技术。然而这并没有引起太多人的关注。以至于在之后的十多年里，这种宝贵的药物都没有被利用。

30年代末，两位英国医学研究人员　　霍华德·沃尔特·弗洛里和恩斯特·鲍里斯·钱恩，偶然读到弗莱明的文章。他们复制并验证了那个实验，并将提纯的青霉素用于动物试验。1941年，他们又对青霉素进行了临床实验，最终证明这种新药有着超乎想象的功效。

在美国和英国政府的支持下，医药公司进入青霉素研究领域，很快就使青霉素能够进行批量生产。起初，只有战争中的伤员才能使用青霉素，不过到了1944年，它开始供给英国和美国的普通患者。1945年二战结束时，全世界都可以使用青霉素了。这激起了人们寻找其他抗生素的热情，之后又有很多“神药”被发现。不过青霉素的应用还是最广的。

青霉素与众不同之处在于，它是一种能够抵抗大部分细菌的药物。比如

◇弗莱明在实验室

梅毒、淋病、猩红热和白喉这些都在它的治疗范围之内。另外它还能辅助治疗多种炎症疾病，如关节炎、支气管炎、脑膜炎、败血症、疖肿、骨炎、肺炎，以及因感染引发的组织坏死（如坏疽）。

安全性也是青霉素的优点之一。有时候治疗一些感染只要五万单位的剂量就够了。当然，也有小部分人对这种药物过敏，但是对大多数人来说，它是安全且有效的。

鉴于青霉素已经并将继续挽救很多人，所以很少有人会质疑弗莱明的贡献。不过有人觉得弗洛里和钱恩也应该分享这份荣誉。可是我认为，青霉素完全是弗莱明一个人的发现，功劳应该属于他一个人。若是没有他，人类不知还要再过多少年才能发现青霉素。至于改进和提纯，那都是新物质出现后水到渠成的事。

弗莱明一生都过得很幸福，他育有一个孩子。1945 年，他被授予诺贝尔奖，他大方地与弗洛里和钱恩分享了这份荣耀。1955 年，他离开人世。

44

洛克

John Locke

1632—1704

洛克是英国著名的哲学家，也是第一个全面阐述宪政民主思想的人。这种思想不仅启迪了美国的开国者，也深深影响了法国启蒙运动时期的哲学家们。

1632年，洛克在英国出生。他曾在牛津大学学习，分别于1656年和1658年获得学士学位和硕士学位。他年轻的时候热爱科学，成为皇家学会会员时不过36岁。他与著名化学家玻意耳有很深厚的友谊，年老之后又与牛顿成为好友。因为对医学研究很感兴趣，他还获得了学士学位，不过并没有从事相关的工作。

从成为沙夫茨伯里伯爵秘书兼家庭医生的那一刻起，洛克的人生轨迹便发生了改变。沙夫茨伯里致力于宣传自由主义政治思想，还因此被查理二世逮捕过。1682年，他到荷兰避难，第二年就去世了。因为洛克是沙夫茨伯里的亲信，所以也成了被怀疑对象。1683年，洛克也逃到了荷兰，一直待到1688年国王詹姆士二世在光荣革命中退位。1689年，洛克回到英国，直至1704年去世。洛克一生未婚。

1690年，洛克完成自己的第一部著作《人类理解论》。书中提到了人类知识的起源、性质和不足。洛克受培根和笛卡儿的影响很深，所以他的观点也完全是经验主义的。当然，洛克也影响了一些后辈哲学家，比如贝克莱、休谟和康德等人。《人类理解论》是洛克的首部著作，也是著名的哲学经典之作，不过相对来说他的政治著作影响力更大。

洛克在《论宽容》中提出国家不应该干涉宗教自由。虽然他不是英国第一个提出这种观点的新教徒，但是他却有理有据地给予宗教自由极大的支持，并且将非基督教徒也囊括在宗教自由范畴内。他指出："公民的权利不能因宗教信仰而被剥夺，不论是穆斯林、犹太教徒还是信仰多神教的人，都是平等的。"不过洛克觉得无神论者和天主教徒应该被排除在外，特别是后者，他们都是忠诚于外国领袖的。如今来看，洛克这种观点本身就很不宽容，不过我们没有办法用现代标准去评判过去的人。毕竟很多人都认同他的这种观点。也幸亏有了洛克的著作，才让宗教宽容最终覆盖到所有人。

洛克在《政府论》中提出了宪政民主思想，该书深刻影响了英语国家。洛克认为，所有人都享有生命权、人身自由权和私有财产权，它们统称为自然权利。而政府的职责就是保护公民的生命和财产安全。对于这种观点，人们常常称之为“政府守夜人理论”。

洛克认为政府的权力是人民赋予的，君王的权力并不是与生俱来的。他曾说：“只有人民才能通过组成立法机关和指定由谁来行使立法权。”洛克强调了契约的概念，这最初是英国哲学家霍布斯（1588—1679）在他的书中提出的。不过霍布斯是用社会契约的概念来为专制主义辩护的，但在洛克看来，社会契约是可以解除的：

> 当立法者图谋破坏人民的财产或贬低他们的地位，使其处于专断权力的奴役状态时，人民无须再予以服从，而只能寻求上帝给予人民的抵抗强暴的共同庇护。

洛克还说：“当公民们发现法律有悖于他们的信仰时，他们拥有绝对的权利来修改法律。”这个观点深刻地影响了包括杰弗逊在内的一批美国革命家。

洛克提出了三权分立原则，他认为立法机关应该高于行政部，也高于司法部门。作为立法权的支持者，洛克反对法院拥有宣布立法行为违宪的权利。

多数人统治的原则是洛克坚定支持的，不过他也表示，政府权力也是有限的。即便是多数人的意志也不能侵犯公民的自然权利，不能掠夺公民的私有财产。美国革命时期的一个口号就体现了这种思想——“无代表，不纳税”。

显而易见，美国革命的理论就来自100多年前洛克的思想。杰弗逊深受他的影响。洛克的思想还传到了欧洲大陆，法国受其影响尤其大。它直接推动了法国大革命和《人权宣言》的出现。尽管后来的伏尔泰和杰弗逊名气更大，但其实他们都是受到了洛克作品的影响。因此我才会把洛克排在前面。

45

贝多芬

Ludwig van Beethoven

1770—1827

1770 年，路德维希·范·贝多芬生于德国波恩，他是世界上最伟大的作曲家。他在很小的时候就展现出与众不同的音乐天赋，1783 年就发表了第一首作品。后来年轻的贝多芬前往维也纳，经人介绍认识了莫扎特，不过他们接触的时间并不长。1792 年，贝多芬再次来到维也纳，跟随当时非常有名的作曲家海顿学习（那时候莫扎特已经去世），余生都一直生活在这座音乐之都里。

贝多芬登峰造极的钢琴演奏技巧和音乐鉴赏能力令人震撼。他曾因钢琴演奏家和优秀的教师的身份而名声大噪。没过多久，他又成为一名高产的作曲家。贝多芬 20 多岁时，他的作品就受到各界的青睐，并成为出版商追捧的对象。后来贝多芬的听力开始出现问题，那时他还不到 30 岁。随着病情的加重，年轻的作曲家饱受折磨，甚至有过轻生的念头。

1802 年至 1815 年，这是贝多芬艺术生涯的重要转折阶段。那时候他的听力每况愈下，渐渐地他不再参加社交活动。在别人眼中，他成了一个愤世嫉俗的人。他也曾有过几段感情经历，但是始终没能有情人终成眷属，结果他一辈子都没结过婚。

早期，贝多芬创作的乐曲层出不穷，不过后来他不再为迎合听众而创作。他完全失聪的时候还不到五十岁，那时候不仅他的作品数量大幅度减少且愈发晦涩难懂，听众范围也缩小了。如今看来，他不过是开始为自己和后世的理想主义听众创作。相传，他曾告诉一位评论家："这些作品是为了以后的人创作的，而不是为你们创作的。"

有史以来最有天赋的作曲家竟被耳聋折磨，这简直就是命运对他最离谱、最残酷的捉弄。不过贝多芬硬是凭着坚强的意志，冲破了耳聋的束缚，在音乐上取得了辉煌的成就。1827 年，57 岁的贝多芬在维也纳去世。

9 部交响曲、32 首钢琴奏鸣曲、5 部钢琴协奏曲、10 首钢琴和小提琴奏鸣曲，除了这些主要作品，贝多芬还创作了很多美妙的弦乐四重奏，以及声乐和歌剧作品，它们情感充沛，又构思巧妙。是贝多芬的作品为音乐开辟了新的道路，让这种原本从属于文学、绘画的艺术，走上了巅峰。

贝多芬很有首创精神，带动了音乐的革新进步。比如他扩充了管弦乐的

◇贝多芬的琴谱手稿

规模，增加了交响乐的时长和乐队编制。把钢琴的潜能发挥得淋漓尽致，直至成为乐器之首。他的作品融合古典音乐的精华又自成一格，开启了浪漫主义音乐的先河，对后来很多浪漫主义音乐家都产生了深刻的影响。

不仅如此，很多不同音乐风格的音乐家都受到贝多芬作品的启迪，像勃拉姆斯、瓦格纳、舒伯特和柴可夫斯基都是如此。贝多芬更为柏辽兹、马勒、理查德·施特劳斯等音乐家开辟了道路。

贝多芬在本书所有的音乐家里位列榜首。纵使西贝柳斯、巴赫的名气跟他差不多，但是贝多芬的作品在世界范围内或许更受欢迎。而且他在推动音乐改革和进步方面，要比巴赫更有影响力。

通常情况下，相对于音乐，语言能够更好地表达政治观点和伦理思想，因此在艺术范围里，文学的影响力比音乐大。那么伟大的音乐家贝多芬的影响力自然比莎士比亚小。若是跟米开朗琪罗比起来，贝多芬就要略胜一筹，毕竟欣赏音乐的人要比喜欢绘画和雕塑的人多。所以把贝多芬排在莎士比亚和米开朗琪罗之间还是很合理的。

46

海森堡

Werner Karl Heisenberg

1901—1976

1932 年，德国物理学家海森堡凭借在量子力学方面的成就，获得了诺贝尔物理学奖。要知道，量子力学在整个科学史上具有很重要的地位。

物理学是整个科学体系的根基，而作为物理学的一个基础分支的力学，主要研究物体运动的一般规律。20 世纪初，人们越来越觉得，力学定律无法描述原子和亚原子这类微小物体的运动。这难免让人困惑，为什么那些定律能够解释较大物体的运动，却不适用于微小物体呢？

1925 年，海森堡给出了一个与牛顿的经典力学公式完全不同的新公式，并获得了巨大成功。后来，又有科学家对这个公式进行了修改，如今它已经被广泛应用于物理学领域了。

通过数学方法已经证明，在宏观世界范围内，量子力学与经典力学的计算结果是差不多的，所以在大多数的科学计算中，仍可以运用方法相对简单的经典力学公式。不过在微观领域，两种公式的计算结果存在显著差异，事实证明此类情况下量子力学的预测才是正确的。

不确定性原理是海森堡于 1927 年提出的物理学原理，这是科学史上最重要、最深刻、影响最深远的原理之一。这一原理最重要的一点在于，它指出了人们在科学测量方面存在局限性。假设在理想条件下，科学家无法用物理的基本原理去了解某一系统的状态，那么自然就无法预测该系统未来的运动。由此可见，这一难题是无法靠改进测量仪器去解决的。

不确定性原理表明，从事物的本质来看，物理学所能做出的预测至多只能是统计性的预测。（例如，一名研究放射性的科学家也许能够预测，在一万亿镭原子中有 200 万个将在第二天发射出伽马射线，但是他却无法具体指出是哪些原子。）统计方法针对较多数量的时候，可以提供很有效的数据。但是在数量很少的时候，作用就没有那么大了。也就是说，对于微小的体系，我们根本无法应用物理学的因果关系去解决问题。这是对科学哲学观点的深化，因为太过深奥，甚至连爱因斯坦这样的科学家都很难接受，不过现代物理学家们大多都很认同这一点。

由于量子力学改变了物理学的基本概念，所以它的影响也许比相对论还大。而且除了哲学上的意义，它还被应用到了诸如电子显微镜、激光仪和晶体管等现代仪器设备，以及核物理学和原子能方面。

作为光谱学的基础，天文学和化学领域也有它的一席之地。另外，在对液态氦的特征、星体内部构造、磁铁学以及放射学等进行理论研究时，也会用到量子力学的概念。

1901 年，海森堡出生在德国，1923 年获得慕尼黑大学的物理学博士学位。1924 年至 1927 年，他在哥本哈根与丹麦著名的物理学家玻尔共事。1925 年，他的第一篇关于量子力学的重量级论文正式发表。1927 年，“不确定性原理”被提出。1976 年，75 岁的海森堡去世。他与妻子一共生育了 7 个孩子。

也许有人会奇怪，既然海森堡的量子力学这么重要，为何他却没有排在前面呢？这是因为，在他之前已经有很多前辈科学家在推动量子力学的发展了，其中就包括马克斯・普朗克、阿尔伯特・爱因斯坦、玻尔以及法国物理学家德布罗意等。不仅如此，海森堡发表论文之后，奥地利的薛定谔和英国的狄拉克也在量子力学方面做出了不小的贡献。但不管怎样，在发展量子力学的众多功臣中，海森堡是很重要的一位，并有足够的资格在本书名单里占有重要位置。

◇1927 年索尔维量子力学会议合照

（海森堡位于三排右三）

47

达盖尔

Louis Jacques Mand Daguerre

1787—1851

19 世纪 30 年代初，路易·达盖尔成功研发出一种非常实用的照相技术。

1787 年，达盖尔出生在法国北部的科梅尔镇。他年轻时曾是个艺术家。在他三十多岁的时候，他设计用特殊光线展示全景图的“立体画”。同时，他还热衷于研发一种无需画笔和颜料就能呈现自然景象的设备，也就是照相机。

早期，他并未能够成功地设计出照相机。1827 年，他结识了也在研究照相机的尼埃普斯（此人在这方面已经取得了一些进展）。两年后，他们开始合作。1833 年，尼埃普斯离世，达盖尔独自坚持推进这项工作。终于在 1837 年，他研发出了“达盖尔照相术”，将照相的理想变成了现实。

1839 年，达盖尔对外公布了这项技术，不过他并没有申请专利。作为奖励，法国政府为达盖尔和尼埃普斯的儿子提供了终身养老金。这在公众中引起了很大反响，一时之间达盖尔受到了英雄般的待遇，荣誉接踵而至。这期间，照相术也被广泛地应用起来。不久之后，达盖尔就深藏功与名，离开了人们的视野，1851 年，他在巴黎附近的乡下去世。

鲜有发明能像照相术这般用途广泛。这项技术几乎被运用在所有科学研究领域，还包括工业和军事方面。有些人认为摄像是一种严肃的艺术，但普通百姓则会把它视作一种可以从中获得快乐的爱好。照片能够为人们提供教育、新闻和广告等信息（其中不乏错误信息）。因为能够生动地记录过去，所以照片成了一种很常见的纪念品。照相术还衍生了电影摄影术，后者不仅能在娱乐行业里有很重要的应用，而且照相术能用应用的领域同样也适用于它。

没有哪项发明是仅靠一个人的努力就足够的，前人的成绩为达盖尔铺平了道路。早在达盖尔发明相机的 800 多年前，暗箱就出现了。16 世纪，卡尔达诺在暗箱的孔上加装了一个透镜，进一步推动了暗箱的发展，也为现代照相机的发明唱响了序曲。不过因为无法保存图像，所以它还算不上是照相机。1727 年，舒尔茨也有一项重要的发现——银盐对光的敏感性可以让它短暂地保存图像。不过舒尔茨的研究仅止步于此，并未开展更深层次的研究。

与达盖尔的发明联系最紧密的前辈是尼埃普斯，日后他们还成了合作伙

◇巴黎圣殿大道街景图

（由达盖尔拍摄于1838年，是最早呈现活动人物的照片）

伴。1820年左右，尼埃普斯发现朱迪亚沥青可以用作感光材料。他将这种材料与暗箱结合，成功制造出世界上首部照相机。不过现存的是他于1826年制造的另一部照相机。基于这一点，尼埃普斯也被一些学者当作照相机的真正发明者。不过他的拍照方法实用性不强，不仅需要8小时的曝光，而且成像也不清晰。

达盖尔的照相方法则是把图像保存在一张被涂了碘化银的平板上，曝光时间不过15至20分钟。虽然这也是一套麻烦的程序，不过相对来说已经很实用了。这个方法被公布后，有人在碘化银中加入了溴化银，这个小改进大大缩短了感光时间，也让图像保存变得更快捷。

1839年，在达盖尔公布自己的发明不久后，一位名叫威廉·亨利·福克斯·塔尔博特的英国科学家发明了另外一种负片照相法，与如今使用的方法类似。有记录显示，其实塔尔博特早在 1835 年就已经拍出了第一张照片，这比达盖尔的成果还早两年，不过由于他那时还有其他研究工作要忙，便没将这项实验进行到底。否则他很可能会先于达盖尔完成这项能够带来巨大商业利益的发明。

在他们两位之后，照相方法迭代更新得很快，先后出现了湿版处理、干版处理、现代胶卷、彩色照片、电影、偏振光摄影和复印等。在这个过程中，虽然有很多人为之付出努力，但是在我看来，达盖尔的作用是最突出的。因为在他之前，从未出现过实用性那么强的拍照设备。而他的发明不仅一经问世就被广泛使用，而且还推动了照相机的未来发展。虽然我们现在使用的照相机工作原理与达盖尔的发明不尽相同，但是即便没有后来的这些，他的发明仍然能够满足我们对拍照的需求。

48

玻利瓦尔

Simón Bolívar

1783—1830

西蒙·玻利瓦尔被誉为“南美的华盛顿”。正是因为有了他的领导，哥伦比亚、委内瑞拉、厄瓜多尔、秘鲁和玻利维亚这五个国家才能脱离西班牙的统治。历史上很少有这样能够影响整个大洲的政治家。

玻利瓦尔于 1783 年出生在委内瑞拉的加拉加斯，他的家族拥有西班牙贵族血统。不过在他 9 岁的时候，父母就都去世了。他少年时期就受到法国启蒙运动的影响，还读过洛克、卢梭、伏尔泰和孟德斯鸠等人的作品。

青年时期的玻利瓦尔去过欧洲的一些国家。1805 年，在罗马的阿文廷山顶，他立下豪言壮志：他将永不停步，直到祖国脱离西班牙的统治。

1808 年，拿破仑入侵西班牙，并让自己的兄弟接管了那里。南美殖民地的人民趁机争取政治独立。1810 年，西班牙国王下台，委内瑞拉立刻爆发了反抗西班牙殖民的斗争。第二年，委内瑞拉宣布独立，也是在这一年，玻利瓦尔担任了革命军军官。但是后来西班牙军队卷土重来再次统治委内瑞拉，革命运动的首领米兰达被抓，玻利瓦尔则逃到国外。

此后的那些年，南美洲土地上征战不断，尽管经历过几次重创，但是玻利瓦尔始终初心不改。1819 年，战争进入转折期，一支人数不多的队伍在玻利瓦尔的带领下，经过山谷、平原，又越过安第斯高原，然后对哥伦比亚的西班牙驻军进行了袭击。1819 年 8 月 7 日，他在博亚卡战役中完胜对手。1821 年和 1822 年，委内瑞拉与厄瓜多尔先后宣布独立。

几乎同一时期，阿根廷和智利也从西班牙的统治下解脱出来，领导这一切的人是阿根廷名将圣马丁。1822 年，这两位解放领袖在厄瓜多尔的瓜亚基尔进行会晤，不过在反抗西班牙统治方面，他们的意见始终没有统一。圣马丁没有玻利瓦尔那样的野心，不愿意继续争权夺势，便决定辞去指挥职务，撤出南美洲。1824 年，整个秘鲁都被玻利瓦尔解放。1825 年，上秘鲁（也就是现在的玻利维亚）获得独立。

之后的几年里，玻利瓦尔的事业并不顺利。受美国革命的启发，他想建立一个南美联邦国家。而那时，玻利瓦尔已经是大哥伦比亚共和国的总统了，这个国家是由委内瑞拉、哥伦比亚、厄瓜多尔组成的。可惜南美人民并不像北美殖民地上的人们那样团结。1826 年，玻利瓦尔组织召开西语美洲联邦的大会，结果只有四个国家来参加。事实上，不仅别的国家不愿意加入，就连大哥伦比亚共和国自己内部都开始分裂了。1828 年，该国爆发内战，玻利瓦尔一度遭到刺杀。1830 年，委内瑞拉和厄瓜多尔退出。玻利瓦尔意识到自己已经成了和平的障碍，于是在 1830 年 4 月辞职。当年 12 月，远离国土的他在贫困和失意中永归大地。

可以看出，玻利瓦尔是个野心家，特殊时期他会进行独裁统治。不过在关乎全局利益和民主的时候，他也会放下自己的雄心壮志。毕竟当有人再次请他上台时，他拒绝了。在他心里，他更希望被称为“解放者”，而不是掌权者。

在美洲殖民地脱离西班牙统治的过程中，玻利瓦尔无疑起到了关键性作用。他写文章、出报纸、做演讲，尽其所能地为独立运动宣传造势。为了自己所从事的伟大事业，他还一次又一次地组织募捐活动。除此之外，他还是独立运动主要的军事领导人。

不过，这并不意味着玻利瓦尔是一名伟大的将领。因为被他打败的军队都是规模较小且组织不强的。他算不得军事天才，却有着挣脱困境的毅力和勇气。面对每一次失利，哪怕周围的人都想要放弃，可是坚强的玻利瓦尔却总是重整队伍，继续战斗。

在我看来，玻利瓦尔比恺撒和查理曼大帝的影响范围更大，也更长久。在本书里，我之所以把亚历山大大帝、希特勒、拿破仑排在玻利瓦尔之前，是因为很多历史事件是由这三人而起。可是南美洲的独立未必只有玻利瓦尔才能实现。

比较有意思的是把玻利瓦尔和华盛顿进行比较。他们的相似点都是在资金不足的情况下，完全凭借自身号召力来集结队伍，不过玻利瓦尔的队伍人数较少，也缺乏正规的训练。

不同的是，玻利瓦尔在活着的时候就解放了自己所有的奴隶，而且也致力于解放所有他统治地区的奴隶，只是这个目标并没有彻底达成。

玻利瓦尔是个复杂而有趣的人，他勇敢、浪漫，又富有传奇色彩。他英

◇“解放者”玻利瓦尔

俊潇洒，处处留情。他怀揣理想，高瞻远瞩，只不过少了华盛顿那种管理能力。他野心勃勃，喜欢被奉承，这对他解放的地区没什么好处。他不追求财富，从政之前，他就很有钱了，只是他临终前却穷困潦倒。

玻利瓦尔从西班牙解放出来的疆域比刚建国时的美国还大。不过其影响力还是不及华盛顿。这是因为美国的影响力要大于玻利瓦尔解放的那些国家。

49

笛卡儿

René Descartes

1596—1650

勒内·笛卡儿是著名的法国哲学家、物理学家和数学家。他于 1596 年出生在拉海耶村。他年轻时就读于一所优秀的教会学校——拉弗莱切学院。20 岁时，他拿到了普瓦提埃大学法学学士学位，不过他并没有从事法律相关的工作。尽管接受过高等教育，不过他认为只有数学才是比较有用的学科。所以他没有继续学业，而是选择游历欧洲，亲眼看看世界。笛卡儿家境很好，而且他自己的收入也能支付旅行的费用。

1616 年至 1618 年，他游遍欧洲。他到过意大利、波兰、丹麦及其他一些国家，并在三个国家（荷兰、巴伐利亚和匈牙利）的军队里短期服役，不过从未参加过任何战斗。这期间，他始终在思考、探求真理。32 岁时，他决定把自己的想法运用到构建世界图景当中去。他留在了荷兰，在那里一住就是 21 年。（学术自由和远离法国的社会纷争是他留在荷兰的原因。）

1629 年，笛卡儿在他的《思维指南录》里简单地提到了他探求真理的方法（该书未完结，当时也没有发表，在笛卡儿去世五十年后才被公之于众）。1630 年到 1634 年之间，笛卡儿把这种方法应用于科学研究，期间他还学习了解剖学和生理学的知识，并对光学、气象学、数学等进行了独立研究。

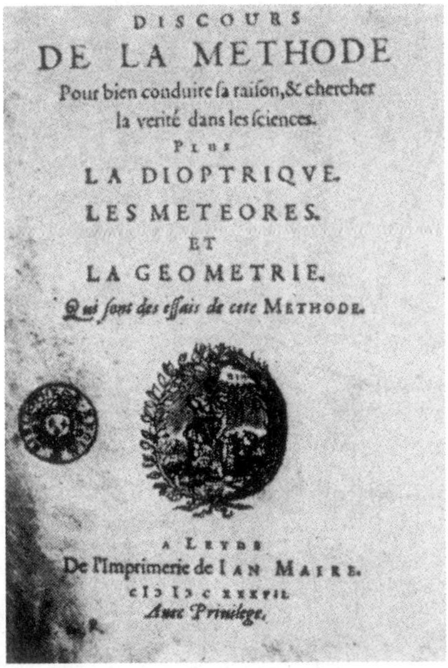
DISCOURS
DE LA METHODE
Pour bien conduire ſa raiſon, & chercher
la verité dans les ſciences.
PLUS
LA DIOPTRIQUE.
LES METEORES.
ET
LA GEOMETRIE.
Qui ſont des eſſais de cete METHODE.
A LEYDE
De l'Imprimerie de IAN MAIRE.
CIↃ IↃ C XXXVII.
Avec Privilege.

◇《方法论》扉页

（1627 年首次出版）

笛卡儿在《论世界》里具体地阐释了他的观点。不过在这本书即将完成时，也就是 1633 年，笛卡儿收到消息，伽利略因为日心说被意大利教廷判定有罪。尽管身在荷兰，笛卡儿也不想给自己惹麻烦，尤其是自己在书中支持了哥白尼，所以他决定暂时不把这本书出版。1637 年，他出版了自己最重要的著作《方法论》。

由于该书不是用拉丁文而是用法

语所写，所以即便是没受过古典教育的普通人也能读懂。笛卡儿在书中三篇附录文章里介绍了他用自己的方式取得的发现。第一篇是关于光学的，笛卡儿介绍了光的反射（在他之前，斯涅耳提出过这一理论），并讨论了包括透镜在内的各种光学仪器。他还提到了眼睛的功能和障碍。对于光的波动，笛卡儿也进行了阐述，这算得上是惠更斯的“光的波动理论”的初级版本。第二篇是关于气象学的，云、雨和风都是他讨论的对象，另外他还科学阐释了彩虹的成因。他反对把热定义为看不见的流体，认为那只是一种内在的运动形式（培根等人提出过这种观点）。第三篇是关于几何学的，笛卡儿在这方面的论述为牛顿的微积分奠定了基础。

在笛卡儿的哲学里，要数他最初的研究方法最有意思。由于人们已经接受了很多错误的理论，所以他采取了一种全新的方法去探求真理。他开始用质疑的眼光去看待一切，包括老师传授的知识、之前深信不疑的常识、周遭世界的客观存在，他甚至怀疑自己的存在。总而言之，就是怀疑一切。

这样一来，问题就出现了，该怎么透过质疑寻找到真理呢？通过一连串形而上学的辩证分析，最终证明“我思，故我在”。他也因此证明上帝的存在方式是完满的，外部世界是存在的。这些都是笛卡儿理论的起点。

笛卡儿的方法有两个重点。第一，他将“人类知识的起源是什么”这个基本的认识论问题置于他的哲学体系的中心。过去的哲学家都想要描述世界的本质，笛卡儿却告诉人们，这个问题要得到完美的答案，就要与“我如何理解”联系起来。

第二，笛卡儿建议人们，首要的是怀疑，而不是相信（这与奥古斯丁及大多数中世纪神学家的观点是背道而驰的）。虽然笛卡儿的结论与正统基督教观点相同，不过人们更关注他的研究方法而非结论。（教会担心自己的正统学说最终会被笛卡儿的著作推翻，结果他们担心的事情真的发生了。）

笛卡儿有一种很彻底的二元论哲学，那就是精神和物质的本质区别。尽管以前就有人讨论过这一点，不过笛卡儿的著作进一步激发了哲学家们的兴趣，只是时至今日这个问题仍未解决。

笛卡儿对客观世界的看法对人类有着深远的影响。在他看来，整个世界都处在机械的运转中，除了上帝和人的灵魂。所有的自然现象都能用机械的原理来解释，而占星术、魔法等迷信活动都是没有意义的。因此，他反对用目的论来解释自然现象。他认为，人和动物从本质上来说，都是复杂机器的主体。这种观点为近代生理学研究打下了基础。

笛卡儿热衷于科学探索，并坚信这能造福社会。他建议科学家要用数学的方式来描述世界，而不是依靠模棱两可的假设。所有这些听起来都很超前。然而，尽管笛卡儿自己做了观察，却从未真正强调实验在科学方法中的重要性。

其实，在笛卡儿之前，英国著名哲学家培根就对经验主义进行过说明。1200年前，奥古斯丁也提出过类似“我思，故我在”的观点。圣·安塞姆（1033—1109）首次提出的本体论论证与笛卡儿证明上帝存在则有着异曲同工之处。

1641年，笛卡儿又出版了一本著作《冥想》，他的《哲学原理》则在1644年问世。这两本书起初都使用拉丁文，1647年被翻译成法语出版。

笛卡儿的思想是卓越的，但是他的写作风格却出奇的老套，简直像一位中世界的学者。而年长他35岁的培根，其文风就要现代多了。

就像在作品里写的那样，笛卡儿坚定地信仰上帝。尽管他觉得自己虔诚，他的作品却被天主教廷列为禁书。

哪怕在荷兰这样的新教国家，他也会成为无神论者斥责的对象。就连政府也常常找他的麻烦。

1649年，受瑞典女王克里斯蒂娜的邀请，笛卡儿来到斯德哥尔摩为女王当私人老师。笛卡儿习惯晚睡，且贪恋舒适的房间，所以当女王要求早上五点就开始上课的时候，他特别难过，而且很担心自己会受到清晨冷空气的伤害。结果他真的得了肺炎，并于1650年2月离世。那时他刚到瑞典4个月。

笛卡儿终身未娶，有过一个女儿，可惜不幸夭折。

在那个时代，笛卡儿的哲学因卷入循环论证而受到不少批判。后来一些哲学家对他的理论也提出过批评。现在，反对的声音越来越少。不过，一个哲

◇克里斯蒂娜女王与笛卡儿的争论

（位于画面右下角）

学家的重要性并不仅仅取决于其观点的正确性，而在于他作品体现出的价值观点的影响力。这样看来，笛卡儿应该算是历史上的重磅人物。

笛卡儿对欧洲思想的影响，体现在以下五个方面：（1）宇宙的机械论；（2）积极的科学实验观；（3）强调数学对科学的重要性；（4）对事物的怀疑观点；（5）加强对认识论的关注。

在评价笛卡儿时，绝对不能忽略他对科学的贡献，尤其是他创立了解析几何学。这也是他能排在伏尔泰、卢梭和培根前面的原因。

50

米开朗琪罗

Michelangelo Buonarroti

1475—1564

米开朗琪罗·布纳罗蒂是文艺复兴时期伟大的艺术家，也是视觉艺术史上的代表人物。他在绘画、雕塑和建筑方面都取得了无与伦比的成就。400多年来，他的艺术杰作令观赏者赞不绝口。欧洲绘画和雕塑艺术的发展深受他的影响。

1475年，米开朗琪罗出生在意大利的卡普雷斯镇。他从小就展现出了美术天赋。13岁时，他跟随佛罗伦萨著名画家基兰达约学习。15岁他进入宫廷，佛罗伦萨的统治者美第奇成为他的庇护人。在他整个艺术生涯里，他的才华和天赋是有目共睹的，所以才能频频为国王和教皇设计艺术品。他去过不少地方，在罗马和佛罗伦萨度过了生命的大部分时光。1564年，他在罗马去世，再过不久他就整整89岁了。米开朗琪罗一生不曾结婚。

虽然不如前辈达·芬奇那样天才，不过米开朗琪罗的艺术才华也足够令人震撼。他是唯一一个达到两种艺术巅峰的人。作为画家，他的作品技艺超群，在后人的印象里就是艺术的天花板。史上最伟大作品——罗马西斯廷教

◇米开朗琪罗为西斯廷教堂创作的壁画

堂穹顶上的壁画，正是他的作品。不过米开朗琪罗始终觉得自己是一名雕塑家，评论家也把他当作史上最伟大的雕塑家。他的作品《大卫》《摩西》和《圣母怜子》都是精妙绝伦、出神入化的艺术极品。

◇位于罗马梵蒂冈的“圣母怜子”雕像

不仅如此，米开朗琪罗在建筑设计方面也很有建树，代表作有佛罗伦萨美第奇家族教堂。他还是罗马圣彼得大教堂的主要设计者，并为之付出了多年心血。

米开朗琪罗还创作了大量诗歌，他死后经人收集流传下来的诗就有 300 多首。透过这些作品，我们能够了解他的性格和情感，以及在诗歌上的天赋。

我在莎士比亚那一章里就提到过，通常情况下，艺术和艺术家对历史和人类的影响较小。所以米开朗琪罗的排名才会落后于很多科学家。但实际情况是，相对于很多伟大的科学家，米开朗琪罗的知名度更高。

51

乌尔班二世

Urbanus Ⅱ

约 1042—1099

如今已经没有多少人记得教皇乌尔班二世了。不过他给人类历史带来的影响却是实实在在的。他是十字军东征的发起人，通过这场战争，基督教从穆斯林手中夺回了圣地。

乌尔班本名奥多·德拉格里，于 1042 年出生在法国马恩河畔的沙蒂隆附近。出身贵族的他从小接受了良好的教育，年轻时曾任兰斯地区的副主教，之后又当过修道院院士、院长和红衣主教。1088 年，他当选教皇。

乌尔班作风强硬、雷厉风行且很有政治头脑。1095 年，在法国克莱蒙的宗教大会上，他为上万信徒进行了史上最具鼓舞性的演说。这次演说的影响力后来在欧洲持续了几个世纪。他号召基督徒参加收复基督教圣地的战斗——十字军东征。乌尔班的聪明之处在于，他不止用信仰去动员信徒，还告诉他们圣地地大物博，比他们所在的欧洲更好。最后他更表示，参加十字军东征，就能赎掉所有的罪。

人们因这次宗教演说变得狂热，私欲也开始膨胀。现场的教徒高喊："这是上帝的旨意！"几个月后，十字军派出了第一支远征队伍，随后一系列征战相继开始。东征前后共持续 200 多年，期间大规模战斗就有八次，中等规模的不计其数。

1099 年，第一支东征队伍攻下了耶路撒冷，两周后，乌尔班在得知这个好消息后离开了人世。

十字军东征的重要意义不言而喻，不过如所有战争一样，它也对所有参战者和陷入战争中的百姓造成了巨大伤害。然而，正是因为这场征战，让当时更加优秀的拜占庭文化和伊斯兰文化进入西欧，也为后来的欧洲文艺复兴奠定了基础。

我之所以把乌尔班写进本书，根本原因在于，如果没有他，历史上可能就没有十字军东征。不可否认，天时地利的条件在那时已经具备，不然他的演说也不会有那么大反响。但是核心人物的存在是非常重要的，那时候没有哪个国家的领导人能推动欧洲进行这样大规模的行动。只有教皇才能拥有跨越国界的权威，和团结西方世界所有基督徒的凝聚力。所以，只有他才能成功发起那次“圣战”。

如果教皇换成别人，那么宣传“圣战”的方式和结果可能都不一样了。人们可能会把它当作是痴心妄想。而且很多领袖在进行决策的时候会瞻前顾后，那么结果是什么样就很难说了。所以有勇有谋的乌尔班必然能够对历史的发展产生深远影响，甚至超过一些名气更大的人物。

52

欧麦尔

Umar ibn al-Khaṭṭāb

586—644

伊斯兰教第二任哈里发欧麦尔是与穆罕默德同时代的人，但年纪更小。他出生在麦加，时间大约是 586 年。

起初，欧麦尔是坚决反对穆罕默德和他的宗教的。后来却突然成了伊斯兰教的虔诚信徒和穆罕默德信赖的人之一。

公元 632 年，穆罕默德在没有指定继承人的情况下离世。穆罕默德的岳父艾卜·伯克尔在欧麦尔的支持下成为第一位哈里发（意为穆罕默德的继承人），这成功避免了夺权之战。艾卜·伯克尔的确是优秀的领袖，可惜不到两年就去世了，临终前他指定欧麦尔为继任者（欧麦尔也是穆罕默德的岳父）。633 年至 644 年，欧麦尔作为哈里发掌管着伊斯兰教，最终在麦地那被一名波斯奴隶刺杀。为了避免权力之争，他在临死前组建了一个拥有六名成员的组织来选举继任者。奥斯曼当选第三位哈里发，他统治伊斯兰教的时间为 644 年到 656 年。

在欧麦尔担任哈里发的十年里，阿拉伯人进行了很多重要的征战。在他刚继位不久的时候，叙利亚和巴勒斯坦这两个被拜占庭统治的地方就被阿拉伯人攻占了。636 年，阿拉伯人又在耶尔穆克战役中打败了拜占庭人。同年，他们攻占大马士革，两年后，占领耶路撒冷。639 年，阿拉伯军队从拜占庭统治下的埃及开始进军，三年后，他们征服了整个埃及。公元 641 年，巴勒斯坦和叙利亚已经完全在阿拉伯人的掌控之下，后者开始向如今的土耳其地区进发。

伊拉克也遭到过阿拉伯人的攻打。欧麦尔担任哈里发之前，那里曾在波斯帝国萨珊王朝的统治之下。637 年，阿拉伯人在卡迪西亚战役中取得重大战果。641 年，整个伊拉克都被阿拉伯人占领。随后，他们把波斯作为下一个目标。642 年，萨珊王朝最后一个皇家军队在哈万德战役中被阿拉伯人打败。到了 644 年欧麦尔去世的时候，他们已经掌控了伊朗西部的很多地区。征战并未就此停止，在东方，他们占领了伊朗的所有地方，同时又向西方的北非进军。

欧麦尔的统治巩固了战果。伊朗后来挣脱了阿拉伯人的统治，却信奉了伊斯兰教。而叙利亚、伊拉克、埃及这些国家如今已经被彻底地阿拉伯化了。

作为统治者，欧麦尔想出了一个能够确保征战成果的对策。他让阿拉伯人住在占领区有驻军的城市里。当地人除了要向穆斯林（主要是阿拉伯人）的征服者致敬，再无其他不平等的规则。他还特别要求，不能强迫当地人皈依伊斯兰教。（尽管征战打着宗教旗号，但是这更像一场民主主义战争。）

作为穆罕默德之后传播伊斯兰教的功臣，欧麦尔的功绩有目共睹。正因为有了他那势不可当的征战，伊斯兰教才能得到如此广泛的传播。而他当时征服的地区，如今大部分还在阿拉伯人手中。当然，征战最早的发起者是穆罕默德，这丰功伟绩自然属于他。但是我们不能忽略欧麦尔后期领导征战取得的空前战果。

由于大部分西方人都不知道欧麦尔，所以我将他排在查理曼、恺撒之前会让很多人不理解。可事实就是，欧麦尔领导的征战活动，不论是持续时间还是作战范围，都要胜过那两位所领导的活动。由此可见，欧麦尔的影响力更大。

53

阿育王

Aśoka

约前 300—前 232

印度历史上最有影响力的领导者当属阿育王。他是孔雀王朝第三任国主，而他的爷爷正是王朝开创者月护王。后者是印度的军事领袖，在抵抗亚历山大大帝入侵印度过程中逐渐起势，最终统一印度北部地区，建立了印度第一个中央集权帝国。

阿育王大概出生在公元前300年左右，登基时间为公元前272年。最开始的时候，他想像祖父那样征战四方，拓展版图。所以在公元前261年，他御驾亲征占领东印度的羯陵伽。然而当得知死于这场战争的人有十万之多，伤者更是难以统计的时候，阿育王既惊讶又后悔。从那之后他开始信奉佛教，并决心用佛法代替战争，践行和推广诚实、怜悯和非暴力的佛教教义。

阿育王从自身做起，不仅放弃打猎，而且还开始吃斋饭。在执政方面，他也推行了很多人性化的政策。比如，他成立医院，建立动物保护区，还将很多残酷的刑罚进行修改。他兴修道路，为农业灌溉提供便利。他还设置了专门从事佛法宣传、倡导人们友爱相处的官职。他的王国包容各类宗教，不过由于阿育王对佛教尤为鼓励，因此佛教信徒越来越多。另外，他还派人到周边国家传授佛法，受其影响最深的当属锡兰（即斯里兰卡）。

在阿育王的要求下，他的功绩和政策被刻在石碑上，遍布帝国各地，其中一些流传至今。通过那些石刻的分布，我们可以判断出当时孔雀王朝的国家版图；而通过石刻的内容，我们则可以知晓阿育王的生平事迹。同时，这些石刻也具有很高的艺术价值。

孔雀王朝在阿育王去世50年后退出历史舞台。不过佛教却在阿育王的支持下传播到全世界，并产生巨大影响。阿育王刚登基的时候，佛教还是一个局限于印度西北部的小型宗教。到阿育王去世的时候，它已经是一个遍布印度、辐射周边国家和地区的大教派了。所以阿育王是除乔达摩之外，将佛教发展为世界性宗教的首要人物。

54

奥古斯丁

Aurelius Augustinus

354—430

伟大的神学家奥古斯丁所处的时代，正是罗马帝国的没落期。他的作品影响了中世纪基督教的教义和观点，而且这种影响力直至今日仍未消散。

公元354年，奥古斯丁出生在位于沿海城市希波南约45英里（72.4千米）的塔加斯特城。由于父亲是异教徒，母亲是基督教徒，所以他出生时没有接受过洗礼。

自小就很聪明的奥古斯丁，在16岁时进入迦太基学习。那段时间，他跟一个女人住在一起，并生了一个孩子。他在19岁那年开始学习哲学，并在不久后皈依于摩尼在240年左右创立的摩尼教。年轻的奥古斯丁认为基督教不够成熟，而摩尼教则符合他对理性的追求。然而，在接下来的九年里，他逐渐对摩尼教感到失望。29岁时，他前往罗马，后来又搬到了意大利北部的米兰，并获得了一份修辞学教授的工作。在那里，他接触了普罗提诺在三世纪发展起来的新柏拉图主义。

奥古斯丁听过几次米兰主教瓦勒里的布道，这让他对基督教有了全新的、更深刻的理解。32岁时，他从基督教的质疑者变成了支持者。

391年，奥古斯丁做了希波城主教的助手。五年后上一任主教去世，42岁的奥古斯丁接替了主教之职。从此之后他便一直生活在希波城。

尽管那是一个不起眼的地方，但这不影响奥古斯丁在宗教方面取得伟大成就，并成为受人敬仰的教派领袖。尽管身体不好，但是在助手的协助下他还是写了很多宗教著作，其中流传下来的就有500多条训诫和200多封信件，最著名的是《上帝之城》和《忏悔录》，后者是他在40岁创作完成的、闻名世界的传世之作。

奥古斯丁留下的训诫和信件，多是对摩尼教和多纳图派、贝拉基派的驳斥。而且奥古斯丁的宗教学说里很重要的一部分就是与贝拉基派人的辩论。

贝拉基原本是一名英国修道士，大约在公元400年来到罗马传播教义。他的观点近似“人之初，性本善，性相近，习相远”，认为只要用积极的态度去生活、工作，就能救赎自己的灵魂。

不过贝拉基的思想被当作异端，他不仅被赶出了罗马，还被取消了教籍。

◇奥古斯丁向抄录员口述要记下的内容

这很大程度上与奥古斯丁的主流思想有关。依奥古斯丁的观点，人们像亚当一样，都是有着原罪的，只有上帝才能救赎人类。尽管这种思想很早以前就有了，但是奥古斯丁将其写进了基督教信条，使得这个观念被进一步强化。

奥古斯丁坚信，有些人注定会被上帝救赎，与此同时，上帝也知道哪些人不能被救赎。后来，像托马斯·阿奎那和加尔文等神学家都受到这种宿命论的影响。

奥古斯丁对性的态度，比他的宿命论更具影响力。他信奉基督教后，便开始戒情欲。其实这对他来说是很难的。在他的《忏悔录》里就提到了他克制欲望的经历和对此的感悟。不仅如此，他还将性欲和原罪联系在一起。由于他声望高，这种性观念也深深地影响着中世纪的人们。

那时正是罗马帝国的衰败期。公元410年，亚拉里克带领着西哥特人将罗马掠夺一空。当地的异教徒们便认为，这是因为罗马人背叛古代神转而信奉基督教，所以才会受到惩罚。在《上帝之城》中，奥古斯丁通过历史哲学观点对此予以反驳。在他看来，不论是罗马帝国、罗马城，还是其他什么城市，这些都不重要，重要是“天堂之城”的发展，也就是说人类精神的进步才是最重要的。由此可知，君主、异教徒、基督徒、野蛮人也都不重要，重要的是教会和教皇。在那时，这种思想深刻地影响了欧洲宗教的发展。

纵使奥古斯丁没有明说，但是人们从中得到了这样的结论：国家的统治者也要从属于教皇。中世纪的教皇自然对这一思想极为推崇，但这也为后来欧洲教会和国王之间长达数百年的冲突埋下了隐患。

奥古斯丁的著作推动了希腊哲学在中世纪欧洲的传播。奥古斯丁受新柏拉图主义影响很深，这间接影响了中世纪的基督教哲学。更有意思的是，他还用另外的表述方式表达了笛卡儿“我思故我在”的思想。

黑暗时代来临前的最后一位伟大的神学家就是奥古斯丁。在整个中世纪，教会教义的主旨都来自他的著作。他关于救赎、性、原罪等方面的观点深深影响着周围的人和事，包括后来的天主教神学家托马斯·阿奎那和清教领袖路德、加尔文等。

公元 430 年，76 岁的奥古斯丁在希波城离世。那时，支离破碎的罗马帝国正被一些野蛮部落入侵，其中汪达尔人在围城数月后，占领并烧毁了希波。不过奥古斯丁教堂和图书馆却完好无损，这也算不幸中的万幸。

哈维

William Harvey

1578—1657

发现血液循环和证明心脏功能的人，是伟大的英国医生威廉·哈维。1578年，他出生在英格兰。1628年，他出版了生理学史上最伟大的著作《动物心血运动的解剖研究》(即《心血运动论》)。

该书的价值不在于实际应用，而在于它为人们正确理解人体工作原理奠定了基础。可以说，它开启了现代生理学的先河。

现代人从小就潜移默化地接受血液循环的常识。然而就是这种我们熟悉得不能再熟悉的知识，对于很久以前的生物学家来说却无法想象的。所以一些生物学家就会写出如下这些观点：(1)食物进入心脏，然后被转化成血液；(2)血液的热量来自心脏；(3)动脉里充满空气；(4)心脏制造“生命精气”；(5)动脉血和静脉血有时候流向心脏，有时候又反向流动，就像潮涨潮落。

伽林算得上是古代最伟大的医生，他做过很多解剖，认真研究过心脏和血管的作用，偏偏没往血液循环方面想过。亚里士多德也对生物学很感兴趣，却也没有发现过这一点。所以在哈维的著作问世后，很多医生都不接受他的观点——血液不断流动的动力，来源于心肌的收缩压。

哈维最初用数学计算的方法来确定血液循环的概念。他估计心脏每搏动

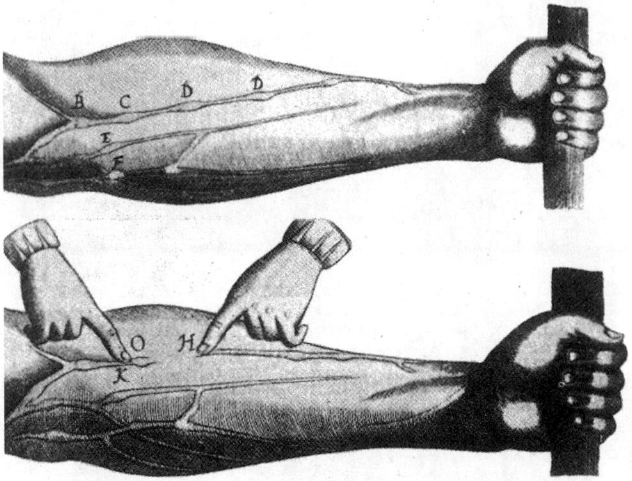

◇哈维著作《动物心血运动的解剖研究》中的插图

一次就能喷出约59毫升（2盎司）的血液，假设心脏每分钟搏动72次，那么每小时心脏就能喷出约255.5升（约270.9千克）的血液，这大大超过了正常人体重量，人体的血量更是与之相差甚远。哈维由此得出，血液是通过心脏持续循环的。有了这种假设后，哈维用了9年时间进行实验，最终通过观察掌握了相关细节。

哈维在书中明确提出，心脏里的血液从动脉流出，然后再从静脉流回心脏。由于没有显微镜，哈维无法观察到毛细血管将血液从最小的动脉输送到静脉的微小血管，不过他却推断出了它们的存在。哈维去世后又过了几年，意大利生物学家马尔比基通过发现毛细现象，最终证明哈维的推断是正确的。

哈维还指出了心脏的功能，即把血液从心脏泵入动脉。当然，这个论点

◇哈维向查理一世解释他的理论

也是正确的。对此，哈维还给出了大量的实验数据。尽管一开始的时候，他的观点被很多人质疑、批评，但是到他去世的时候，已经得到人们的广泛认可了。

虽然不及在血液循环方面的成就，不过哈维在胚胎学方面也做出了一些有意义的贡献。通过仔细的观察，他完成了《论动物的生殖》一书，并于1651年出版，从此拉开了胚胎研究的序幕。在反对胚胎预存说方面，哈维深受亚里士多德的影响。他坚信胚胎是要通过一系列发育才能成长为最终形态。而非像前面提到的预存说那样，早期阶段只是最终阶段的迷你版。

哈维是一个长寿的人，他的一生充满奇闻趣事，而且成就非凡。年少时，他就读于剑桥大学的凯厄斯学院。1600年，他来到意大利，在当时世界上最好的医学院帕多瓦大学学习，并于1602年取得学位。后来，他回到英格兰，成为一位很有作为的医生。英国国王詹姆斯一世、查理一世以及哲学家培根都曾是他的患者。他还曾拒绝过伦敦医学院院长的职务，但在那里开设过解剖学课程。他做过私人医生，也在伦敦圣巴多罗医院当了很长时间的主任医师。1628年，关于血液循环的著作出版后，全欧洲都知道了他。1657年，哈维在伦敦去世，那时候他已经79岁。哈维结过婚，却没有孩子。

56

卢瑟福

Ernest Rutherford

1871—1937

欧纳斯特·卢瑟福是世界公认的20世纪最伟大的实验物理学家。在他的影响下，人们认识了放射性原理。另外，他还是开启核物理研究先河的人。他的贡献不仅是理论上的，事实上，他的研究成果被应用在了核武器、核发电、放射性标志物以及放射性年代测定等诸多领域。时至今日，世界都还在他的影响之下，而且这种影响还将继续持续下去。

新西兰是卢瑟福出生和成长的地方。23岁那年，他获得了新西兰坎特伯雷学院的三个学位。第二年，他拿到了英国剑桥大学的奖学金，并在那里完成了三年的研究生学习。他的老师是当时著名的科学家汤姆森。卢瑟福27岁的时候成为加拿大麦吉尔大学的物理学教授，并在那里执教九年。1907年，他出任英国曼彻斯特大学的物理系主任。1919年，他担任剑桥大学卡文迪许实验室主任，这是他最后一份工作。

1896年，法国物理学家贝克勒尔进行某些铀化合物的实验时发现了放射性现象。可是他并未进行更深入的研究。所以该领域的基础知识主要还是来自卢瑟福。

一开始的时候，卢瑟福从铀的放射现象里发现了两种区别很大的成分，并为之取名 α 射线和 β 射线。随后，他又确定了这两种射线的性质以及 γ 射线的存在。

能量是放射性现象的重要特征之一。有些科学家认为能量来自外部，持这种观点的人包括贝克勒尔、居里夫妇等等。不过卢瑟福却证明，被吸收的能量来自每个铀原子内部，而且远远大于化学反应中释放出来的能量。原子能概念由此而来。

卢瑟福之前的科学家们都觉得单个的原子是不可再分或者不会改变的，但是在优秀的助手索迪的配合下，卢瑟福发现，原子放射出 α 或 β 射线后，就会变成另一种原子。面对其他科学家的质疑，卢瑟福和索迪用一系列实验证明铀经过放射性衰变后变成铅。此外，他还测算了衰变概率，提出“半衰期”概念，这催生了放射性年代测定技术。由于测量效果好，该技术已经被应用于地质学、考古学、天文学等诸多领域。

凭借这些伟大成就，1908 年，卢瑟福获得诺贝尔化学奖（后来索迪也获得了该奖项），不过这还不是他人生中的高光时刻。他早就注意到，α 粒子能够穿透很薄的金箔，不过这个过程中位置会略有偏移。由此可见，金原子并不像人们以前认为的那样，如同一个个微小台球堆积起来，坚不可摧，它的内部应该是柔软的。在卢瑟福看来，小且坚硬的 α 粒子如同子弹穿过果冻一样，穿过了金箔。

不过卢瑟福也发现，在撞击金箔时有些 α 粒子的偏移很大，还有一些粒子被反射回来。他意识到其中肯定有很重要的东西在起作用。为了寻找答案，他反复进行实验，详细计算散射各处的粒子数量。通过不懈努力，他终于得到了一种合理的解释——金原子内部很空旷，而原子的重量都聚集在它中央的原子核里。

这彻底击碎了长久以来人类对世界的认识。人们一直觉得金属是最坚硬的，可是按照卢瑟福的观点，其内部却是空旷的，如此说来，所有东西都可能灰飞烟灭。

原子核的发现为现代原子结构理论奠定了基础。两年之后，玻尔在他的著作里把原子描绘成受量子力学控制的微型太阳系，其基础就是卢瑟福的核原子理论。同样借助了卢瑟福的发现，海森堡和薛定谔运用矩阵力学和波力学构建了更为复杂的原子模型。

卢瑟福的发现催生了原子核物理这门学科。他是这一领域的先行者。1919 年，卢瑟福用 α 粒子轰击氮原子核，使氮原子嬗变成氧原子。如此神奇的成就，只怕古代炼金术士都会觉得难以置信。

不久之后，人们就意识到，太阳能也许就是核变产生的。随之而来，人们又想到，原子核的转变可以用于原子武器和核电站。从那时起，卢瑟福的发现已经不是科学兴趣那么简单了。

卢瑟福是典型的“主角”，所有见过他的人，都会对他产生很深刻的印象。他身材高大，气若洪钟，自信又高调。有一次，他的同事称赞他才华卓越，总是处在科学的前沿。他立刻认同道：“没错，就是这样。毕竟是我引领了浪潮，对吧！”当然，对于这一点，几乎所有科学家都是赞同的。

57

加尔文

Jean Calvin

1509—1564

约翰·加尔文既是一位新教神学家，又是一位道德家，在欧洲历史上具有举足轻重的地位。他在神学、政府管理、个人修养和工作习惯等方面的观点，在长达四百年的时间里影响了数亿人。

1509 年，加尔文出生在法国诺伊扬镇。他受到过良好的教育。在巴黎的蒙太古学院毕业后，他先到过奥尔良大学和布尔日学习法律。

加尔文 8 岁那年，马丁·路德的《九十五条论纲》被贴在维滕贝格的教堂门口，从那时起，宗教改革运动开始了。加尔文的原生家庭信奉天主教，不过他长大后选择信奉新教。为了避免灾祸，他离开了当时居住的巴黎。一番游历后，他利用一个假身份留在了瑞士的巴塞尔，开始全心全意地学习神学。1536 年，他因出版《基督教原理》一书而一鸣惊人，那时他才 27 岁。在书中，他对新教的教义进行了系统又全面地阐述。

1536 年下半年，日内瓦新教的势力正值快速增长期，加尔文受邀到那里担任新教团体的导师和领袖。可是没多久，加尔文的清教徒观念就与当地人的观念发生了冲突，无奈之下，加尔文只好离开。不过在 1541 年，他又被请了回去。坚持初心的他不仅成为那里的宗教领袖，而且直至他临终前，都是该城很有影响力的政治领导人。

表面上看，加尔文不是独裁者。因为日内瓦的居民大多都有选举权。政府权力也掌握在一个有 25 名成员的委员会手中，而且他们有权决定是否让加尔文任职（加尔文 1538 年被驱逐，就是这个委员会的决定）。可事实上，加尔文的权力是很大的，1555 年以后，日内瓦真正的掌权人其实就是他。

有了加尔文的领导，日内瓦很快就成为欧洲新教的中心。与此同时，加尔文还致力于向欧洲其他国家传播新教，尤其是法国。有一阵子，日内瓦甚至被看作“新教的罗马”。在加尔文返回日内瓦之初，他重点推动的一项工作就是拟定一套教会规则，这为后来欧洲教会改革提供了统一模板。在日内瓦的日子，加尔文制作了很多宗教手册，并对《基督教原理》进行了修改。与此同时，他还开设了许多关于神学和圣经的讲座。

日内瓦在加尔文的统治下，民风淳朴，人们恪守教规。那时候，不仅通奸是重罪，就连赌博、酗酒、传唱下流歌曲也要受到惩罚。按照规定，人们要定期去教堂，长时间地讲道成为惯例。

加尔文倡导勤劳敬业，支持开展教育，日内瓦大学就是在那个时期建立的。但他也是个很严格的人，在日内瓦，只要是被他认定为异教徒的人，很难有好的结果。塞尔维特就是其中一个比较著名的人。他本是西班牙的神学家，同时也是一位医生，因为反对基督教“三位一体”的教义，就被冠以异端邪说的罪名，在日内瓦被抓捕后他被教会烧死。那一时期，还有另外一些人被执行火刑，理由是他们会使用巫术。

1564 年，加尔文在日内瓦去世。而他的妻子早在 1549 年就去世了。夫妻俩曾有一个孩子，但是刚出生就夭折了。

加尔文最大的影响力不是源于政治，而是由他传播的意识形态。他不承认罗马教廷的权威，认为《圣经》才是最重要的，这与路德的立场观点是一致的。另外，他也像路德、奥古斯丁和保罗一样，认为人是有原罪的，想要获得救赎，行好事是没用的，唯一能依靠的就是信仰。值得一提的是加尔文关于宿命论的观点。按照他的说法，上帝已经确定谁该被救赎，谁又该被诅咒。可是，如此一来，人们为什么还要小心翼翼地遵守道德规矩呢？加尔文的答案是“被选中的人”才会行为端正。人，不会因为做好事而被拯救，但是做好事的人之所以能做好事，原因在于他本身是被选中的人。这种教义的逻辑虽然有些奇怪，但是却实实在在地带动了那些加尔文的追随者恪守教义。

在世界舞台上，加尔文也尽力发挥着自己的影响力，最终赢得了比路德更多的支持。那时，统治德国北部和斯堪的纳维亚半岛的是路德的追随者，而瑞士和荷兰则是加尔文教派的地盘。加尔文教派在波兰、匈牙利和德国虽然不是主流，却也很重要。而它在苏格兰的地位，就如同胡格诺派在法国、清教在英国一般，当然，清教在美国的地位也很重要且产生长久的影响。

比起民主政治，日内瓦在加尔文统治时期更偏向神权政治。不过加尔文教派还是推动了民主。原因可能是该教派在很多国家都是少数派，所以他们更愿意对已有的政权进行约束，另外加尔文教派内部本身也相对民主。不管是怎样的原因，早期的加尔文主义占据地（瑞士、荷兰和英国）也成为了民主的占据地。

有人认为，加尔文教派的教义是“新教道德规范”和资本主义崛起的主要因素之一。不过，它对这两方面的影响程度是很难判断的。比如荷兰人向来以勤劳闻名，不是因为有了加尔文才这样的。（早期很多基督教人士对加尔文支持利息这件事很不屑，不过这对资本主义的崛起具有重要意义。）

是不是应该把加尔文排得更靠前呢？其实，在20世纪的西欧和北美，他的影响力就已经大不如前了。何况，他的成就和荣誉还要分给耶稣、保罗和路德这些早期教派人物呢！

众所周知，新教改革意义重大，但是真正引领变革的人是马丁·路德。而加尔文不过是他之后出现的比较有影响力的新教领袖。所以加尔文必然位于路德之后。不过相对于伏尔泰和卢梭等哲学家，加尔文的影响力更大，原因之一是两位哲学家产生影响的时间只是加尔文的一半，原因之二是加尔文对信徒的人生影响很大。

58

孟德尔

Gregor Johann Mendel

1822—1884

举世闻名的孟德尔是遗传基本原理的发现者。不过，在他生前，其研究成果并未引起科学界的关注，那时他只是一个无人问津的奥地利修道士和业余科学家。

1822 年，孟德尔出生在尚隶属于奥地利帝国的赫兹杜尔夫，不过现在这座城市已经属于捷克斯洛伐克了。1843 年，他进入奥地利布伦（现在位于捷克）的一座奥古斯丁修道院。1847 年，他成为牧师。1850 年，他参加教师资格考试，由于生物和地质两门学科成绩较差而没有通过。不过 1851 年到 1853 年之间，他在修道院的院长指派下前往维也纳大学学习数学和自然科学。尽管没有教师资格，但是从 1854 年到 1868 年，他一直担任一所中学的自然科学代课教师。

他进行植物培育实验是从 1856 年开始的，前后共经历 8 年时间。1865 年，他已经掌握了遗传定律，并将一篇论文交给自然历史学会。1866 年，他在学会刊物上发表了名为《植物杂交试验》的论文。三年后，他又在该刊物发表了第二篇文章。这份刊物其实没什么名气，不过还是被一些主流图书馆收藏了。与此同时，孟德尔还把论文的副本发给了遗传学专家威尼基利。对方曾给他回过信，只不过对这份论文的重要性还没有足够的认识。后来的 30 多年，孟德尔的论文一直无人问津。

1868 年之后，成为修道院院长的孟德尔一直忙于工作，没有什么时间去进行植物实验了。直到 1884 年去世，他那伟大的实验都没有得到社会的承认，甚至在更多时间里他都是被人遗忘的。

孟德尔的成就被发现时已经是 1900 年了。那时有三名科学家分别读到了孟德尔的论文（分别是荷兰人德弗里斯、德国人科伦斯、奥地利人切尔马克）。巧合的是，他们通过独立的实验，都得出了与孟德尔定律相似的结果，只是在发表自己的实验结果前的文献研究过程中，读到了孟德尔的论文。所以他们在论文里都引用了孟德尔的观点，并表示自己通过实验对其进行了证实。同年，这篇论文还被英国科学家威廉·贝特森在无意间读到，它渐渐受到科学界的关注。这年年底，孟德尔的成就终于被认可，只是他永远都不可能知道了。

孟德尔究竟发现了什么遗传奥秘呢？首先，他发现所有生物体内都有一个基本单位，也就是我们如今说的，能够把生物特征传给下一代的“基因”。孟德尔通过对植物的研究，发现不管是种子的颜色还是叶子的形状，每一种特征都是由一对基因决定的。一株植物会从亲本的每一对基因中继承其中一个基因。他还发现，如果植物继承的两个基因性状不同（例如，一个绿色种子的基因，另一个黄色种子的基因），那么只有显性基因的性状才会被表现出来（在这种情况下是黄色种子），不过这并不影响隐性基因也能够传递给后代。另外，孟德尔意识到，每个生殖细胞或者配子（对应于人类的精子或卵细胞），只携带一对基因中的一个。他还指出，一对基因中哪一个基因能够成为配子传递给下一代完全是随机的。

尽管孟德尔定律后来进行了一些修正，但它仍开辟了现代基因学的道路。孟德尔不是专业的科学家，那么他是如何发现这些原理的呢？在他之前，这可是很多生物学家都解决不了的难题。其实，他的幸运之处在于他选择的用来做实验的植物，其最显著的特征是由一组单一的基因决定的。倘若他当时研究的植物特征是由多组基因决定的，那么要得出这样的结论就很难了。不过好机会也是留给有准备的人的，如果他不是一个观察细致的人，如果他没有对观察结果进行统计分

◇紫茉莉花的基因模式

析，那么再好的运气也是没用的。上面已经提到基因遗传的随机性，所以根本无法预测后代会继承哪一种特征。只有通过大量实验（孟德尔对 21000 多株个体植物进行了实验），再结合统计分析才能归纳出孟德尔定律。

遗传定律填补了之前人们在这方面的知识空白。在未来，它还可能会得到更广泛的应用。不过在考虑孟德尔的历史影响力的时候，不能局限在这一方面的因素里。一些人认为孟德尔的研究成果意义不大——如果没有后来人发现了他的理论，那么他就会被人遗忘。若是非要这样说，那么孟德尔根本就不能被写进这本书。这就好比，我们因为更喜欢哥伦布、哥白尼和利斯特，就否认了埃里克森、阿里斯塔克以及塞麦尔维斯。

而且孟德尔的不同之处还在于，他的成果只不过被忽略了一阵子，只要它有机会重见天日，就必定能够闻名于世。纵然德弗里斯、科林斯和切尔马克都在后来通过实验得出了孟德尔的结论，不过他们也在读过前辈的论文后，对其进行了引用。另外，也没有人能证明，孟德尔的影响力必须依靠前面那三个人的发现。毕竟他的论文早就被收录进一部很权威的遗传学的刊物当中了（作者是 W.O. 福克），所以这篇文章被严谨的学术人士发现是早晚都会发生的事情。还有一点值得我们关注，那就是这三位科学家都没有将遗传实验成果占为己有，所以大众都会把这个原理称为“孟德尔定律”。

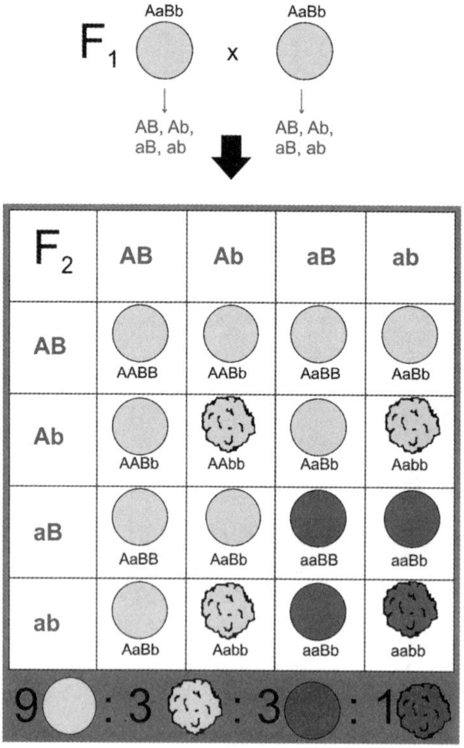

◇孟德尔独立分配定律

孟德尔定律的重要性类似于哈维发现人体血液循环，所以把他排在这个位置是很合适的。

59

普朗克

Max Planck

1858—1947

◇20 岁的普朗克

1900 年 12 月，科学界被德国物理学家马克思・普朗克关于光量子的假说深深震撼。普朗克认为，辐射能并不是连续发射的，而是由他称之为“量子”的粒子以一小团或者一小块的形式辐射的。这完全违背了光和电磁波的经典理论。不过，正是他提出了这种假说，才开启了量子力学的先河，推动了物理学的革命，也让人们对物质和辐射有了更深刻的认识。

1858 年，普朗克出生在丹麦的基尔（现为德国荷尔斯泰因州）。他的大学是在柏林和慕尼黑这两个地方读的。21 岁那年，他获得了慕尼黑大学物理学博士学位。他留校任教了一段时间后，来到基尔大学教书。1889 年到 1928 年之间，他一直在柏林大学教学，70 岁从那里退休。

普朗克对黑体辐射有着与其他科学家同样浓厚的兴趣。所谓黑体辐射，就是当一个绝对黑体被加热时，会发出电磁辐射（绝对黑体就是指这样一种物体，它能够在任何温度下将辐射到它表面上的任何波长的能量全部吸收）。很多实验物理学家都对这类物体发出的辐射进行过仔细测量，但普朗克却发明了一个很复杂的代数公式，能够正确地描述黑体辐射的规律。这个全面总结实验数据的公式，是普朗克的第一个重要成就，如今还常常被用在理论物理学中。不过在当时，还有物理学家给出过一个与之完全不同的公式。这样一来，问题就复杂了。

普朗克认真地分析了这个问题，最后给出了一个全新的解释：辐射能只能以量子的整数倍形式释放。按照普朗克的理论，量子作为一种基本单位，它的大小决定了光的频率，并与一个物理量成比例，他把这个物理量称为 h，即我们现在说的普朗克常数。自此，一个在理论上能够精确描述黑体辐射的公式诞生了。

普朗克的假说之所以没有因为过于大胆而遭到拒绝，与他踏实、严谨的作风有很大的关系。而且正确的公式胜于任何雄辩！

起初，很多物理学家（包括普朗克本人）都把这个假说当作一个用起来比较方便的数学猜想。几年后，事实证明量子概念不仅能用于黑体辐射，而且对很多物理现象也同样适用。1905 年，爱因斯坦的光电效应就是用这个概念进行解释的。玻尔则在 1913 年把这一概念引入了他的原子结构理论。1918 年，普朗克理论的正确性已经得到充分证实，也是在那年他荣获了诺贝尔奖。该理论的重要性毋庸置疑。

希特勒掌权期间，普朗克因为反对纳粹而让自己身陷险境。他的小儿子与一些军官试图刺杀希特勒，结果行动失败，于 1945 年初被纳粹杀害。1947 年，89 岁的普朗克逝世。

20 世纪，科学领域最重要的发展大概就是在量子力学方面，即便爱因斯坦的相对论也许都要略逊一筹。在物理学中，普朗克常数 h 是重要常数之一。不管是原子结构理论、还是海森堡不确定性原理，又或是辐射理论以及许多其他科学公式，里面都会出现 h。而且，即便科学理论发展到如今这样的程度，普朗克最初计算的常数值与如今的数值之间也只有不到 2%的差别。

普朗克在量子理论后续发展中并没有发挥太大的作用，不过他是打开量子力学大门的人。如果不是他打破了错误概念对人们思想的束缚，那么后辈人就不能构建出更加完善的理论。他是当之无愧的量子力学之父。

60

利斯特

Joseph Lister

1827—1912

最初在外科手术里使用消毒法的人，就是英国外科医生约瑟夫·利斯特。1827 年，他出生在英国的厄普顿。1852 年，成绩优秀的利斯特获得了伦敦大学医学硕士学位。1861 年开始，他在格拉斯哥皇家医院当了八年外科医生，消毒法就是在那段时间里发明的。

当时在格拉斯哥皇家医院，利斯特管理一个新建的外科病房。那个年代外科手术的术后感染很常见，不仅坏疽这样的重症感染十分普遍，而且死亡率都很高。为了降低感染，利斯特会努力把病房打扫干净，结果作用却并不明显。很多医生觉得空气里有毒，所以患者才会术后感染，不过利斯特并不这么想。

1865 年，利斯特读到了巴斯德撰写的关于细菌学说的论文。这让他恍然大悟——假如细菌导致了感染，那么只要在细菌进入创口前就把它们消灭，那么就能防止术后感染。他把石炭酸作为消毒剂，建立了术前手部清洗消毒、器械纱布消毒，以及定期在手术室喷洒石炭酸等在内的一整套消毒程序。这果然大大降低了术后死亡率。据统计，男性急诊病房的术后死亡率在 1861 至 1865 年期间是 45%，到 1869 年，已经下降到 15%。

1867 年，利斯特发表了第一篇有分量的关于外科消毒的论文，不过并没有立即引起广泛的反响。1869 年，他成为爱丁堡大学临床外科主任，在那里工作的七年，利斯特的名气越来越大。1875 年，他到德国介绍推广外科消毒法。1876 年，他又带着外科消毒法前往美国，不过很多医生都对此表示怀疑。

1877 年，利斯特来到伦敦帝国学院，在那里当了 15 年临床外科主任。他的消毒法引起了伦敦医学界的关注，越来越多的医生肯定了这种消毒法的作用。至他去世前，几乎所有医生都对外科消毒的原理深信不疑了。

凭着自己独创的这套专业方法，利斯特收获了很多荣誉。在长达五年时间里，他都是皇家学会的主席。另外，他还担任过维多利亚女王的私人外科医生。利斯特结过婚，不过没有孩子。1912 年，85 岁的他在英国沃尔默去世。

利斯特消毒法引领了外科领域的伟大变革，成千上万人的生命因此被拯救。如今，外科手术感染率大幅降低，术后因感染而死亡的概率更是少之又少，越来越多的人愿意通过外科手术来挽救生命、恢复健康。然而，若是在感染风险

◇利斯特在手术过程中用石炭酸消毒

极高的100年前，像胸腔外科这样复杂的手术，是断然不会施行的。尽管如今的无菌手术与利斯特当年的消毒法并不相同，但本质上并没有差别，前者不过是对利斯特消毒法的延伸罢了。

有人觉得利斯特的方法其实来自于巴斯德，他没有资格获此殊荣。我们要明白，是利斯特将巴斯德的理论进行了延伸和使用。而且疾病细菌学具有很重要的现实意义，所以尽管他们两人的发现都属同一类别，但是都有资格被人们铭记。同样，在这方面有过贡献的巴斯德、列文虎克、弗莱明和利斯特理应都被写进这本书当中。

另外一些质疑利斯特的人认为，维也纳医院的匈牙利医生塞麦尔维斯也提出过消毒对助产术和外科手术的重要性，而且比利斯特早了20多年。我要说的是，尽管这位医生后来成了教授，还著书阐述这个理论，但是他并未引起广泛的关注。事实上，是利斯特让科学界真正承认消毒法具有重要的实操意义。

61

奥托

Nikolaus August Otto

1832—1891

1876 年，内燃机的鼻祖——世界上第一台四冲程内燃机在德国发明家奥托的手中诞生。

内燃机用途广泛，不仅是汽车、轮船、摩托车的驱动装置，而且是飞机的重要动力设备，在工业领域也有所应用。一段时间里，奥托的循环内燃机是飞机的唯一发动装置，直到 1939 年第一架喷气飞机研制成功，才打破了内燃机在这一领域的垄断地位。如今，内燃机主要用于汽车驱动。

在内燃机被发明以前，很多人都尝试过制造汽车。比如马库斯（1875 年）、勒努瓦（1860 年）、局纽（1769 年）等人，都曾制造出汽车模型，但是由于那时候的发动机又大又重且效率低，根本无法在实际中应用，导致汽车的构想无法变成现实。奥托的四冲程内燃机恰恰能够解决这个难题，在那之后的十五年中，本茨和戴姆勒双双制造出了能够应用于现实的汽车。再后来，其他种类的汽车发动装置相继出现，为之后汽车能够使用电池、蒸汽或其他更好的驱动设备打下了基础。不过在长达一百年的时间里，99% 的汽车都是使用四冲程内燃机的。（柴油机的构造跟奥托四冲程内燃机差不多，但提供原料的方式不同。这种发动机可以用于汽车、卡车和轮船。）

通常来说，科学发明都能造福人类（武器除外），几乎没有人反对使用冰箱、汽车。但我们也要正视私家车的普及带来了噪声污染、空气污染、资源消耗，以及车祸导致的死伤事件。

而人们之所以能够容忍汽车的这些缺点，原因在于它能给大家带来便利。相较于火车、地铁等公共交通工具，私家车使用起来更加随心所欲，它的方便、快捷和舒适让我们行动得更加自由。

尽管对于汽车带来的利弊始终存有争议，但是没有人能否认它对社会的重要意义。据统计，美国约有 1.8 亿辆汽车（2022 年为 2.8 亿辆——译者注），每年行驶数十亿英里，飞机、火车等交通工具加在一起的总和都不及汽车多。

汽车的发展推动了停车场和高速公路的修建，地貌都因此发生改变。与此同时，那些拥有汽车的人出行变得更加方便，活动范围变得更广阔，就连工作和居住位置的选择也变得更多了。在过去，往往只有城里人才能拥有汽车，现在生活在郊区的人同样能够享受汽车带来的便利（原因可能是郊区人口逐年增加，而城中人口数量减少）。

1832 年，奥托出生在德国的霍兹豪森。在学校里，他是一名非常优秀的学生，然而年幼丧父的他在 16 岁时就辍学了。为了能有一技之长，他做过小镇杂货店的伙计，去过法兰克福当文员，还从事过商品销售工作。

1860 年左右，罗夏发明了气体发动机的消息让奥托有了一个新思路——如果能用液体燃料替代空气，就无须再把机器连接到排气管上了，这样一来，机器的实用价值会更高。很快，奥托就设计出了一款蒸汽机，不过之前已经出现过同类设备，所以无法获得专利权。

这件事没有影响奥托对罗夏发动机进行改进。其实早在 1861 年之前，他就想用四冲程循环方式做驱动。1862 年 1 月，他按照自己的设想制造出来一个发动机模型。可是在实际应用中，奥托却遇到了很多问题，特别是点火方面始终找不到解决的办法。无奈之下，他只好转而去改进空气发动机——一种用气体作燃料的两冲程发动机，并于 1863 年获得了发明专利。很快，兰根为他提供了赞助，并建立了一家小工厂用于改进发动机。在 1867 年的巴黎世界博览会上，两冲程发动机获得了金奖，这让他们的生意一下子火爆起来，说是财源滚滚也不为过。1872 年，在他们的邀请下，经验丰富的工程师戴姆勒加入他们的发动机生产队伍。

虽然两冲程发动机为他们带来了财富，但是奥托始终没有放弃要研发四冲程发动机的想法。他坚信，只要将燃料和空气进行混合压缩，然后再将其点燃，就能让四冲程发动机比之前任何一种发动机都高效。1876 年，奥托终于设计出了能够为四冲程发动机点火的方式，同年，以这种方式制造出来的样品获得了发明专利，随之而来的是更大的商业成就。之后的十年里，罗夏所有的发动机都被淘汰了，而奥托的产品销售量超过 3 万台。

1886 年，奥托在德国的专利被取消。原因是法国人罗恰斯在 1862 年有过类似于四冲程发动机的构想。（其实罗恰斯既没有将自己的构想制成模型，也没将其推向市场，更重要的是奥托的发明没有借鉴他的任何思路，所以罗恰斯

◇汽车先驱者本茨和戴姆勒采用了奥托的四冲程发动机

◇早先的“本茨轻型马车”

根本没什么影响力。）不过奥托的公司并没有因此受到影响。到 1891 年奥托去世时，他已经是一个大富翁了。

戴姆勒想用奥托的发动机技术制造汽车，于是在 1882 年离开了团队。1883 年，他设计出一套非常棒的点火系统（与现在使用的不同），能够使发动机转速达到 700 ~ 900 转 / 分（奥托发动机模型的最高转速是 180 ~ 200 转 / 分）。戴姆勒没有停下研发的脚步，1885 年，他制造出了一种能够安装在自行车上的轻型发动机——世界上第一辆摩托车由此诞生。1886 年，他的第一辆四轮汽车问世。不过这算不得是世界上第一辆汽车，因为在他之前的几个月，本茨制造出了一辆三个轮子的汽车。同样的，本茨也是应用了奥托的四冲程发动机技术，尽管他的发动机转速只有 700 转 / 分，但是足以用来驱动汽车了。随着本茨的汽车不断被改进，短短几年后，就被成功推向市场。戴姆勒的起步晚一些，不过也很成功。（后来他们两个的工厂合为一体，生产出了著名的奔驰汽车。）

另外，在汽车发展史上，有个非提不可的人，那就是生产第一批平价汽车的美国发明家和工业家福特。

不论是内燃机还是汽车，它们都具有划时代的意义。如果这两者是由一个人发明的，那么本书榜首就非他莫属了。现实是，这项伟大的成就要分给勒努瓦、奥托、戴姆勒、本茨和福特等人。这其中奥托的功劳最大，因为从发动机的功率和效率上看，奥托的发明能够应用于汽车，但是勒努瓦的发动机却无法实现这一点。1876 年之前，也就是奥托的发动机没有出现之前，生产汽车根本就是痴人说梦。而 1876 年之后，生产汽车几乎就是水到渠成的事情。因此，我们也可以把奥托看作汽车的创造者之一。

62

皮萨罗

Francisco Pizarro

约 1475—1541

弗朗西斯科·皮萨罗，西班牙冒险家，秘鲁印加帝国的侵略者。皮萨罗出生在西班牙的特鲁西里奥，时间大约是 1475 年。像科尔特斯一样，他也是去新大陆寻找机遇的人。1502 年到 1509 年期间，他都在加勒比海的海地岛生活。1513 年，皮萨罗加入了巴尔沃亚的探险队。1519 年，他将巴拿马作为自己的安身之处。1522 年，皮萨罗从一位西班牙冒险家那里听说了印加帝国。由于受到科尔特斯侵略墨西哥的影响，皮萨罗决定成为印加帝国的征服者。1524 年到 1525 年，他开始了第一次征服之旅，然而两条船还没到秘鲁就无奈返航了。1526 年到 1528 年，他进行了第二次冒险，并成功从秘鲁带回了黄金、羊驼和印第安人。

1528 年，皮萨罗回到西班牙。第二年，国王查尔斯五世派他为西班牙征服秘鲁，并且给予大量的资金支持。很快，皮萨罗回到巴拿马组建队伍。1531 年，56 岁的皮萨罗带着不到 200 名队员，从巴拿马出发，去侵略人口超过 600 万的印加帝国。

他们用了一年的时间才抵达秘鲁海岸。1532 年 9 月，皮萨罗带着 177 名队员和 62 匹马穿越安第斯山脉向卡哈马卡城进发。当年 11 月 15 日，皮萨罗的小队伍来到了那座住着印加国王阿塔瓦尔帕和 4 万大军的城市。第二天，他就要求与国王进行会面，并要求对方只能带 5000 名没有武器的士兵。

阿塔瓦尔帕接下来的举动简直让人匪夷所思。自从西班牙的队伍登陆秘鲁的那天起，他们的贪婪和野蛮就已经暴露出来了。所以他理应知道将要面对什么情况。结果他居然允许皮萨罗的队伍大摇大摆地进城。其实，只要印加人在地势陡峭狭窄的地方埋伏，让皮萨罗的马队没有施展的空间，那么这些侵略者很容易就能被消灭。然而在皮萨罗进城后，阿塔瓦尔帕的举动更让人迷惑，他居然在敌人面前放下了武器。明明印加人最擅长伏击，结果他却不发挥自己的优势。

皮萨罗自然不会放过这个好机会。他的队伍袭击了手无寸铁的印加人。这场如同屠杀的战斗持续了半个小时。除了皮萨罗在护着阿塔瓦尔帕时受了轻伤，其他西班牙人没有任何伤亡。印加国王就这样被俘虏了。

皮萨罗成功了。印加帝国是一个所有权力都归印加所有的国家（印加也就是国王）。作为神的化身，印加被俘，无异于帝国破碎。为了自保，阿塔瓦尔帕将价值约 2800 万美元的金银财宝作为赎金交给皮萨罗。没想到几个月后，他还是被处死了。1533 年，也就是阿塔瓦尔帕被俘后的第二年，皮萨罗带着队伍进入印加首都库斯科，并选了一个傀儡国王。1535 年，皮萨罗将新建立的立马城设为首都。

1536 年，傀儡国王逃离了皮萨罗的掌控，并带着一支印第安队伍奋起反抗，他们甚至一度将西班牙军队围困在利马和库斯科。然而到了第二年，印加帝国的大部分地区又落入西班牙人的手中。1572 年，印第安人的起义彻底失败，那时皮萨罗已经去世了。

皮萨罗是因为内部斗争而倒下的。1537 年，皮萨罗的朋友阿尔马格罗背叛了他，原因是觉得皮萨罗在分发战利品方面不够公平。后来阿尔马格罗落入皮萨罗之手，并被处死。但事情并没就此结束，在皮萨罗的队伍入侵印加首都库斯科的八年后，阿尔马格罗的追随者们冲进皮萨罗的宫殿内，把这位 66 岁的领导人杀死了，那一年是 1541 年。

◇**起程赴秘鲁前，皮萨罗接受查尔斯五世召见**

皮萨罗英勇、机智、坚定。他是一名基督教徒。相传，在死前的最后时刻，皮萨罗蘸着自己的血在地上画了一个十字，口中还念着“耶稣”。但皮萨罗也有贪婪、残酷、诡计多端的一面，他算得上是最残酷的侵略者。

我们不能因为皮萨罗的野蛮本性，而否认他在军事上的成就。

1967 年，以色列人战胜了人数和装备都远超自己的阿拉伯军队，这在当时是让人难以置信的。而这种以少胜多的战役，拿破仑和亚历山大大帝都曾多次取得过。

科尔特斯曾用 600 人征服 500 万人口的帝国，在实力相差如此悬殊的情况下获胜已经够让人难以置信了。可是，皮萨罗竟然带领一支不到 180 人的队伍将拥有 600 万人口的国家征服了，这简直就是奇迹。如果换作是亚历山大大帝或者拿破仑，我不认为他们能扛得住皮萨罗当时的压力，自然也不会取得那样的战绩。

也许有人觉得皮萨罗的优势在于拥有西班牙先进的武器。但我并不这样认为。那时候他们使用的火绳枪不仅射程短，而且装弹药的时间也很长。除了声音震耳欲聋，它并不比弓箭强多少。当他的小队伍进入哈马卡城的时候，所拥有的武器不过是三支火枪和不到 20 支十字弩。而用于杀死印第安人的武器大多数为刀、剑等。所以，即便西班牙小队有火枪和马匹，但是从实力上来看，他还是处于绝对弱势的。所以西班牙人获胜的关键不是武器，而是正确的指挥和孤注一掷的决心。当然，皮萨罗也是有些好运气在身上的，就像人们常说的："幸运总是降临在勇敢者身上。"

很多人都谴责皮萨罗是个狂妄的坏蛋，但是能有几个坏蛋可以深深地影响历史呢？那个被他推翻的印加帝国，幅员辽阔，不仅秘鲁在它疆域之内，就连厄瓜多尔的部分地区、智利北部和玻利维亚的部分区域也是它的领土。帝国的人口数甚至比南美其他地区的人口总和还多。帝国灭亡后，南美地区就再也无力抵抗欧洲人了。尽管南美还生活着千百万的印第安人，但是他们的政权却永远地失去了，而且欧洲的语言、文化和宗教也从此成为南美的主流。

63

科尔特斯

Hernán Cortés

1485—1547

1485年，科尔特斯出生在西班牙麦德林的一个小贵族家庭，后来他成为征服墨西哥的人。他曾在萨拉曼卡大学学习法律。19岁时，他怀揣着发财梦离开西班牙前往新世界。1504年，他成了圣多明各的一名农场主，过着跟唐璜差不多的生活。1511年，他加入了西班牙征服古巴的队伍，之后娶了西班牙驻古巴总督委拉斯开兹的妻妹，并成为圣地亚哥的市长。

1518年，总督派他带队前往墨西哥。很快，总督就后悔了自己的决定，科尔特斯的野心让他担忧不已。可是当他下令要求自己的连襟撤回时，已经鞭长莫及了。1519年2月，11艘船只、110名水手、553名士兵、10门大炮、4门轻型炮和16匹马在科尔特斯的带领下出发了，到达如今的韦拉克鲁斯的那天恰巧是耶稣受难日。科尔特斯没有贸然进攻，而是在海边停留了一阵子用以收集墨西哥情况。他了解到，这里是阿兹特克人的地盘，首都地处内陆。此外他还听说，阿兹特克人有很多贵金属，而且与其他族群积怨已深。

满脑子都是侵略大业的科尔特斯决定征服阿兹特克人。这时，队伍里有些人开始紧张和害怕。为此，科尔特斯在队伍进入那片土地之前，就将所有的船都烧掉了，这种孤注一掷的做法让士兵们只能勇往直前，否则他们就要死在印第安人手中。

进岛之后，科尔特斯最先遇到了特拉斯卡拉的一个独立的印第安部落。经过一番激战，西班牙人取得了胜利。部落里的人决定与科尔特斯联合起来，一起对付他们憎恨的阿兹特克人。当队伍开始往乔卢拉挺进的时候，阿兹特克的领导人蒙特祖马二世已经做好了埋伏。让蒙特祖马二世没想到的是，科尔特斯早就得知了这个消息，而且还先下手为强，屠杀了成千上万的印第安人。随后，特诺奇蒂特兰（即现在的墨西哥城）不战而降。再后来，蒙特祖马二世被软禁，并在科尔特斯的威胁下建立了傀儡政府，至此科尔特斯彻底征服了墨西哥。

这时候，西班牙人那维兹率领部队也到达了墨西哥海岸，他的目的是来抓捕科尔特斯。科尔特斯只好留下一些人守城，然后带着其余的人到海岸与那维兹的军队作战。毫无意外，科尔特斯不仅获胜了，而且还将对方的士兵收

◇科尔特斯和蒙特祖马二世的会议

编到自己的队伍里。不过在他们回去的途中，阿兹特克人居然揭竿而起。1520年6月30日，西班牙军队在特诺奇蒂特兰的起义中打了败仗，撤退到特拉斯卡拉。但科尔特斯的队伍却意外地壮大起来，1521年5月，他带兵围攻特诺奇蒂特兰，并于8月13日攻下了这座城市。尽管周边地区的稳定牵扯了科尔特斯的一些精力，但是整体来看他的政权还是稳固的。后来，科尔特斯重建了特诺奇蒂特兰，并把城市的名字改成墨西哥。

科尔特斯以较少的人数，征服了拥有500万人口的帝国，这在历史中实在罕见。另外一个比这个人数相差更悬殊的例子，是上一章我们提到的皮萨罗征服印加帝国。

有人好奇，科尔特斯是怎么做到这一切的呢？马匹和枪支无疑是获胜的关键，但绝对不是全部因素。毕竟他面对的是成千上万的军人（在他之前的两位西班牙冒险家，都没能在侵略的土地上建立长久的殖民统治）。所以科尔特斯的领导能力、勇气魄力和坚定毅力都是他能够成功的重要因素，此外他的外交能力也很重要。这让他不仅能够在武力上征服印第安人，而且还能说服他们与自己一同攻击阿兹特克人。

有人认为科尔特斯是阿兹特克人崇拜的神——羽蛇神的转世。在印第安传说中，这位神身材高大、皮肤很白，还长着长长的胡子，他在帮助人们从事农业生产、冶金并建立政府后就离开了墨西哥湾，但在走之前他答应印第安人自己还会再回来。所以在蒙特祖马二世看来，科尔特斯很可能就是转世回来的神，在那种敬畏和恐惧之下，他的行为自然要受到影响，甚至不敢主动、强硬地去反抗科尔特斯。

科尔特斯最后一个制胜法宝就是狂热的宗教情绪。尽管在我们眼里他的侵略是一种罪行，但他自己却觉得那是人间正道。他义正辞严地告诉部下，他们的征战是在十字的指引下进行的，势必能够所向披靡。这种宗教动机其实是很明显的，因为他曾多次采取强制手段要求印第安盟友去信奉基督教。

科尔特斯在处理与印第安人关系上做得游刃有余。但是面对西班牙政敌，他却接连碰壁。起初，西班牙国王赏给科尔特斯大量土地，授予他侯爵的称号，但却解除了他墨西哥总督的职务。1540 年，科尔特斯回到了西班牙。在之后的岁月里，他几次三番地恳请国王恢复他在墨西哥的权力，结果都没能如愿以偿。1547 年，他在西班牙塞维利亚附近去世。

科尔特斯在遗嘱里提到了一个问题，那就是在对印第安人进行殖民统治方面，他做的到底对不对。他希望自己的儿子能够好好思考这个问题，因为科尔特斯长久地被这个问题困扰着。那时像他这样的人并不多，皮萨罗和哥伦布大概率不会纠结这个问题。所以很多人认为科尔特斯在那些西班牙征服者里，算是最有人性的。

科尔特斯的出生地与皮萨罗的出生地仅仅相距 80 公里（约 50 英里），两人年龄差距 10 岁左右。在成就方面，他们两个也很相似。如果把他们征服的地区加起来，几乎能有一个洲那么大。他们把自己的语言、宗教和文化强加给殖民地里的原住民，并将政权长久地握在欧洲人手里。若是把他们两个的影响力合在一起，那么连西蒙·玻利瓦尔也无法与之相比。前者是将南美政权从印第安人手中抢夺到欧洲人手中，玻利瓦尔则仅仅是把政权从西班牙移交到出生在南美的欧洲人手里。

有的读者会觉得，明明科尔特斯比皮萨罗更早进行征服活动，而且皮萨罗去世前，也没能平息秘鲁印第安人的起义，这样看来科尔特斯更应该排在前面。对于这种观点，我并不认同。对印加人和阿兹特克人来说，西班牙的征服狂潮和先进武器的确对他们造成了心理威胁和武力威胁，好在秘鲁的特殊地形让他们尚可自保。只是皮萨罗的雷霆出击让历史沿着另一条道路发展了。

阿兹特克人没有秘鲁那样的山峦做掩护，加之边界与大西洋相连，这无疑为西班牙人的侵略带来了便利。再者，西班牙人的征服是历史的必然，科尔特斯的作用只是让征服的进程加快了一些。

64

杰弗逊

Thomas Jefferson

1743—1826

托马斯·杰弗逊是美国的第三任总统，也是《独立宣言》的主笔人。1743年，杰弗逊出生在弗吉尼亚州的沙德威尔。他的父亲是一名测量师，同时也是一名成功的种植园主。父亲去世后，杰弗逊继承了一大笔遗产。他曾在威廉玛丽学院学习过两年，但是没等拿到学位就离开了。后来，他开始学习法律，在1767年获得了律师资格。在长达七年的时间里，他同时做着律师、农场主和弗吉尼亚下议院议员三份工作。

1774年，杰弗逊写了一篇很有分量的文章——《英属美洲权利概述》。第二年，他作为弗吉尼亚代表参加了第二届大陆会议。1776年，他负责《独立宣言》的起草工作。年底的时候，他又参加了弗吉尼亚议会的工作，在推动几项改革中发挥了作用。其中有两项重要的法案，分别是《弗吉尼亚宗教自由法令》和涉及公共教育的《普及知识传播法案》。

公共教育法案重点内容可以概括为：所有人都有权接受基础教育；州立大学里的高才生应该继续深造；制定奖学金制度。虽然当时弗吉尼亚州并没有实行这个法案，但是如今类似的教育模式已经覆盖了美国所有的州。

至于杰弗逊的宗教自由法案，其先进性在于提出了宗教包容和政教分离（在那之前，弗吉尼亚的法定教堂是圣公会教堂）。有些人对此提出反对意见，不过在1786年，这个法案被议会通过了。紧随其后，其他州也通过了类似的法案，该法案最终还被纳入美国宪法。

1779年，杰弗逊当选弗吉尼亚州的州长。1781年，任期届满后的他退出政坛。在远离政治期间，他完成了自己人生中唯一的作品《弗吉尼亚笔记》，在书中他表达了自己反对奴隶制的观点。1782年，杰弗逊的妻子离世（二人结婚10年，有6名子女）。尽管那时的杰弗逊正当壮年，不过他没有再婚。

杰弗逊再次回到了政界，并进入了国会。国会通过了他提出的十进制货币制度，但否决了相关的其他提议。杰弗逊还建议新建立的州内不能有奴隶，可惜该议案只因一票的差距而没能通过。

1784年，杰弗逊到法国从事外交工作，随即成为美国驻法国大使。他在法国的五年正是美国宪法起草和生效的时候。跟很多人一样，杰弗逊对宪法很有信心，也坚定地支持把《权利法案》写进宪法。

杰弗逊于 1789 年回国，并成为第一任国务卿。在当时，他与财政部长汉密尔顿政见相左，双方的支持者分别组成民主共和党和联邦党。杰弗逊的民主共和党即现在的民主党。

1796 年，杰弗逊参加总统竞选，由于票数落后于亚当斯，他按照当时的宪法规定，成为副总统。1800 年，他再次参加竞选，终于战胜亚当斯成为总统。

对于过去的政敌，杰弗逊的态度十分温和，在他之前几乎没有这样的事例。在他担任总统期间，最大的成就就是买下路易斯安那州，这几乎使美国的领土翻了一番。作为美国历史上最大规模的和平土地扩张，这让美国一下子跨入大国的行列，其重要意义不言而喻。不过，这并不是杰弗逊一个人促成的，否则他的排名还应该更靠前一些。要知道，这桩买卖的关键在于拿破仑想要把路易斯安那州卖掉。另外，美国驻巴黎的使节罗伯特・利文斯顿和詹姆斯・门罗也起到了重要的作用。当他们发现这个好机会的时候，立刻开始组织谈判，最终促成了这次土地购买活动（杰弗逊并没有把购买路易斯安那州这件事作为他人生重要成就写进墓志铭）。

1804 年，杰弗逊第二次成为总统。1808 年，按照华盛顿的规矩，他没有参加第三次竞选，并于第二年离任。之后他唯一参与的政府性活动就是建立弗吉尼亚大学（1819 年），这也让他在 43 年前提出的教育议案，在这所大学里得以实现。1826 年 7 月 4 日，83 岁的杰弗逊去世，那时《独立宣言》发表已经整整五十年。

杰弗逊不仅政治能力卓越，而且还精通多种外语，对自然科学和数学也很有研究。作为种植园主人，他善于利用科学耕作法。此外，他还拥有发明家、建筑师和工业家等多重身份。

杰弗逊个人才华的出众，可能会让人对他有过高的评价。当然，他第一个成就是起草了《独立宣言》，但要注意的是，这只是美国人的思想宣言和信仰，而不是一种法律。另外，《独立宣言》传递的思想来源于约翰・洛克，并不是杰弗逊独创的。

其实，在美国人民宣布独立的事件中，杰弗逊的作用并没有一些人想象的那么大。1775 年 4 月（比《独立宣言》发表早了一年多），随着“莱克星顿的枪声”和康科德战役的爆发揭开了美国独立战争的序幕 。历经好几个月的奋战，殖民地人民面前只有两个出路：要么与英军妥协，要么坚持独立。这件事在 1776 年第二次大陆会议上成为热议的焦点。弗吉尼亚州代表理查德·亨利·李在会上提出要摆脱英国统治的议案。但该议案被搁置，大会表示要在几周之后再进行表决。期间，他们让杰弗逊牵头成立一个委员会，负责准备一份关于独立理由的公开声明（委员会其他成员一致推选杰弗逊草拟这份宣言）。7 月 1 日，大会对李的议案进行投票表决，7 月 2 日，倾向独立的议案被通过，之后杰弗逊的草案文本才被辩论起来。两天后，经过适当调整的议案正式被大陆会议采纳。

事实上，《独立宣言》本身也没有大家认为的那么重要。那么杰弗逊还有没有其他成就能使他的排名更靠前一些呢？我们从他的墓志铭里可以知晓，他一生中最看重两件事。创办弗吉尼亚大学算是其中一件，但这件事本身还不足以对世界造成影响。所以，他起草的《弗吉尼亚宗教自由法令》才是能够影响到人类历史的大事件。在他之前，洛克、伏尔泰等哲学家也提起过宗教自由，但他们却没有像杰弗逊那样去真正推进这件事。而杰弗逊利用自己政治家的身份，让宗教自由受到了法律保护。与此同时，其他州在制定权利法案的时候，也借鉴了他的做法。

我们还要考虑另外一个问题，政府在通过《权利法案》时，是否受到杰弗逊很大的影响。不可否认，杰弗逊是支持《权利法案》的代表人物，同时也是推动《权利法案》的领导者。不过在 1784 年至 1789 年之间，杰弗逊一直在国外，大陆会议后，在争取通过《权利法案》的重要阶段里，他并没有为之奔走奋斗。促成国会通过该修正案的关键人物其实是詹姆斯·麦迪逊（该修正案通过是在托马斯·杰弗逊返回美国之前，日期是 1789 年 9 月 25 日）。

有的人会觉得，杰弗逊对美国的影响不在于他是否推行了什么政策，而在于他对待问题的观点。但我们也要去想一想，他的思想是不是真的被大部分美国人接受。事实上，很多尊敬杰弗逊的人，在政见上却与他相反。例如他曾

◇杰弗逊的民主会议

说："明智勤恳的政府要防止内斗，要让人们自由地做自己的工作，并取得进步。"这种"小政府"观点或许是对的，但从后来五十年的选举来看，美国人根本没有听他的话。另外，杰弗逊十分反对最高法院对宪法拥有最终解释权。在他看来，最高法院能够把已经通过国会的法律判定为违宪，这本身是不对的，而且是违背民主原则的表现。

这样说来，杰弗逊似乎不够资格成为本书中的一员。不过，过多注意细节的结果就是一叶障目。我们要全面地评价他，要重点考虑为什么被称作"民主信仰首席发言人"的是他，而不是别人。

那么，他与另一位总统华盛顿谁的影响力更大呢？要知道，独立和民主在美国形成的原因是基于思想和行动两个方面。在我看来，思想的力量要大于行动。但是华盛顿作为一名执政者，他的影响力显然更大。这既是我把华盛顿与杰弗逊、麦迪逊、洛克和伏尔泰等人分开讨论的原因，也是杰弗逊位列他之后的原因。

65

伊萨伯拉一世

Isabella I the Catholic

1451—1504

如今，伊萨伯拉为人熟知的功绩是支持了哥伦布航行大西洋。事实上，这位卡斯提尔（古代西班牙北部一王国）的女王，还是一位勤于政事、能力卓越的君主。她推行的政策影响了西班牙和拉丁美洲数百年，即便是今天，也有数百万人的生活受到她的间接影响。

伊萨伯拉的丈夫亚拉冈国王斐迪南聪明睿智，夫妻俩的政治能力不分伯仲，女王的很多决策的形成和推进都得到了丈夫的帮助。所以他们的影响力本可以合在一起进行讨论。不过我之所以在本书中单独列出伊萨伯拉，是因为有些重要的决策都是由她提出的。

伊萨伯拉于 1451 年出生于西班牙马德里加尔。在她还是个小女孩的时候，就接受了严格的宗教教育，所以成为虔诚的天主教徒也是自然而然的。1454 年至 1474 年，卡斯提尔的国王为她同父异母的兄弟亨利四世。那时还没有建立西班牙王国，在那片领土上有四个王国，分别是最大的卡斯提尔王国、位于东北部的亚拉冈王国、位于南部的格林纳达王国，以及北部的纳瓦尔王国。

14 世纪 60 年代末，伊萨伯拉成为卡斯提尔呼声最高的继承人，同时也是欧洲最富有的姑娘之一。许多国家的王子都希望能娶她为妻。亨利四世希望妹妹能够嫁给葡萄牙国王。但是在 1469 年，18 岁的伊萨伯拉自作主张与亚拉冈王国的继承人斐迪南结了婚。亨利四世一气之下让自己的女儿朱厄娜成为继承人。后来亨利四世去世，伊萨伯拉与朱厄娜为争夺王位引发了内战。1479 年 1 月，伊萨伯拉打败了朱厄娜。也是在那一年，斐迪南在亚拉冈国王去世后也继承了王位。从此之后，西班牙的大部分地区都被他们夫妻俩掌管。

尽管亚拉冈和卡斯提尔是两个独立的王国，法律体系也有很大差异。但是在治理两个国家时，所有的决策几乎都是他们夫妻齐心协力、共同讨论后做出的。经过 25 年的努力，他们建立了一个统一且强大的君主制国家。征服格林纳达是他们的第一个计划，1481 年他们对这个伊比利亚半岛上唯一由穆斯林统治的王国开战，1492 年格林纳达被征服。从那时起，西班牙拥有了如今的领土。（伊萨伯拉死后，斐迪南于 1512 年征服了另外一个小国——纳瓦尔王国。）

斐迪南和伊萨伯拉继位后不久，他们颁布了一种审判制度。审判的主体由法官、陪审员、检察官和警察组成。在这种制度下，被告人不仅不能为自己进行辩护，甚至连原告是谁、有什么样的证据都不知道，他们能做的就是承受酷刑，直至承认被指控的罪名。在那二十多年里，西班牙至少有 2000 人死于火刑，而受到比火刑轻微一些刑罚的人，还要多上数倍。

托马斯·德·托尔克马达是西班牙首任宗教裁判所大法官，也是女王伊萨伯拉的牧师。那时候，虽然宗教裁判所有审判的权力，但是也要听从西班牙君主的命令。而国王之所以会建立这样的制度，其目的就是在确保宗教统一的同时，可以清除国王的政敌。众所周知，英国封建领主的势力一直都很大，甚至可以审判国王。起初西班牙也是如此，所以国王才会通过建立这样的审判制度来对付那些领主，巩固自己的权力，顺便还能管理神职人员。

不过，宗教裁判所把第一目标锁定在了那些被认为是宗教异端的人身上，特别是犹太教和伊斯兰教的信徒。这些人被强迫改变信仰，但是在他们心底还是坚持原来的宗教信仰。

起初，犹太教并不是被针对的对象。1492 年，在宗教狂热分子托尔克马达的一再游说下，斐迪南和伊萨伯拉下令：西班牙的犹太教教徒都要改信天主教，否则就要放弃所有财产，并于四个月内离开这个国家。这是 20 万犹太教徒的一场浩劫，不少人在到达安全港之前就死了。这其中有很多能干的工匠和经验丰富的商人，他们的死去导致西班牙的经济出现了严重下滑。

他们还毁掉了曾经与格林纳达的协议。当初格林纳达归附的时候，他们曾许诺西班牙境内的穆斯林拥有宗教自由的权利。但到了 1502 年，反抗失败的穆斯林只能在改变信仰和离开西班牙两者之间做出选择。这样的艰难抉择，十年前的犹太教徒也曾面临过。

尽管伊萨伯拉是虔诚的天主教徒，但她却从没让宗教影响自己的民族主义和政务处理。在她和丈夫的运筹帷幄下，王室替代了教皇成为西班牙的天主教会的实际管理方。也因此，16 世纪新教改革在西班牙根本没有施展的空间。

现在我们要提起伊萨伯拉在位期间最重要的一项投资——1492 年，为哥伦布探险航行进而发现新大陆提供经费（有传闻说女王为此卖掉了自己的珠宝，但这其实是个假消息）。

1504年，伊萨伯拉去世。她一共有五个孩子，唯一的儿子胡安死于1497年。女儿胡安娜最为人熟知。她在父母的安排下，与英俊潇洒的奥地利哈普斯堡国王之子、勃艮第公国的继承人腓力一世结婚。这次政治联姻让查理五世，也就是伊萨伯拉的外孙成为欧洲历史上最大帝国的主人。他是神圣罗马帝国哈布斯堡王朝皇帝，也是那个时代最富有、最权倾天下的人。几乎整个西半球都在他的名下，其中有西班牙、德国、荷兰、比利时、奥地利、瑞士、波兰、匈牙利、南斯拉夫、意大利的大部分地区和法国部分地区。查理五世和他的儿子腓力二世都是狂热的天主教徒，在他们统治的时期，花了大量经费用于与北欧新教国家的战争。所以我们可以这样认为，即便是在伊萨伯拉和斐迪南死后，

◇女王与哥伦布的交流

由他们做主的婚事仍影响了欧洲一个世纪。

再让我们总结一下伊萨伯拉和斐迪南的历史影响。他们共同建立了西班牙王国，其疆域稳固长达五个世纪；他们建立了一种中央集权的专制统治；利用审判制度，让天主教在西班牙成为至尊宗教。但是他们推行的制度也导致西班牙国内的伊斯兰教徒和犹太教徒人数急剧减少，那些人要么被迫改变信仰，要么被驱逐、杀害。

一些人认为，西班牙的审判制度让该国的文化陷入困境。在 1492 年之后的几个世纪里，西欧思想文化繁荣发展，但是西班牙却死气沉沉。这是因为欧洲其他国家能够包容多种观点，但西班牙政府唯一认可的就是天主教学说。由于审判制度，任何非主流的学说都会被视为异端，随时会给人招来祸患。在那样的环境，根本无法为思想家的出现提供土壤。这也让西班牙的文化在 1700 年以前一直落后于其他西方国家。即便斐迪南和伊萨伯拉建立审判制度已经是五个世纪之前的事，而且它废除的时间距今也有 150 多年，但实际上它对西班牙的影响依然存在。

通过为哥伦布提供资金支持，伊萨伯拉让大部分南美及中美洲地区都成了西班牙殖民地。也就是说西班牙的文化和制度——包括审判制度，也都入侵到了西半球。鉴于西班牙文化落后于西欧其他国家，那么他们对殖民地的统治自然也赶不上英国对北美殖民地的统治。

以上事件的发生，皆因伊萨伯拉的存在。所以我才会把她列入本书当中。纵然，西班牙在长达七百年的时间里，为了从穆斯林手中夺回伊比利亚半岛，磨炼出了强大的十字军精神。不过在 1492 年获胜后，西班牙能够坚持正统宗教，关键还是在于女王伊萨伯拉的不妥协态度。如果没有她，西班牙很有可能仍然是一个多元化的社会。

人们常常会将伊萨伯拉与另一位女王——英国的伊丽莎白一世做对比。她们两人的治国能力不相上下，相对来说，伊丽莎白的政策更加人性化，所以备受人民的尊敬。但伊萨伯拉敢于创新，其审判制度虽然残酷，但影响深远，远不是一般君主所能及。

66

斯大林

Joseph Vissarionovich Stalin

1879—1953

斯大林原名朱加施维里，是著名的苏联领导人。1879 年，他出生在格鲁吉亚的哥里城。所以他原本讲的是格鲁吉亚语，而非俄语，因此在他学会俄语后，口音里也带着格鲁吉亚腔调。

斯大林家境贫寒。父亲是个酗酒的鞋匠，经常家暴孩子，后来在斯大林 11 岁时去世。一开始，斯大林在哥里城的一所教会学校读书，后来又进入梯弗里斯神学院。从那时起，他便开始偷偷地研读马克思的著作。1899 年他被学校开除，理由是他违规散发传单。随后，斯大林参加了马克思主义组织的秘密活动。俄国社会民主党于 1903 年分裂，斯大林加入了布尔什维克派。1917 年以前，作为一名党员先锋，他至少被政府逮捕了 6 次。虽然没有被判重罪，但他也有过几次越狱，这些经历这让他成长为布尔什维克的一名骨干。他甚至把自己的名字改为有钢铁战士之意的“斯大林”。

1917 年，俄国爆发十月革命，不过斯大林当时还不是主要领导人，他真正活跃的时候是革命之后的两年。1922 年，他成为苏联共产党总书记，这让他在党内的影响力大大提升，也是凭借这一点，他才能够在列宁死后掌握更多的权力。

其实，托洛茨基才是列宁心中的理想接班人，后者认为斯大林过于冷酷，并不适合苏共总书记这一职务。1924 年，斯大林在权力斗争中获得了胜利。他联合政治局中的加米涅夫和季诺维也夫组成三头同盟，击败了托洛茨基和他的支持者。然后斯大林又把自己的两位盟友开除出党，自己则成为苏共最高领导人。没过多久，斯大林将矛头指向苏共的右翼势力，并成功让这些曾经支持他的人全部倒台。到 20 世纪 30 年代初，他已经是苏联绝对的统治者了。

1934 年，斯大林发动了肃反运动。起因是苏共高级官员、斯大林的顾问基洛夫于 1934 年 12 月 1 日遭人暗杀。不过有人猜测这是斯大林自导自演的一场戏—— 一方面他能摆脱基洛夫，另一方面也为肃反运动制造借口。

之后的几年里，许多在 1917 年参加过十月革命的早期苏共领导人都被斯大林处决，罪名是叛国罪。他们中的一些还被要求公开承认罪行。为了让大家更好地理解这种做法的意义（作者这样对比是为了让美国人更容易理解——译者注），我们不妨这样假设：托马斯·杰弗逊当上了总统，然后逮捕了曾经签署《独立宣言》和宪法的人，并给他们扣上了叛国的罪名。他让这些人公开认罪，随后再将他们处死。根里克·亚戈达是肃反运动的早期负责人，1938 年，他也因叛国罪被杀。他的继任者尼科莱·耶佐夫的下场亦是如此。

20 世纪 30 年代中期，肃反运动从共产党内部覆盖到苏联武装部队。它针对的不是反共和反革命分子，而是苏共的自己人。在 1934 年当选苏共中央委员会委员的人中，有三分之二死于肃反运动。很明显，斯大林就是要清除党内所有的反对派。

斯大林推行了一个重要的经济政策，通过几个“五年计划”，使苏联迅速实现了工业化。从那以后，很多国家都学习了这一模式。虽然存在一定程度上的低效率，但是在当时来看，斯大林的工业政策是成功的。苏联在二战中损失巨大，然而战后却成为世界第二大工业国家。不过从长期发展角度来看，这并不利于苏联经济健康发展。

1939 年 8 月，斯大林与希特勒共同签订了《互不侵犯条约》。不到半个月，希特勒从西边进入波兰，几周后，苏联又占领了波兰的东部地区。随后，拉脱维亚、立陶宛和爱沙尼亚因畏惧苏联的武力威胁，纷纷加入苏联，罗马尼亚的部分地区也是如此。芬兰人不愿向苏联武装屈服，但他们的领土还是被苏联占领。苏联以建立防卫区、防御纳粹入侵为借口向那些国家征来领土。不过，直到德国战败、二战结束，那些领土依旧未被归还。

第二次世界大战后期，斯大林借着苏联占领东欧大部分地区的契机，建立起一个由自己领导的共产党政府。后来冷战开始，尽管有些人试图将这归咎于西方领导人，但也与斯大林想要将共产主义体系以及苏联势力传播到全世界有关。

1953 年 1 月，苏联政府宣布，他们抓捕了一群蓄意谋害苏联高级官员的医生。一场新的肃反运动似乎就要开始了。但是在 3 月 5 日那天，斯大林在克里姆林宫去世，享年 73 岁。他的遗体被装入水晶棺，与列宁安葬在一起。之后的几年，质疑斯大林的声音越来越多。

斯大林的家庭生活并不幸福。1904 年，他娶了第一任妻子，两人生了一个孩子名叫雅各布。结婚第三年，妻子因肺结核去世。第二次世界大战中，雅各布被俘，斯大林拒绝了德国人的交换条件，最终他的儿子死在了德国的集中营。1919 年，斯大林再婚。1932 年，他的第二任妻子死于自杀，留下了一儿一女。斯大林的第二个儿子是一个依赖酒精的空军军官，死于 1962 年。他的女儿斯维特兰娜背叛了苏联，并于 1967 年前往美国。

斯大林虽然有冷酷的一面，但同时他也是一个坚韧不拔、聪明智慧且内心强大的人。

斯大林统治苏联将近四分之一世纪，直接影响到许许多多的人。若是从他统治的人数、时间和程度上看，似乎没有谁能够与他相比。

不可否认，斯大林在当时的影响力是很大的。至于这种影响力还能持续多久，目前还难以判断。

斯大林执政期间，苏联版图扩大很多，并在东欧建立卫星国，其影响遍布全世界。不过后期东欧社会主义阵营瓦解，苏联解体为 15 个国家。

◇肃反运动中的一幕

斯大林在世的时候，苏联有着一支庞大的秘密警察队伍，不过在他去世后，那支队伍便销声匿迹了。现在的俄国人比过去任何时候都更自由。其实，斯大林的经济政策来自马克思列宁主义思想。换句话说，是马克思提出来理论，列宁领导实践，斯大林贯彻落实。他将大规模私有企业公有化，以西方人角度来看，这是一场灾难。

不过，我还是觉得人们低估了斯大林的影响力。且不说他统治苏联 25 年，单单是他与冷战的关系，即便去世多年，他依然能够影响世界。要知道冷战对全世界的影响甚至比二战还大。不仅仅是苏联和美国，世界上许多国家都卷入其中，要么是外交上的，要么是经济上的，甚至有些地方还爆发了武装冲突。两个超级大国之间的竞赛，单是军备这一项就消耗了天价经费。而得到的结果，不过是让人们对能够摧毁人类文明和生活的核武器充满恐惧。

人们痛恨冷战。尽管斯大林去世几十年，但他仍在影响着世界。历史将长久地记住这个人。

67

恺撒

Gaius Julius Caesar

前 100—前 44

盖乌斯·尤利乌斯·恺撒，罗马著名的军事和政治领袖。他出生在公元前100年的罗马——一个政治极为动荡的年代。

公元前2世纪，罗马人在第二次布匿战争中打败迦太基人，建立起了强大的罗马帝国。罗马人在征战过程中获得了大量财富，但是社会经济结构却遭到了破坏。农民失去了他们赖以生存的土地，元老院在管理帝国方面也显得力不从心，加之政府腐败，整个地中海一片混乱。公元前133年之后，罗马也变得纷乱无序。政客与军人之间争权夺利、相互排挤，不同派系的军队接连不断地穿梭于罗马城中，使得罗马局势动荡不安。行政混乱这一情况已是人尽皆知，然而大部分罗马公民依旧坚持要求维持共和政体。作为一名政治领袖，恺撒率先意识到罗马共和政体不但毫无保留价值，并且已经病入膏肓、无法挽救。

出生于罗马贵族家庭的恺撒，自幼接受精英教育，年纪轻轻便参与政务。而他之所以能在政治上强大起来，得益于他与各种各样的政客建立联盟，在这

◇恺撒的胜利

里笔者不多赘述。公元前 58 年，42 岁的他成为罗马三个外部省的总督，掌管总数近 2 万人的四支罗马军队。

公元前 58 年至公元前 51 年，恺撒带着军队占领了整个高卢地区，即如今的法国和比利时全境，外加瑞士、德国和荷兰的一些地区。其实，恺撒战胜高卢各个部落，让莱茵河以西的所有地方都归罗马帝国所有，是在军队数量尚处劣势的情况下实现的。另外，他还有远征英国的计划，也曾派出过两支军队，只是没能实现长久的占领。

高卢之战后，罗马人把恺撒当成了大英雄，这让他的政敌开始担忧。所以当他的军事指挥权到期后，罗马元老院立刻要求他以普通公民身份回到罗马。恺撒担心若是自己孤身一人回去会遭政敌谋害，于是决定进行反抗。公元前 49 年 1 月 10 日至 11 日夜里，他率领军队穿过意大利北部的卢比孔河，向罗马进军。这直接导致内战爆发，恺撒的军队和元老院的军队交战了整整四年。最终在公元前 45 年的 3 月 7 日，恺撒在西班牙的曼达取得了内战的胜利。

恺撒觉得，自己应该采取一种既开明又专政的方式来管理罗马。公元前 45 年 10 月，刚回到罗马的恺撒正式开启了对罗马进行独裁的统治。公元前 44 年 2 月，他拒绝了别人关于给他加冕的提议。不过这并没有让他的政敌放下戒备，毕竟恺撒仍掌管着军事大权。公元前 44 年 3 月 15 日，恺撒被人在元老院会议上杀死。

恺撒在执政后期，推行了一系列非常重要的改革。他计划在国境内建立供退役老兵和贫困人口居住的新社区；他要让归顺罗马的其他部族的人拥有合法的居民权；他还为意大利筹划了一个城市管理制度；他想在国内大兴土木，编纂罗马法律条文，以及其他一些改革。不过，可能是因为没有建立适合罗马帝国的法律体系，最终他的改革几乎都以失败告终。

恺撒从获得内战胜利到遇刺身亡，不过一年时间。所以很多计划都没能落实，我们也无法衡量他的政治理念是对是错。在他的诸多改革之中，有一项是建立一个新的历法制度，这也是耗时最久的一项改革。但它的重要之处在于，在进行一些细节上的修改后，人们至今还在使用这种历法。

◇3 月 15 日，恺撒遇刺

恺撒是史上具有独特人格魅力的政治领袖之一。作为政治家他很成功、作为军事家他能征善战，此外他还是非常出色的演说家和作家。文学名著《高卢战记》就是恺撒记录自己征战历程的作品。很多受高等教育的学子，都把它奉为拉丁文名著中最意义非凡的一本书。恺撒骁勇、英俊，同时也是一个风流鬼。若是对标当时的道德规范，那么他算是个滥交的人（最著名的是他与克娄巴特拉七世的恋情）。

人们对于恺撒性情的评价褒贬不一。他是个对权力有着很强欲望的人，也会利用地位获取钱财。但是他又不是普通的政治野心家，事实上他为人坦诚，且不喜欢搞权术。在与高卢人打仗的时候，他凶猛冷酷；在战胜自己的罗马政敌后，恺撒也没有赶尽杀绝。

一些帝王为了彰显自己的气势和高贵，会自称"恺撒"。比如，德意志帝国的德皇（Kaiser）和俄国帝国的沙皇（Czar）都来源于"恺撒"。后来，恺撒的侄孙奥古斯都·恺撒建立了罗马帝国。可即便如此，老恺撒的名气也更大一些，不过威名并不能等同于影响力。纵使他影响了罗马共和国垮台的进程，但绝对不是主要因素，那个政府本质上已经是走向末路了。

征服高卢是恺撒最主要的成就，后来罗马对高卢地区的统治长达500多年。在这漫长的统治时期，罗马的法律体系、风俗习惯以及语言完全地渗透到了这些地方，甚至连罗马基督教也在那里扎下根来。而如今的法语，其实也是从那时人们使用的口语化拉丁文演变过来的。

征服高卢还保障了罗马帝国边疆的安全和稳定，使意大利在几百年里不受北方外敌的侵扰。

若是没有恺撒，高卢还会被罗马征服吗？那个时候，尽管罗马对外扩展的进程很快，不过与高卢相比，在军事上并没有绝对优势。不过毗邻罗马的高卢各部各自为政，这也是他们不能一直保持独立的原因之一。不论怎样，扭转局势战胜塞尔特族军队的人是恺撒，征服高卢的人还是恺撒。就凭这两点，他也有资格被记录到本书当中。

68

威廉一世

William I the Conqueror

约 1028—1087

1066年，数千名法国军人横渡英吉利海峡，成功征服英国。带头的人就是法国诺曼底公爵威廉。这是英国历史上最后一次被外国军队成功入侵。而威廉的这次行动，不仅让他和他的继承人成为英国国王，而且还为这个国家带来了超出他想象的影响。

1027年，威廉出生在法国诺曼底的法苇兹城。虽然是私生子，但他也是诺曼底公爵罗伯特一世唯一的儿子。1035年，罗伯特一世在从耶路撒冷朝圣归来的途中去世。临终前，他指定8岁的威廉为继承人。

然而高高在上的位置不仅没让威廉享受财富和权力，反而将他处于危险的境地。毕竟这个年幼的孩子要管理的是一个个成年的封建贵族。不出所料，那些人的野心战胜了忠心。之后一段时间，争权夺利的事态进入白热化，威廉的三名保护人死于非命，私人老师也被谋杀。幸而有他名义上的君主亨利一世的支持，威廉才平安长大。

1042年，亨利封威廉为骑士，15岁的男孩开始了自己的政治生涯。历经了与贵族的多次斗争，威廉最终将诺曼底掌控在了自己的手中（私生子的身份是他政治道路上的障碍，他的敌人常常叫他"杂种威廉"）。1063年，威廉把毗邻的缅因省收入囊中。1066年，他又征服了柏尔尼塔省。

威廉父亲有一个表兄弟——爱德华。1042年至1066年，英国都在此人的统治者之下。因为爱德华没有孩子，所以王位之争导致英国爆发了多次内战。1051年，威廉被爱德华指定为王位继承人。

那时英国有一位位高权重的贵族，名叫哈罗德。他是爱德华的小舅子和密友。1064年，威廉软禁了哈罗德，直到对方宣布支持自己继承王位后，威廉才把他释放。有些人觉得哈罗德的承诺是在受胁迫的情况下做出的，所以并不算数。很显然，哈罗德也是这个想法。1066年，爱德华逝世，在哈罗德的要求下，贤人会议（是盎格鲁-撒克逊时期英格兰的一个重要政治机构）同意由他继承王位。威廉本就有开疆拓土的野心，哈罗德的行为更是让他气愤异常，于是决定对英国开战。

威廉组织了舰队，准备从法国海岸出发。1066年8月初，一切准备就绪。

◇威廉一世在黑斯廷斯战役中

但航行因大风推迟了几周。在这期间，挪威国王带领军队进攻英国。原本让军队留在英格兰南部准备抵御威廉的哈罗德，只好亲自带兵与挪威人对战。9 月 25 日，哈罗德在斯坦福桥战役中获胜，并杀死了挪威国王。两天后，英吉利海峡为威廉刮起“东风”，他顺势启航进军英国。冲动的哈罗德在战胜挪威军队后，居然没让自己的士兵稍事休息，就让他们继续与威廉对战。10 月 14 日，战斗在黑斯廷斯打响。傍晚时分，威廉的骑兵和弓箭手把盎格鲁－撒克逊军队打得落花流水。夜幕降临时，哈罗德国王本人被杀，他的两个兄弟更是在战斗刚开始的时候就战死了。英国再也没有能与威廉抗衡的势力了。这一年，威廉登基成为英格兰国王。

之后的五年里，威廉镇压了好几次起义。他以平定叛乱为理由，把没收的英国土地封赏给诺曼底的亲信们。诺曼底贵族彻底取代了盎格鲁－撒克逊贵族。

威廉始终以英国合法国王自居。他几乎没有破坏过英国的传统，而且愿意主动了解该国的真实情况，他下令开展英国的人口和财产普查，并将其记录在《末日审判书》(也称《土地赋税调查书》或《温彻斯特书》) 中。作为一份历史资料，它十分重要且珍贵。(这本书现在被伦敦公共档案馆收藏。)

1087 年，他在法国北部的鲁昂去世。威廉有过婚姻，且育有 4 子 5 女。后来英国所有的国王都是他的后代。有意思的是，威廉一世作为非常有影响力的英国国王，他本人却是只会讲法语的法国人。他出生在法国，死的时候也在法国，事实上，他的一生基本上都是在法国度过的。

在讨论威廉的影响力时，首先要意识到，诺曼征服英国是威廉直接领导的。由于威廉算不上英国王位的自然继承人，所以若是他没有足够的能力和对权力的欲望，那么诺曼人根本没有理由去征服英国。抛开诺曼征服，英国除了在 1000 年前被罗马人征服过，还从未被法国成功入侵过。而威廉之后的 900 多年里，法国对英国发动的所有进攻也都以失败告终。

那么威廉把英国治理得怎么样呢？其实，进入英国的诺曼人并不多，但他们在英国历史上的影响却是深远的。在那之前的五六百年里，盎格鲁 - 撒克逊人和斯堪的纳维亚人常常进攻英国，导致日耳曼文化成为英国的主流文化。虽说诺曼人的祖先是从纳维亚半岛走出来的维京人，但其传承的都是法兰西的语言和文化。所以威廉征服英国后，促进了英格兰文化和法兰西文化的融合 (这在如今看来不算什么，但是在威廉之前的数百年里，英格兰文化与法国文化几乎没有交流)。如果没有威廉，那么这种文化的融合是不会发生的。

先进的封建主义被威廉引入英国。与此前的盎格鲁 - 撒克逊国王不同，作为诺曼底公爵兼英格兰国王的威廉亲自指挥着一支有着数千骑兵的军队，这在当时算得上是一股很大的军事力量。加之诺曼人善于理政，这让英国政府后来成为欧洲最强、最高效的政府。

更有意思的是，不会说英语的威廉居然推动了英语的发展。英国被征服之后，英语中增加了很多新词。现在，英语中起源于法语和拉丁语的单词要比起源于盎格鲁 - 撒克逊语的词汇更多。另外，英语语法在威廉之后的三四百年里也逐渐趋于简化。这也使如今的英语跟低地德语和荷兰语十分相似。英语能发展成为大语种，都要归功于威廉一世。在这方面，没有人能与他比肩（不可否认，英语是全世界最重要的语言）。

法国也受到了威廉征服英国的影响。从威廉成为国王的时候起，两国之间便战火不断（法国是英国国王的故土，所以那里有很多土地都是英国国王的），这种情况一直持续了三四百年。而在 1066 年之前，英法之间从来没有打过仗。

英国在本质上与其他欧洲大陆国家不同。英国凭着自身的强大和民主制度，深深地影响了世界上很多国家和地区。那么大不列颠的政治在多大程度上受到威廉的影响呢？

历史学家常常争论的一个问题是：为什么现代民主最初起源于英国，而不是德国。有人认为这是诺曼征服的结果，因为英国的文化和制度是盎格鲁-撒克逊人和诺曼人的融合。但反方意见的人则认为，专制的威廉并没有在很大程度上促进英国民主的发展，毕竟威廉一世征服英国后的 100 年里，民主制度在英国并没有明显的迹象。

威廉在大不列颠帝国形成方面的影响是很明显的。1066 年之以前，英国常常受到外族的进犯。那年之后，这种情况发生逆转。原因在于威廉在英国建立了一个足够强大的政府，在军事力量的加持下，再也没有外族人敢挑衅英国。不仅如此，英政府还不停地进行对外扩张，所以它的殖民地也比其他欧洲国家多。

虽然英国后来的发展不是凭威廉一人之力就能实现的，但是他组建的政府形式直接促进了英国的壮大。从这个角度来看，威廉的影响力还是非常大的。

69

弗洛伊德

Sigmund Freud

1856—1939

西格蒙德·弗洛伊德，精神分析学派的创始人，1856 年出生在捷克斯洛伐克的弗莱贝格，不过在当时那里还隶属于奥地利帝国。弗洛伊德四岁时，举家搬迁到维也纳，从此他人生中的大部分时间都是在那里度过的。他读书时成绩很好，于 1881 年获得维也纳大学医学博士学位。在之后的十年里，他都在钻研心理学，并在精神病门诊进行临床研究。在法国工作期间，他与法国著名精神病学家夏科尔、维也纳医生布罗伊尔一起工作。

弗洛伊德的心理学思想是逐渐发展起来的。1895 年，他和布罗伊尔合作完成了《歇斯底里症研究》一书。1900 年，他出版了《梦的解析》这是他最具原创性且最为重要的作品。在此之后，他又相继完成了一些权威著作。1902 年，他在维也纳成立了精神分析学会，阿德勒和荣格先后加入，后来他们都成了享誉世界的心理学家。1908 年，弗洛伊德受邀到美国进行演讲，那时候他已经很有声望了。

弗洛伊德婚后生了六个孩子。他晚年罹患口腔癌，为了不让病情恶化，从 1923 年起，他先后接受了 30 多次手术。但他从来没有放下工作，甚至在治病期间还取得了很多学术成果。1938 年，奥地利被纳粹占领，身为犹太人的弗洛伊德只好逃到伦敦，第二年，83 岁的他在异国他乡离世。

我们无法用短短几句话来概括弗洛伊德对心理学的贡献。

他强调人的行为很大程度上受到潜意识的影响，提出梦、口误、健忘、自残行为，甚至生病都来自潜意识的作用。

他用精神分析法去治疗神经性疾病；建立了人格结构的理论；发展、推广了关于焦虑、防御机制、阉割情绪、压抑和冲动等心理学理论。而这些不过是他众多理论中的几个而已。心理学界对他的著作很重视，一些思想一出现就引起专业人士的热议。

他最著名的一个理论是：性压抑对精神疾病和神经性疾病的影响。他还提出，人的性欲不是在成年后才出现的，而是婴儿时期就已经有了。

鉴于目前弗洛伊德的一些心理学理论尚且没有定论，所以我们无法确定他的影响力是否会更大。在心理学方面，他是当之无愧的先行者，但是科学

◇ **弗洛伊德和其他精神分析学家**

（弗洛伊德位于一排左一）

界对他的理论还没有一致性的认同，这些思想究竟是对还是错，现在还无从知晓。

纵使他的思想受到争议，不过他仍是重要的历史人物。我们对人性的认识，因他的理论而改变。而诸如自我、超我、俄狄浦斯情结和死亡愿望等常用词，原本都是他提出的专业术语。

他并非世界上第一位心理学家，也许在未来的某一天，他的理论还会被证明是错误的。但他绝对是影响近代心理学发展的重要人物。所以，他理应被收录进本书。

70

詹纳

Edward Jenner

1749—1823

英国内科医生爱德华·詹纳是发明和推广疫苗接种技术的人，这让可怕的天花得到了有效的预防。

托詹纳医生的福，如今天花已经被彻底消灭了。但人类永远不会忘记天花带来的可怕灾难。它的疾病传染性极强，曾经几乎所有欧洲人都感染过这种病毒，其死亡率高达 10% 至 20%，另外还有 10% 到 15% 的人因此永久性毁容。除了欧洲，天花还肆虐北美、印度、中国等许多地方，对儿童的伤害尤其可怕。

长久以来，人们都希望找到一种能够有效预防天花的办法。大家都知道，得过天花的人能获得免疫力，以后都不会再染病。东方人认识到这一点后，便从轻症患者身上提取携带病毒的物质，然后接种给未患病的人，以此让他们获得免疫。

18 世纪早期，玛丽·沃特利·蒙塔古夫人把这种方法引入英国。詹纳 8 岁的时候，也接受过这样的“接种”。然而这种方式存在很多弊端，比如有的接种人会承受与感染天花的人同样的痛苦，还会因为病毒留下难看的麻子。显然，人们需要一种更好的办法来预防天花。

1749 年，在英格兰格洛斯特郡的伯克利，詹纳出生了。12 岁时，他开始跟着一名外科医生学习。后来他又进修了解剖学，并在一家医院找到了工作。1792 年他取得了医学博士学位。成为格洛斯特郡的外科医生时，他已经 45 岁了。

詹纳早就听牛奶工和农夫说过，感染过牛痘的人不会再得天花。人感染牛痘的症状与感染轻微天花的症状很像，但对人基本没有伤害。这让詹纳找到了预防天花的好办法——若真像农夫说的那样，那么给人接种牛痘就可以获得对天花的免疫力。经过一番仔细的调研，詹纳确认了这种方法的可行性。1796 年，他决定对此进行实践验证。

5 月，詹纳从一名牛奶工手指的牛痘脓包上提取了一些物质，然后接种给一名 8 岁的男孩。虽然感染了牛痘，不过男孩很快就痊愈了。几个星期后，詹纳又把天花病毒接种在男孩身上，结果如他所愿，男孩没有感染天花。

之后，詹纳又进行了一些更深入的调查。1798 年，他将这些内容进行归

◇詹纳首次接种牛痘试验

纳并出版。在接下来的时间里，他又写了5篇相关的文章，并将全部精力投入到这项技术的发展和推广中。很快，接种牛痘在英国传播开来，并成为英国士兵必须接种的项目。最后，牛痘接种法在全世界大部分地区普及。大公无私的詹纳没有从牛痘中获取任何利益。为了表彰他的贡献，1802年，英国议会奖励给詹纳1万英镑，几年后，又给予他2万英镑奖金。与此同时，詹纳收获了数不尽的荣誉和头衔，全世界都知道了他的大名。詹纳在事业上获取了成功，在家庭方面他有三个孩子。1823年，73岁的詹纳在家乡伯克利去世。

事实上，天花免疫理论并不是由詹纳最先提出的。而且在他之前，牛痘接种法已经有人使用过。不过，是詹纳通过调查、验证并撰写论文，才把这个民间的“土办法”变成了拯救无数人生命的“真实践”。尽管詹纳的这项技术只能局限于预防一种疾病，但是他的贡献足以名垂青史。

71

伦琴

Wilhelm Conrad Röntgen

1845—1923

1846年，伦琴出生于德国的伦讷普。他是X射线的发现者。1869年，伦琴获得苏黎世大学博士学位，之后便在几所大学里当老师。通过19年的努力，他在学术界有了一定的地位。1888年，他担任维尔茨堡大学物理学教授和物理研究所所长。他最伟大的发现就是在那时候完成的。

1895年11月8日，伦琴正在做关于阴极射线的实验。所谓阴极射线就是从低压气体放电管阴极发出的电子在电场加速下形成的电子流。这种射线没有太强的穿透力，就连几厘米后的空气都无法阻挡。在实验过程中，伦琴把阴极管用厚厚的黑纸包裹起来，以确保通电的时候不会有光泄露出来。让人意外的是，当伦琴给阴极管通电后，似乎有一束光让不远处的一块涂有氰亚铂酸钡的荧光屏发亮了。伦琴关掉电源，那光亮就不见了。他意识到，当电流通过试管时，里面会发出一种看不见的、且能穿透黑纸的射线。他将这种神秘的射线称为“X射线”。因为在数学里，X代表未知数。

这一发现让伦琴十分兴奋。他暂停了其他项目，开始全心全意地研究X射线。几周之后，他发现了X射线的几个特点：（1）能够使氰亚铂酸钡这类化学物质发光；（2）能够穿透很多普通射线无法穿透的物质。例如，它能够穿透肌肉，但是不能穿透骨骼。当伦琴把手放在阴极射线和荧屏之间时，荧屏上只有手骨的影子；（3）这种射线是沿直线传播的，它不会像充电粒子那样，因磁场作用而发生偏移。

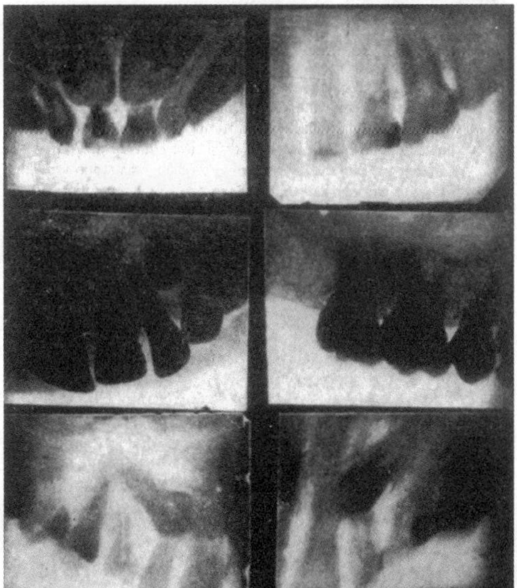

◇X射线为牙科医疗诊断提供了方便

1895年12月，伦琴完成了第一篇关于X射线的论文。这篇文章发表后立刻引起轰动。数月间，就有几百名科学家加入X射线研究的队伍中。而围绕X射线发表的论文，在一年内就出现了1000篇。这其中就包括贝克勒尔，他能够发现放射性现象，也是受到了X射线的启发。

X射线不是由电子组成，而是由高能量电子撞击物体所产生的电磁波组成的。所以X射线与肉眼能够看见的放射物（光波）差不多，只是波长特别短。

医学诊断是X射线最为人熟悉的应用场景之一。另外，由于能够摧毁或抑制肿瘤，它还被应用于放射治疗。在工业上，X射线也有一些应用，例如它可以用于某些物质的厚度测量，以及查找隐藏裂纹。X射线在科学研究方面也起到了不小的作用，特别是它能帮助科学家们更好地了解原子和分子的结构。

伦琴发现X射线是很偶然的，但它帮助了贝克勒尔等科学家进行更深层的研究也是事实。它的确有很多实际的应用价值，但是我们不能因此对他进行

◇伦琴在维尔茨堡大学的实验室，他在这里发现了X射线。

过高的评价，毕竟它不具备法拉第发现电磁感应的颠覆性，也没有科学基本理论的根本性。相较来说，紫外线的波长比可见光短，但它在一个世纪前就被发现了。而 X 射线不过就是比紫外线波长更短而已。所以 X 射线仍在古典物理学范畴之内。综合以上原因，我觉得很适合把伦琴排在卢瑟福之后。

伦琴夫妇没有孩子，但有一名养女。1901 年，伦琴获得诺贝尔物理学奖。1923 年，伦琴于德国慕尼黑去世。

72

巴赫

Johann Sebastian Bach

1685—1750

成功将世界各国不同特色的音乐融合在一起的人，正是伟大的作曲家巴赫。他集意大利、法国、德国传统音乐之精华，创作了很多优秀作品。巴赫在活着的时候名气不大。在他去世后的半个世纪里，人们几乎将他忘却。不过在近 150 多年中，他已然进入世界伟大作曲家的行列。

1685 年，他出生在德国爱森纳赫的一个音乐世家。巴赫的父亲是一位卓越的小提琴家，两位叔叔是才华横溢的作曲家，另外他还有几位受人尊敬的音乐家堂兄弟。很显然，这样的生活环境能为他在音乐上取得成功提供足够的支持和鼓励。

在巴赫 9 岁和 10 岁的那两年，他的母亲和父亲相继去世。少年时期，他在吕纳堡的圣迈克尔学校读书，凭着声音的天赋，以及贫困的实际情况，他拿到了奖学金。1702 年，他毕业了，并在第二年在一个小管弦乐队找到了一份小提琴手的工作。此后的 20 年中，他从事过作曲家、教师和指挥家等多种工作，不过在那时最为人熟知的是他的风琴手身份。1723 年，38 岁的巴赫在莱比锡的圣托马斯教堂当领唱。在那里，他一待就是 27 年，直至 1750 年去世。

从始至终，巴赫的工作都只能维持温饱。他生前的名气完全无法与赫赫有名的莫扎特、贝多芬相提并论，也不及李斯特和肖邦那么幸运，他从未遇到能够欣赏他才华的伯乐。如果一个活动想要找一位“首席音乐家”，巴赫永远都要被列在替补名单中。不过有一段时间，巴赫想辞去魏玛公爵宫廷风琴手和首席小提琴手的工作，结果他被公爵关进监狱 3 个星期。但最终，公爵还是把他放了。

巴赫 22 岁结婚，妻子是他的表妹。两人生了 7 个孩子，但是在他 35 岁的时候，妻子去世了。第二年他再婚，第二任妻子不仅帮巴赫抚养这 7 个孩子，而且又跟他生了 13 个。不过这些孩子中只有 9 个长大成人，其中有四个后来成了音乐家。

巴赫一生之中创作的各类音乐作品有 800 多首。其中包括大合唱 300 首，赋格曲 48 首，前奏曲 140 首，古钢琴曲 100 多首，协奏曲 23 首，序曲 4 首，奏鸣曲 33 首，另外还有其他一些作品。

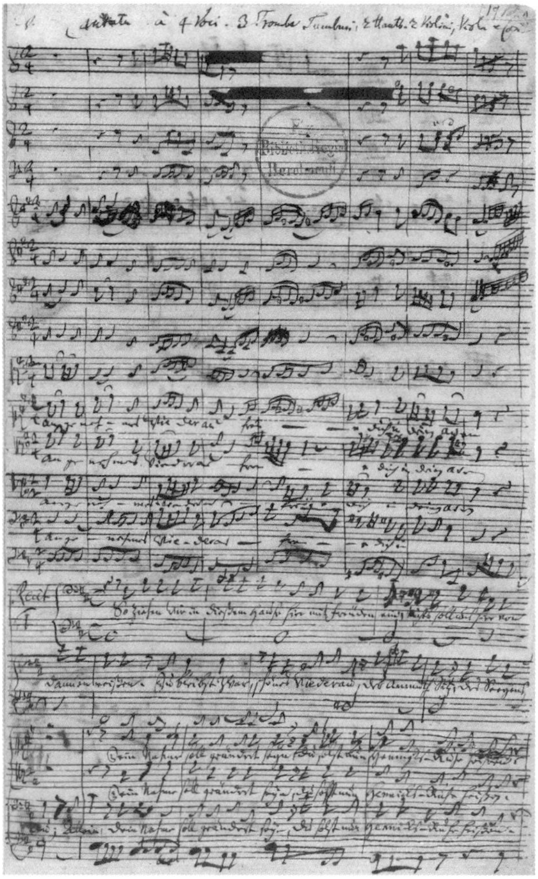

◇《愉快的重逢》乐谱手稿的第一页

巴赫是一名虔诚的路德教徒。他希望能够用自己的音乐为教堂服务，这也是他的音乐大部分都带有宗教色彩的原因。他并不致力于创新，而是希望能把现有的音乐做到极致。

巴赫死后，他的音乐几乎被人遗忘了半个世纪。不过，像海顿、莫扎特、贝多芬这些大音乐家却对巴赫十分欣赏。由于音乐的形式不断被创新，巴赫的作品显得有些过时老旧。但是在 1800 年以后，巴赫的音乐却成为人们追捧的对象，他的名气和影响力越来越大。一名作曲家，他的作品在两百年前被认为是陈旧的，但是在现代却受到了好评，这又是什么原因呢？

我们可以先从技巧上来分析，在这一点上他是所有大作曲家中的佼佼者。他能够完美地融合运用那个时代所有的音乐技巧。比如，在多声部运用方面，无人能够出其右。而且他的管弦乐的主题、逻辑、变化、旋律，也很符合现代人的品位。

另外，对于那些以严谨的态度对待音乐的学生来说，比起大多数的音乐家，巴赫的作品结构更复杂，也更有深度和感染力。有些乐迷认为巴赫的作品有些高深晦涩。但实际上，喜欢巴赫的人并非只有专业的音乐人。相反，除了贝多芬以外，没有任何一位古典音乐家的作品比他的作品更畅销。

那么该如何给巴赫排名呢？显然，贝多芬是要在他之前的。这不仅是因为贝多芬的作品受众更多，更因为他是一个对音乐发展产生深远影响的改革家。我还将米开朗琪罗和莎士比亚排在了巴赫的前面——他们一个是在视觉艺术方面登峰造极的人物，一个是最伟大的文学巨匠。除此之外，无论是从个人名望来看，还是从对后世的影响来看，艺术界就再也没有人能够与巴赫的影响力相提并论了。

73

老子

Lao-Tzu

前 571—前 471

中文的书籍不计其数，但被翻译成外文并且被阅读的，最多的大概就是《道德经》。这本写于两千多年前的一小卷书，又名《老子》，主要阐述的是道家哲学的中心思想。

《道德经》的中心思想是“道”。在它的开篇是这样写的，“道可道，非常道。名可名，非常名”。可见，该书的表达方式比较晦涩，在解读上也不拘于一种方式。就拿开篇语来说，我们就可以将“道”理解为自然或者自然规律。

按道家的思想，人要顺从“道”，遵守“道”，而不是违背“道”。争权夺利这种荒谬的行为就是违反“道”的表现。人们只有顺其道而行，才能永立不败之地。以道家的观点，水是柔和低姿态的，它顺势而行，即使遇到最小的阻力，也不反抗，但这其中又蕴藏着能够磨碎坚硬石头的巨大力量。

而人，应该追求朴素和自然，不应该有过多的欲望，更不该对他人使用暴力。人不必执着于改变世界，而要遵守自然规律。政府，不该与民争，“无为”才是最好的政策。相反，复杂强硬的法律，只会让统治变得糟糕。此外，道家的哲学还反对战争和苛捐杂税。

《道德经》的作者是老子，相传他与孔子是同时代的人，不过年纪要比孔子大。众所周知孔子生活在公元前六世纪，可是现在很多学者认为，《道德经》的

风格和内容不像是在那个时代能形成的；另外这本书里没有提到过任何一个人物、地点、时间和历史事件，这导致该书实际创作时间存在相当大的争议。以目前的资料显示，它最可能的形成时间大约是在公元前 320 年。（大部分学者和考古研究者认为其成书于春秋末期，约公元前 5 世纪。）

事实上，老子是否真实存在一直是一个有争议的话题。有些专家认为老子生活在公元前 6 世纪，但并不是《道德经》的作者。有些学者则认为他并不是真实存在的人物。我的观点有些小众：首先，我认为老子是真实存在的，并且是《道德经》的作者；其次，他生活在公元前 4 世纪；最后，是后来的道家学者为了抬高老子的声望，才虚构出他是与孔子同一时代的人。

鉴于老子是否真实存在尚不确定，所以他的一些生平信息也难辨真假。不过其中还是有一些相对可信的，例如，他生活在中国的北方，周朝时期他是当时首都洛阳的一名史官，负责管理宫廷档案。“老子”并不是他的名字，而是人们对他的尊称。他结过婚，还有一个孩子。

◇道教徒祈求风调雨顺、五谷丰登

道家学说原本是尘俗的哲学，可是后来却与道教有了“剪不断，理还乱”的关系。道家学说始终是以《道德经》为基础的一种哲学，但道教偏向于信仰和实践，反而与老子的学说没有太大关系。

《道德经》全文不到六千字，但蕴含的哲学思想却十分丰富且有影响力。在西方，他甚至比孔子和其他任何儒学家的作品影响力更大。该书仅英文版就有四十多种。从数量上看，这是除了《圣经》以外任何书籍都无法与之相比的。

儒学在与道家学派的较量中获胜，并成为中国的主导哲学。尽管如此，儒家还是很尊重道家，而且前者在发展中也吸收很多道家思想，另外佛学在中国的发展也受到了道家的影响，尤其是禅宗。所以道家学派实际上是影响了很多人的。尽管如今道家学派的人不多，但老子仍旧是除孔子外，对人类思想影响最大的中国哲学家。

74

伏尔泰

Voltaire

1694—1778

世人熟知的伏尔泰是法国启蒙运动的先驱，他的本名叫弗朗索阿·马利·阿鲁埃。伏尔泰拥有诗人、作家、小说家、历史学家、哲学家和思想解放倡导者等多重身份。

1694 年伏尔泰生于巴黎的一个中产家庭，他的父亲是一名律师。伏尔泰年轻时曾在巴黎的一家教会学院读书，后来又短暂地学习过法律。因为头脑灵活，还写过一些幽默短文和讽刺诗歌，所以他在巴黎很有名气。不过在法国大革命前夕，这种聪明给他带来了危险。他被丢进巴士底狱，理由是他写了反动政治诗。结果，他在狱中创作出了后来大受好评的史诗《亨利亚德》。被放出来后不久，也就是 1718 年，他创作的剧本《俄狄浦斯王》在巴黎公演并大获成功。24 岁的伏尔泰名声大噪，从此开启了长达六十年的法国文学领军人物的生涯。

聪明又有钱的伏尔泰一路顺风顺水。然而在 1726 年，伏尔泰遇到了麻烦。他讲话时的自信和幽默，让一些法国贵族十分不满，认为他缺少了一个平民应有的谦卑。特别是在与贵族德罗骑士进行辩论时，伏尔泰虽然取得了口头上的胜利，但没多久他就被一群暴徒殴打，并被再次丢进巴士底狱。为了离开监狱，他只得答应离开法国。之后，他在英国生活了两年半。

那段时间是伏尔泰人生的转折点。他不仅学会了英文，而且接触并熟悉了诸如洛克、培根、牛顿和莎士比亚等英国名人的作品。他还结识了很多英国思想家。莎士比亚以及英国的科学和经验主义令伏尔泰印象深刻，尤其是英国的政治制度，更与缺乏民主和自由的法国形成了强烈的对比。

回到法国后，伏尔泰完成了他个人的第一部哲学著作《哲学通信》，他在这本书中高度赞扬了英国的政治制度，并表达了对洛克和其他英国思想家的欣赏。1734 年，这本书正式出版，标志着法国启蒙运动的开始。然而，法国当权者对此十分不满，无奈之下伏尔泰再次离开巴黎。

伏尔泰有一位聪慧、有教养的情人——沙特莱夫人。她在法国东部的西雷有一所房子，此后的 15 年里，伏尔泰都是居住在那里，直到后来沙特莱夫人去世。一年后，也就是 1750 年，伏尔泰受到了普鲁士帝国腓特烈大帝的邀

◇1726年伏尔泰被殴打

请，他随即前往德国，在波茨坦的宫廷里度过了三年时光。腓特烈也是个有智慧、有修养的人，起初他们相处得很愉快。但是在1753年，二人之间爆发了矛盾，伏尔泰最终离开了德国。

一开始的时候，伏尔泰选择在日内瓦附近定居。那个住处距离法国和德国国王都很远，原本是一个很安全的住所。然而让他身处险境的其实是他自由的观点，最终他在瑞士也住不下去了。1758年，他来到了费尔奈，那是一个位于法国和瑞士边境的地方。若是政府找他麻烦，他可以有两个逃生的选择。他在那里一住就是二十年，期间创作了许多文学和哲学作品。他还在那里接待了很多来访者，并一直与欧洲知识界的领袖保持着密切的联系。

在那些年里，伏尔泰的作品数量一直在稳定地增加。天赋异禀加上笔耕不辍，让他拥有超过三万页的作品。其中包括史诗、诗歌、个人信件、小说、小故事、剧本和哲学著作等等。他认为宗教应该是宽容的。有一年法国发生了基督教徒被迫害的事件。尽管那时他已经六十多岁了，但还是毅然加入反对宗教狂热的队伍当中，并为此写了不少政治宣传册。

1778年，伏尔泰的剧作《和平女神》首次公演，八十四岁的伏尔泰回到了巴黎，接受人们的掌声和欢呼。大批民众称赞他为法国启蒙运动中的“伟大的老人”。包括本杰明·富兰克林在内的数百名崇拜者都去拜访了他。但那时伏尔泰的生命即将走向尽头。当年 5 月 30 日，他在巴黎去世。因为伏尔泰反对教权主义，教会没有为他举办葬礼。1791 年，法国大革命期间，人们才把他的遗体迁葬到巴黎先贤祠。

由于伏尔泰的作品太多，即便是将他的主要著作一一列出都是很困难的。他所有作品的主旨可以总结为以下两点：一是言论和出版的自由；二是宗教信仰的自由。伏尔泰本身是一名宗教信仰者，但他认为不应该对有不同信仰的人进行迫害。

伏尔泰觉得自己要比法国的贵族更聪明、更善良。他的作品中也传达出了“王侯将相宁有种乎”的思想。虽然不同于近代的民族主义者，但伏尔泰反对世袭制度，那么他的崇拜者会支持民主也是自然而然的事情了。其实，法国启蒙运动的主流意识就是伏尔泰的思想。因此我们可以说，他为 1789 年的法

◇伏尔泰的葬礼

国大革命做出了重要的贡献。

尽管不是科学家，但是伏尔泰对科学有着浓厚的兴趣，且十分支持培根和洛克的经验主义观点。他对历史学很有研究，而且在两个方面还有着与众不同的见解：首先，他认为相较于全世界，欧洲只是很小的一部分，所以他在研究亚洲史方面投入了很多精力；其次，他认为相较于政治的历史，文化发展的历程更重要，因此在他的书中会更侧重于社会、经济和艺术的发展，而在君主和战争方面着墨较少。

伏尔泰算不上是哲学家，他只是将洛克、培根等人的哲学思想进行了通俗化的解说。但他让民主思想、宗教宽容和知识自由传遍了法国乃至整个欧洲，说他是启蒙运动的先驱一点都不为过。首先他尖锐的写作风格，长久以来笔耕不辍的工作状态，以及高产的作品让他拥有了最多的读者；其次在启蒙运动中他的思想也是最具代表性的；最后从发表时间上来说，他的著作也领先于启蒙运动中其他重要人物。著名的《论法的精神》是孟德斯鸠在 1748 年出版的；狄德罗主编的《百科全书》在 1751 年才出版第一卷；卢梭的第一篇文章写于 1750 年。比起这些人，伏尔泰成名的时间就早多了，他的巨著《哲学通信》出版于 1734 年。

伏尔泰的著作如今鲜有人阅读。但是在 18 世纪，他的所有作品都是人们争相阅读的对象，并引起了舆论和思想的变化，最终推动了法国大革命爆发。他的影响力也并不局限于法国，美国人杰弗逊、麦迪逊和富兰克林也都熟悉他的著作。这也使美国的政治在一定程度上受到了伏尔泰思想的影响。

开普勒

Johannes Kepler

1571—1630

1571 年，距离哥白尼发表知名的《天体运行论》已经过去了 28 年。一个名叫约翰尼斯・开普勒的人在德国威尔德斯达特镇出生。他就是后来发现行星运行规律的人。开普勒曾就读于图宾根大学，1588 年，他获得学士学位，三年后又完成了硕士学业。那时候很多科学家还反对哥白尼的日心说，但还是学生的开普勒已经意识到这项理论很快就会被普遍接受。

毕业后，开普勒在格拉茨的一所学院里教了几年书，期间，他完成了人生第一部天文学书籍。尽管后来证明该书中阐述的理论是错误的，但是专业人士依然能够从中看到他的数学才能和创造思维。基于这些原因，开普勒收到了著名天文学家第谷的邀请，到布拉格附近的天文台担任他的助手。

开普勒于 1600 年 1 月到职，可是第二年第谷就去世了。鉴于开普勒能力突出，在神圣罗马帝国皇帝鲁道夫二世的任命下，开普勒接替了第谷的工作。

作为第谷・布拉赫的继任者，开普勒继承了第谷多年来对行星进行细致观测所积累的大量记录。由于第谷是望远镜发明前最后一位伟大的天文学家，同时也是当时世界上最细致、最精确的观测者，这些记录可谓价值连城。开普勒觉得，可以通过对这些记录的科学分析，来确定哪种行星运动理论是正确的：是哥白尼的日心说，还是更古老的、托勒密的地心理论，又或者是第谷自己提出的第三个理论。然而，经过多年艰苦地计算，开普勒沮丧地发现，第谷的观测结果与上述任何一种理论都不一致。

最后开普勒终于找到了问题的原因：不管是第谷还是哥白尼，又或者是其他的古典天文学家，他们都认为行星的轨道是圆的，或者是圆的组合，但实际上行星的轨道是椭圆形。

在解决了这个基础问题后，开普勒又用了几个月的时间来进行复杂的数学计算，以此来验证他的理论是否与第谷的观察结果相符合。1609 年，他的著作《新天文学》出版，书中重点介绍了行星运行的两个定律：一是行星以太阳为焦点沿着椭圆形轨道运行；二是当行星距离太阳越近运行速度越快，在同样的时间里行星向径在轨道平面上所扫过的面积相等。十年后他又发现了第三个定律——行星公转周期的平方与它同中心天体的中心的距离（即公转轨道的半长轴）的立方成正比。

开普勒的定律完整准确地阐述了行星围绕太阳运行的过程。解答了哥白尼、伽利略都无法解释的天文学基础难题。不过开普勒当时没能对行星运行轨迹的原理进行解释，后来这个问题被牛顿解决了。但不可否认开普勒的定律为牛顿提供了重要的参考基础。正如牛顿曾经说过：“如果我能比别人看得更远，那是因为我站在巨人的肩膀上。”很显然他所说的巨人中就包括开普勒。

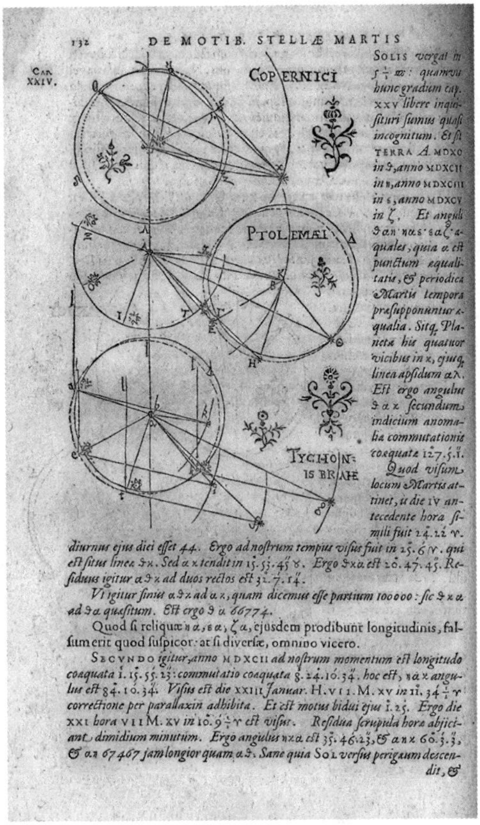

◇三种行星运动模型的图表

（记录于开普勒著作《新天文学》中）

在天文学方面，开普勒的贡献与哥白尼不相上下。甚至在某种程度上，人们对他的印象更加深刻。因为他的发现更具创造性，要解决的数学问题难度更大。在那个数学还不发达的时代，在没有计算机辅助的情况下，他的计算任务是十分繁重的。

有一点让人想不通，那就是开普勒的理论成果在一段时间内居然被人忽视了，这其中还包括伽利略（事实上他们两个人经常通信，开普勒甚至还帮助伽利略驳斥地心说）。不过开普勒并不急于被他人接受。他曾写道：“我的书写好了，我对此十分狂喜。它将会被我同时代的人或子孙后代阅读——我不在乎是哪一本。也许它要用一百年的时间去等待一名读者。不过神也是等了 6000 年，才等到理解他的人。”

科学界用了几十年的时间来认识开普勒定律的重要性。事实上，在十七

◇《蛇夫座足部的新星》中的折叠式星图，可以看到出现在 1604 年的开普勒超新星

世纪后期，牛顿理论是否成立的争议点在于：开普勒定律和牛顿的运动定律能否相互推导。要验证这一点需要非常先进的计算方法。不过开普勒当时并没有这种优越的条件，但他还是非常超前地认识到，行星的运动受到地球引力的影响。

开普勒发现了行星运行定律，这不仅对天文学做出了巨大的贡献，还对光学研究产生了巨大的影响。

开普勒的晚年生活并不幸福。首先是他的收入下降，当时正处于德国三十年战争时期，开普勒被神圣罗马帝国皇帝降薪、欠薪。加之开普勒在两次婚姻中生下了 12 个孩子，生活开销成了大问题。其次是他为了母亲花了一大笔钱。1620 年，他的母亲以巫师的罪名被抓，为了让老人免遭刑罚，开普勒只好帮母亲破财免灾。

1630 年，开普勒在巴伐利亚去世。尽管在“三十年战争”中他的墓碑被损毁，但人们永远不会忘记他发现的行星运行定律。

76

费米

Enrico Fermi

1901—1954

世界上第一座核反应堆的设计者是意大利人费米。1901 年，他出生在罗马。学生时代，费米的成绩很好。获得比萨大学物理学博士学位时，他才 21 岁。26 岁，他成为罗马大学的一名教师，并发表了一篇十分重要的关于量子统计的论文。在文章中，费米用全新的统计方法描述了费米子的裂变。这让人们对原子核有了更深的了解。

费米在 1933 年提出了 β 射线的衰变理论，这让他一跃成为世界顶级物理学家。不过，属于他的巅峰时刻还未到来。

1932 年，英国物理学家詹姆斯·查德威克发现了一种新的亚原子粒子，即中子。从 1934 年开始，费米尝试用中子轰击很多已知的化学元素，结果证明中子能够被很多原子吸收，而且多数情况下，那些由核变产生的原子具有放射性。在人们的构想中，如果中子运动的速度足够快，就可以轻易地穿过原子核。但是费米的实验结果却恰恰与之相反，如果快中子通过石蜡或水，速度就会减慢，这样的中子更容易被原子吸收。费米的这一发现对核反应堆的建设有很重要的应用。在反应堆中用来使中子减速的材料被称为慢化剂。

1938 年，刚刚获得诺贝尔物理学奖的费米在意大利遇到了麻烦。那时墨索里尼颁布了一系列针对犹太人的法律，而费米的妻子正是犹太人，加之费米是坚定的反法西斯者，这让他在墨索里尼统治之下的处境十分危险。当年 12 月，费米前往斯德哥尔摩领取诺贝尔奖，之后他便去了纽约并留在哥伦比亚大学工作，1944 年他取得了美国公民身份。

1939 年初，莉泽·迈特纳、奥托·哈恩和弗里茨·斯特拉斯曼等科学家发现，中子的吸收有时会诱发铀原子裂变。消息一经传出，顶级的科学家们便立刻认识到铀裂变可能会释放出大量中子，并产生连锁反应。这其中自然也包括费米。1939 年 3 月，费米联系到美国海军，希望他们能够认识到发展核武器的重要性。几个月后，总统罗斯福收到了爱因斯坦的来信，信中同样表达了这个想法。这时，美国政府对原子能的兴趣彻底被激发。

接下来，科学家建立了一个核反应堆样本，以此验证自持式链式反应是否可行。费米作为世界顶级的中子专家，凭着理论和实验的双重优势，以组长的身份带领团队开始建设世界首个核反应堆。他先是在哥伦比亚大学工作，后又在芝加哥大学工作。1942 年 12 月 2 日，第一个核反应堆在费米团队的设计下成功运行。人类首次完成了链式核反应，原子时代由此拉开了序幕。“意大利航海家进入新世界。”这个代表成功且隐含预言的暗号最终传回了东部。这次实验的成功加速了美国曼哈顿计划的推进，费米作为这一领域的顾问，在项目中继续发挥着重要的作用。

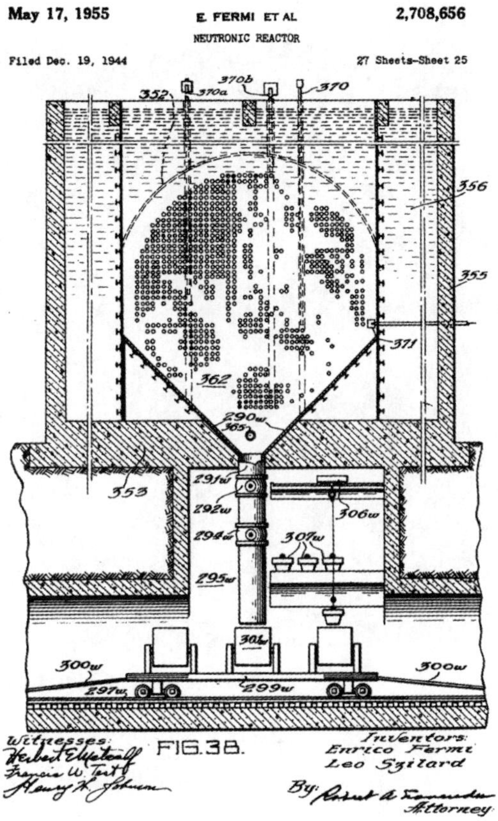

◇费米—西拉德中子反应堆示意图

战后费米在芝加哥大学教书，1954 年去世。他结过婚，还有两个孩子。第一百个化学元素镄就是因费米而得名的。

费米的影响力源于两个方面：首先，他是二十世纪伟大的科学家之一，而且是极少数的兼具理论与实践的复合型人才，虽然本文中提到他的科学成果不多，但是他一生中共写了 250 多篇论文。其次，费米是制造原子弹过程中的一个非常重要的人物，尽管还有其他几个人在这一过程中扮演了同样重要的角色。

不过建立核反应堆才是费米最重要的贡献。他不仅在理论形成上功不可没，而且还主持了反应堆的实际设计和运行。

核武器在 1945 年之后并未被使用过。而大量的核反应堆被用于能源生产。未来，它在提供能源方面将会发挥更重要的作用。另外反应堆还可以为医

◇费米国家加速器实验室（拍摄于 1968 年）

学和科学研究提供便利，例如它能够生产一些有实际用途的放射性同位素。不过，制造核武器的重要原料钚也是来自核反应堆。由于核反应堆可能对人类造成危害，人们难免会对它心生恐惧，但大多数人都不会否认它是一个很重要的发明。不论如何，世界因费米的这项工作而发生了巨大的变化。

77

欧拉

Leonhard Euler

1707—1783

18 世纪，瑞士数学家、物理学家莱昂哈德·欧拉是世界上卓越的科学家之一。他的许多成果被应用在物理和工程等领域。

在科学和数学方面，欧拉的著作多到令人震惊。他有 32 部著作，其中一些著作还不止一卷。除此之外，他还写了数百篇相关论文。如果将他的著作全部收集起来，至少会有七十多卷。欧拉在数学上的天赋让他在理论和应用数学方面都取得了巨大成就，同时他对物理学的发展也产生了重要的影响。

欧拉擅长将牛顿的力学定律进行延伸。例如：欧拉通过将牛顿定律应用于流体的运动，推导出了流体动力学方程。另外，他对刚体可能发生的运动进行仔细分析，结合牛顿原理，确定了一组能够完全决定刚体运动的方程式。针对不是刚体的物体，欧拉进行了弹性理论研究，阐述了受到外力作用后刚体变形的原因。

在天文学研究上，尤其是在解决太阳、地球和月亮相互作用的“三体”问题方面，欧拉的数学天赋也得以施展。不过这个谜题目前还没有彻底解开，我们只能寄希望于未来。顺便提一下，欧拉是 18 世纪的科学家中唯一支持光波理论的人。

不少数学家的重大发现都是以欧拉的成果为起点的。例如，法国物理学家拉格朗日就是在总结欧拉的经验基础上，推导出了能够解决很多力学问题的拉格朗日方程式。鉴于欧拉在这当中发挥了基础作用，因此该方程也被称为“欧拉—拉格朗日方程”。另外，法国数学家傅立叶提出的“傅立叶分析法”也被称为“欧拉—傅立叶公式”，它在物理学很多领域也有很重要的应用。

欧拉热衷于研究微积分、不等式和无穷级数等，并在这些方面有着突出的贡献。但由于内容过于专业，在此很难详细地描述。他为变分计算和复数理论发展奠定了基础，深刻影响了科学发展，尤其是理论数学的发展。

在被广泛应用的数学公式中，有一个就是欧拉建立的、揭示三角函数与虚数关系的公式。另外欧拉还著有一部解析几何的课本，这对普通几何和微分几何的发展都具有重要意义

欧拉最擅长的是理论数学。但由于内容太过晦涩，在此便不做介绍。欧

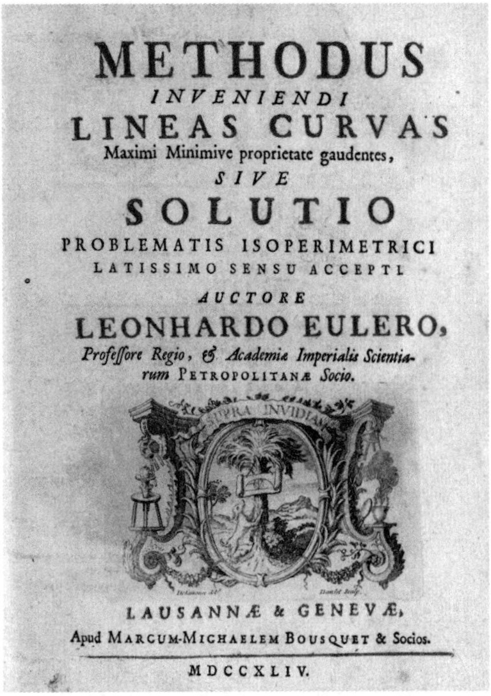
METHODUS
INVENIENDI
LINEAS CURVAS
Maximi Minimive proprietate gaudentes,
SIVE
SOLUTIO
PROBLEMATIS ISOPERIMETRICI
LATISSIMO SENSU ACCEPTI
AUCTORE
LEONHARDO EULERO,
Professore Regio, & Academiæ Imperialis Scientiarum PETROPOLITANÆ Socio.
LAUSANNÆ & GENEVÆ,
Apud MARCUM-MICHAELEM BOUSQUET & Socios.
MDCCXLIV.

◇《寻求具有最大或最小性质的曲线的方法》扉页（出版于 1744 年）

拉还是最早从事拓扑学领域研究的人，作为数学的一个分支，拓扑学在二十世纪已经变得越来越重要。

我们如今使用的数学符号也与欧拉有关。例如，他提出用希腊字母 π 代表圆周率。另外，还有其他一些数学符号的使用也是欧拉提出的。

1707 年，欧拉出生在瑞士的巴塞尔。他 13 岁进入巴塞尔大学学习神学，后来又转攻数学。17 岁时，他已经获得了硕士学位。二十岁那年，他受俄国女皇叶卡捷琳娜一世的邀请，加入了位于圣彼得堡的科学院。成为那里的物理学教授时，他刚刚 23 岁。26 岁，他接替了著名的数学家丹尼尔・伯努利，成为数学主席。在两年后，他的一只眼睛失明，即便如此他依旧坚持工作，并完成了许多意义非凡、影响深远的论文。

1741 年，普鲁士腓特烈大帝邀请他到柏林科学院，此后欧拉在那里工作了 25 年。1766 年，他再次回到俄国，可是没过多长时间，他的两只眼睛就都失明了，但这丝毫没有影响到他的工作。凭着强大的心算能力，欧拉得以继续撰写出一篇又一篇顶级的数学论文，直到 1783 年去世。欧拉有过两次婚姻，十三个孩子，但孩子中真正长大成人的只有五个。

假如这个世界上不曾存在过欧拉，那些伟大的理论可能也会出现。不过我们可以试着换个角度思考——若是那些理论没有被发现，科学和世界又将是怎样的呢？答案很明显，现代科学技术的发展进程会缓慢很多。如果不信，大可以去看看数学和物理教科书目录，欧拉角（刚体运动）、欧拉常数（无限级数）、欧拉方程（流体力学）、欧拉运动方程（刚体动力学）、欧拉公式（复变量）、欧拉多边形曲线（微分方数）、齐次函数（偏微分方程）的欧拉定理、欧拉变换（无限级数）、欧拉—伯努利梁方程（弹性理论）等等，这些都是欧拉的贡献。

看到这里，可能有的读者会好奇，这样卓越的欧拉怎么会排名相对靠后呢？其原因在于，欧拉没有原创的科学定律，他的成就大多数源自对牛顿定律的阐述和应用。所以他才会排在哈维、伦琴及孟德尔等科学家之后。尽管没有发现新的元素和定律，但欧拉依然深深影响了科学、机械和数学等领域的发展。

78

卢梭

Jean-Jacques Rousseau

1712—1778

卢梭是世界著名哲学家，他于1712年出生在瑞士的日内瓦。他自幼丧母，十岁时父亲遭到流放，只剩他孤苦无依一个人。1728年，16岁的卢梭背井离乡，开始了流浪生活。他有过好几段艳遇，其中就包括特莉兹，两个人还生了五个孩子。但卢梭把这些孩子都送到了孤儿院。（卢梭56岁时娶了特莉兹。）

1750年，38岁的卢梭突然声名鹊起。那时，第戎科学院举办了一场比赛，参赛者要围绕“艺术和科学是否有益于人类社会和道德”来写一篇文章。第一名的好成绩让卢梭一鸣惊人。之后，他完成了包括《论人类不平等的起源和基础》（1755）、《新爱洛伊斯》（1761）、《爱弥儿》（1762）、《社会契约论》（1762）以及《忏悔录》（1770年）等在内的许多著作，这让卢梭的名气越来越大。由于喜欢音乐，他曾写过《缪斯》和《德村》两部歌剧作品。

狄德罗和达兰贝尔是法国启蒙运动中比较有代表性的自由主义作家。一开始，卢梭与这些人都是朋友，不过后来，他们之间产生了分歧。卢梭的情感主义与伏尔泰和百科全书派的唯物论格格不入。因为反对伏尔泰在日内瓦建剧场，导致卢梭与伏尔泰长久地对立。1762年，卢梭因为自己作品的政治属性而遭到打击。一些朋友的疏远让他思想越发偏激。对于那些愿意留在他身边的朋友，卢梭也缺乏足够的信任，甚至还与他们吵架发火。在后来长达20年的时间里，他都是一个暴躁、阴沉的人。1778年，他在法国的吕内维尔去世。

据说，社会主义、民族主义、浪漫主义、反专制主义和反唯理论的兴起都与卢梭的作品有着重要的关联，法国大革命以及近代的平等、民主思想也不同程度地受到卢梭的影响。他深刻地影响了教育理论，从他的著作里能够得出这样的结论：环境造就了人类，性格是后天养成的。他认为科学与艺术在腐化人的善良本性。有人说正是卢梭提出了“高贵的野蛮人”的概念。如果以上这些真的都是卢梭的成就，那么他的排名还能更靠前一些，但我个人认为卢梭的影响力并没有那么大。

就拿“高贵的野蛮人”一词来说。首先，这个词从来没在卢梭的作品中出现过，他也不是美洲印第安人等土著居民的支持和崇拜者；其次，早在卢梭出生前的一个世纪，英国著名诗人德赖登就已经使用“高尚的野蛮人”一词了。另外他也没有完全否定社会，相反他还时常强调社会对人类的重要意义。

◇《忏悔录》插图

有人认为“社会契约”是卢梭提出的，这也是错误的。洛克曾仔细论证过这个观点，而那时，卢梭还没出生呢。甚至在洛克之前，英国著名的哲学家霍布斯也提出过这个观点。至于卢梭是不是反对科技，显然这是没有意义的，因为他之后的两个世纪，人类在科学技术上取得了巨大的成就。而如今反科技的声音控斥的是无限制应用科技所产生的消极结果，而非对卢梭作品的盲目传承。

至于环境影响性格，这一观点很多思想家都曾经提出过，所以并非卢梭独创。再说民族主义更是源远流长，何况他在这方面也没有什么成就。

法国大革命是受到卢梭的影响吗？从某种角度上来说，他的作用的确比狄德罗和达兰贝尔更大。但伏尔泰无论是从创作时间、数量还是表达程度上，都强于卢梭，所以前者对法国大革命的影响更为深远。在反唯理论方面卢梭倒是比同时期的法国作家影响力更大，但这种理论并不新鲜：事实上我们的政治和社会规则通常是基于情感和偏见，而理性观点不过是对此进行评判的手段。

尽管卢梭的崇拜者有些言过其实，但我们不能否认卢梭的影响力确实存在。他是推动浪漫主义文学发展的重要因素之一。而且在后人看来，他为教育理论和实践做出了重要的贡献。他强调不应该把孩子的书本教育放在首位，而是要先进行情感教育，再进行理性教育，主张儿童要从实践中学知识。另外卢梭还提倡母乳喂养，这个观点在当时是很前卫的。但作为一个遗弃亲生骨肉的人，他竟然指导别人如何养育孩子，这也是挺奇怪。无论如何，卢梭的思想影响了近代教育理论，这都是不容置疑的事实。

在卢梭的作品里，有些思想是十分有趣且匠心独运的。但其中最主要的还是对平等的追求和渴望，他强烈抨击了当时社会的不公平，表达了不能容忍的态度。卢梭也许没有呼吁暴力，但他肯定激发了其他人追求暴力革命的思想。

对待私有财产，卢梭的观点有些相互矛盾。他曾称财产是“公民最神圣的权利”。然而，卢梭又是最早强烈抨击私有财产制度的近代作家之一，这种观点影响了很多读者。因此他被视为现代社会主义和共产主义的先驱。

卢梭在《社会契约论》中提出了宪法思想，但这种观点在实践中却被极端化，甚至成为后来专制统治中的一些内容。

有些人说卢梭性格极端、男权主义甚至有些胡思乱想。在某种程度上来说，他的确如此。不过相对于这些缺点，卢梭对待事物独到的见解和敏锐的洞察力更值得传颂，事实上，他的思想影响了人类社会 200 多年。

79

马基雅弗利

Niccolò Machiavelli

1469—1527

意大利政治哲学家尼科洛·马基雅弗利劝谏统治者，若想巩固政权，就要采取愚民政策和暴力手段。这一行为足以让他遗臭万年。

有些人骂马基雅弗利是无耻之徒，有些人却奉他为敢于讲出真相的现实主义者。他的特殊之处在于，其作品同时受到哲学家和政治家的关注，并被深入研究。

1469 年，马基雅弗利出生在意大利佛罗伦萨。他的父亲从事法律工作，原本是个大家族的成员，不过经济条件却不理想。马基雅弗利所在的时代，意大利文艺复兴正值巅峰，然而对比法国、英国和西班牙等统一国家，意大利却是处于四分五裂的状态。所以纵使文化星汉灿烂，但该国军事力量却很薄弱。

起初，美第奇家族统治着佛罗伦萨，后来统治被推翻。1498 年，佛罗伦萨建立了共和国，29 岁的马基雅弗利成了一名公务人员。在后来的 14 年里，他因工作出使了法国、德国等国家。

1512 年，美第奇家族又推翻了佛罗伦萨共和国，马基雅弗利因此失去工作。第二年，他被冠上了谋逆的罪名，锒铛入狱。尽管遭受了酷刑，但他始终不肯认罪，当年便被释放了。后来，他在佛罗伦萨附近开始了退休生活。

在另一个十四年中，马基雅弗利创作了几部著作，其中非常重要的两部是《君主论》（1513 年）和《论李维罗马史》。其他作品还包括《论战争艺术》《佛罗伦萨史》《曼陀罗》（《曼陀罗》是一部很好的戏剧，仍然偶尔上演）。不过他最著名的作品还是《君主论》，该书应该是所有哲学著作里最优秀也最容易被理解的。马基雅弗利与妻子生育了六个孩子。1527 年，他的生命定格在了 58 岁。

在《君主论》中，马基雅弗利为统治者提供了执政方案——要用武力和权谋替代道德。他认为要加强国家军事力量建设，而且士兵应该从本国招募。雇佣军队或者从别的国家招募军队会存在隐患和不确定性。

他还认为人民是统治者的依靠，困难面前，只有人民的支持才能让统治者摆脱困境。马基雅弗利明白，新君为了巩固地位，必然要做一些让民众不满的事情。既然如此，统治者干脆就强硬、残酷起来，以除后患。之后再慢慢地给老百姓一些甜头，让他们觉得渐入佳境。

成功的君主身边一定要有忠臣、贤臣。所以马基雅弗利告诫执政者要远离阿谀奉承之人，并对具体做法进行了介绍。

《君主论》第十七章讨论了一个问题：作为君主，被敬爱和被畏惧，哪个更好一些？答案是被敬畏。若是只能二选一，那么还是当一个让人畏惧的君主更好。因为敬爱背后是一连串的义务，如果不能满足民众的愿望，这种敬爱就会消失。但畏惧永远不会消失。

《君主论》第十八章讨论的是“君主如何坚持信仰”。马基雅弗利给出的答案是“真正的君主没有信仰，因为信仰会损害他的利益”。也就是说，如果追求现实利益会违背信仰，那么君主就可以放弃信仰。

常常有人把《君主论》看作一本“暴君手册”。但透过马基雅弗利的行事风格和其他作品，可以看出他本质上更推崇共和政府，而非独裁统治。他之所以会有那些强势的观点，原因在于他希望意大利能有一个厉害的君主，改变该国在政治和军事上的羸弱状态。更重要的是，马基雅弗利本人是一个怀揣理想主义的爱国人士，他既不冷酷，也不善于权谋和欺骗。

身为政治哲学家，马基雅弗利无疑承受了最强烈的抨击。长久以来，他被各种妖魔化，甚至成为阴谋诡计的代名词。

从道德的角度来看，他确实不能逃避批评，但这不妨碍他本身的影响力。他的政治观点并非独创，他本人也反复地指出，自己不过是提供了一个有效的执政思路，而非建立一个新政策。事实上，马基雅弗利曾反复列举古代历史或当时意大利发生的事件来证明他的观点。他在《君主论》中对博尔吉亚称赞有加，但后者并未从他那里学到任何权术，反倒是马基雅弗利从对方那里学到了不少。

公开称赞马基雅弗利的政治家并不多，墨索里尼算是其中一个。但事实上，很多政治家都研读过《君主论》。据说希特勒和斯大林都读过该书，甚至拿破仑睡觉的枕头下都放着一本。由于不能确定马基雅弗利的政治观点是否还适合当今社会，所以他的排名只能在这个位置。若是它对现代政治的影响能像当初一样，那么马基雅弗利的排名必然要再靠前一些。

毫无疑问，马基雅弗利深刻影响了政治理论。早期的柏拉图和圣奥古斯丁等人曾把政治与神学、伦理混为一谈。但是，尽管忽略了道德方面的考量，马基雅弗利却将政治单纯地与历史相结合，并暗示了拥有权力的方式。如今的政治理论要比以往更追求实际意义，某种程度上是受到了马基雅弗利的影响。所以，他算是近代政治理论的创始人之一。

80

马尔萨斯

Thomas Malthus

1766—1834

1798年，一本篇幅短小的著作《人口论》在英国出版，结果引起了巨大的反响。其作者是一个名叫马尔萨斯的小小牧师。

作者的基本观点是：食品供应增速难以满足人口增速。他在书中指出了一个非常严肃的问题——人口增长是按照1、2、4、8、16这样的指数速率增长的，而食品的增速则是按照1、2、3、4、5这样的线性速率增长。在这本书后来的版本中他又强调，人口的无限制增长，会令人们无法得到足够的食物供应，最终导致贫穷和饥饿出现。从长远角度看，这种结果是科学进步无法避免的，因为地球为人类提供食品的能力无法满足人口的消费力。

是否可以想办法来减缓人口增速呢？战争、瘟疫、疾病无疑是暂时减少人口最简单、最粗暴的办法，显然也是最不受欢迎的办法。马尔萨斯认为，最好能够用“道德制约”来避免人口的快速膨胀。例如晚婚、禁欲、保持贞洁等。不过他也知道，这种方式并不会被大众所接受。所以他给出了一个更实际的结论——人口的膨胀是无法避免的，人类最终的归宿就是贫穷。

马尔萨斯并未提到过要用避孕的方式来控制人口，但这类政策显然是受到了他的影响。英国改革家弗朗西斯·普莱斯是第一个公开倡导通过避孕来减缓人口增长的人。受马尔萨斯著作的影响，他于1822年著书宣传避孕，并为工人阶层介绍相关的方法。美国也有避孕相关的书籍，例如，查尔斯·诺尔顿医生在1832年出版的著作。第一个“马尔萨斯联盟”成立于19世纪60年代，很多人将他视作家庭和平运动的倡导者。但马尔萨斯本人并不支持使用药具进行避孕，所以关于避孕的主张被称作“新马尔萨斯主义”。

马尔萨斯的观点对经济理论有着深刻的影响。经济学家由此得出一个结论，即正常情况下，人口的增长会导致工资的降低。马尔萨斯的朋友、英国著名经济学家李嘉图曾提出“劳动的自然价格就是必须使劳动者能够共同生存，即能够让人类不增不减永世长存的价格”。这一理论就是人们常说的“工资铁律”。马克思对此持批判态度。

在生物学研究方面，马尔萨斯也做出了贡献。达尔文的进化论中，有些内容就来自《人口论》。

1766年，马尔萨斯出生在英格兰萨里郡多基城附近。他曾是剑桥大学耶稣学院的学生，而且成绩很好。1788年，他大学毕业，随即成为一名神职人员。他于1791年获得了硕士学位。1793年，他以研究员的身份在耶稣学院开始工作。

那部著名的作品第一次出版时，马尔萨斯并没有使用真实的姓名。随着该书的阅读量越来越大，他也越来越有名。后来马尔萨斯对该书的内容进行了丰富，五年后的1803年，这部作品被第二次出版。之后他又进行了多次修改、充实，至1826年，它已经有了六个版本。

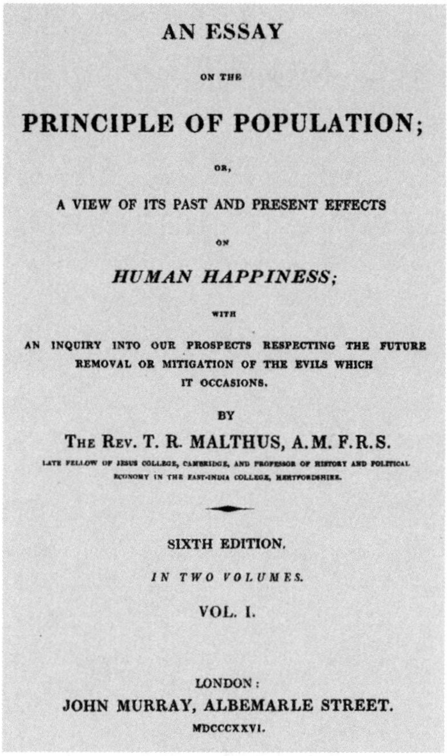
AN ESSAY
ON THE
PRINCIPLE OF POPULATION;
OR,
A VIEW OF ITS PAST AND PRESENT EFFECTS
ON
HUMAN HAPPINESS;
WITH
AN INQUIRY INTO OUR PROSPECTS RESPECTING THE FUTURE REMOVAL OR MITIGATION OF THE EVILS WHICH IT OCCASIONS.
BY
THE REV. T. R. MALTHUS, A.M. F.R.S.
LATE FELLOW OF JESUS COLLEGE, CAMBRIDGE, AND PROFESSOR OF HISTORY AND POLITICAL ECONOMY IN THE EAST-INDIA COLLEGE, HERTFORDSHIRE.

SIXTH EDITION.
IN TWO VOLUMES.
VOL. I.

LONDON:
JOHN MURRAY, ALBEMARLE STREET.
MDCCCXXVI.

◇《人口论》扉页（1826年版）

马尔萨斯于1804年结婚，那时他已经38岁。1805年他成为东印度公司学院的历史和政治经济学教授，他的整个后半生都在从事这份工作。马尔萨斯有很多经济学的著作，其中最有代表性的是1820年完成的《政治经济学原理》。不少经济学家都受到这本书的影响，其中就包括肯兹。1834年，德高望重的马尔萨斯离世，那一年他68岁。

在马尔萨斯去世后相当长的一段时间里，避孕都没有得到普及。因此有人认为马尔萨斯在这方面没有起到什么作用。对此我并不同意。首先，达尔文和马克思这两位19世纪最伟大的思想家都受到了马尔萨斯观点的影响；其次，虽然新马尔萨斯主义没有很快地被大众接受，但这种思想和建议从来没有被人遗忘或忽略。后来的计划生育运动事实上就是它的一种延续和发展。

当然，马尔萨斯的思想也受到了诸如普拉特等哲学家的影响，但这并不会降低其本身的重要性。纵使普拉特等人提出过无节制生育会导致一系列问题，但这些观点却没有引起人们的重视。相反，马尔萨斯不仅阐明了这些情况，而且还将其公开发表。值得一提的是，作为强调人口膨胀严重性的第一人，马尔萨斯引发了知识界对这个问题的关注。

81

肯尼迪

John F. Kennedy

1917—1963

1917 年，约翰·肯尼迪出生在马萨诸塞州的布鲁克莱恩。他于 1961 年 1 月 22 日成为美国总统。1963 年 11 月 22 日，在得克萨斯州的达拉斯市，他遭到枪击身亡。由于肯尼迪个人事迹大多数人都知晓，且他的政治活动也不会影响其在本书的排名，因此我将不做赘述。

千年以后，将没有人记得和平队、进步联盟和猪湾事件。肯尼迪推行的税收及民权立法政策也将失去意义。他之所以能够在本书中占有一席之地，唯一的原因就是他主导了“阿波罗计划”。我敢说，只要人类一直存在，那么月球之旅将成为未来五千年中最重要的事，它也必定会成为人类历史进步的里程碑。

因此，我将重点讨论登月计划的重要意义。首先，我要回应肯尼迪是否配得上这次探月之旅带来的荣誉。有人问，最重要的难道不应该是阿姆斯特朗和奥尔德林吗？如果要论谁的名字流传得更久，那的确是这样。我估计在未来的五千年里，记住阿姆斯特朗的人一定比记得肯尼迪的人多。但若是从影响的角度来看，那么两名宇航员就没有那么重要。因为就算没有这两位，阿波罗 11 号也会载着其他人去登月。

冯·布劳恩和其他一些科学家为登月之旅做出了巨大贡献，难道他们不配拥有这样的荣誉吗？毫无疑问，这些人都是空间探索的有功之臣。然而阿波罗计划的实施依靠的不单单是科学家，它也并非只是取得了科学的进步那么简单。事实上，它是一个耗资 240 亿美元的重大政治决策。

就算政治决策又如何？哪怕没有肯尼迪，早晚也会有人做出这个决定吧？没错。毕竟，肯尼迪在推进这项计划时并没有遭到过强烈的反对。

但是另一方面，该计划也没有得到热烈的支持。如果在 1959 年或 1960 年，美国国会通过了“阿波罗计划”并为此拨款，但被艾森豪威尔总统否决，那么我们也可以说肯尼迪是与公众一道的。然而事实恰恰与之相反，纵使很多美国人不反对“阿波罗计划”，却缺乏支持的呐喊。而且在阿波罗 11 号登月成功后，人们还围绕“这个耗资巨大的项目到底值不值得”的话题进行了争论。而美国宇航局在 1969 年的经费更是骤然缩减。

我们完全可以说，“阿波罗计划”是在肯尼迪的领导下才实现的。1961 年 5 月，他公开承诺美国要“在这十年结束之前”将载人飞船降落到月球上。他争取到了国会的资金，并主导了该项目的实施。虽然人们说登月计划无论如何都会出现，但是肯尼迪却是现实中真正把这个计划做起来的人。

也有人觉得“阿波罗计划”毫无意义。但是人类登月这一天（1969 年 7 月 20 日）已经成为人类登月日。另一方面，或许有人还记得，16 世纪时，也没有人为哥伦布欢呼，但是他却开启了一个新的时代。

哪怕“阿波罗计划”不再继续下去，人们依旧会牢记这项伟大的成就。但是我认为，它应该继续开展下去。在未来，宇宙航行的作用将会越来越大。而我们的后代也终将明白，阿波罗 11 号的探索就如同哥伦布的横跨大西洋之旅，它翻开了人类历史崭新的一页。

◇1969 年 7 月 20 日，阿波罗 11 号宇宙飞船上的宇航员在月球上留下的脚印

82

格雷戈里·平卡斯

Gregory Pincus

1903—1967

格雷戈里·平卡斯的名字并不会被常常提起，作为一名美国的生物学家，他在口服避孕药研究领域有着突出的贡献。其实际影响力甚至比一些世界名人更大。

避孕药有两方面作用。一方面它作为控制人口的手段，能够有效解决人口膨胀问题。另一方面，避孕药间接地引发了性行为的革命。众所周知，在过去的几十年里，美国人对待性的态度发生了颠覆性的变化。这其中必然有政治、经济和社会因素存在，但最重要的原因还是避孕药的出现。过去，担心怀孕是阻碍女性婚前甚至婚后性行为的重要因素。突然有一天，女性不再需要为性行为后的怀孕而烦恼，这必然就会引发性观念和性行为的改变。

可能有人觉得恩那维德（第一种口服避孕药）并不重要，毕竟以前也有安全可靠的避孕方法。这显然忽略了避孕方法在技术上和心理上的区别。没有避孕药的时候，使用子宫帽是专家最推荐的避孕方法。尽管它安全有效，但是很多女性在体验过后便不再继续使用了。更值得注意的是，即便是在避孕药刚刚兴起的阶段，不少女性宁愿用这种尚存在风险的避孕方法，也不愿意使用效果稳定的子宫帽。

也有人认为恩那维德算不得什么了不起的发明，因为它对身体有潜在的危害，或早或晚都会被更安全、更先进的药物或工具替代。不过从事物的本质上看，人们普遍接受了避孕药，未来的发展应该也是在它的基础上进行改进，其安全性也会越来越高。而且，从数百万美国女性开始服用避孕药后，这个群体的预期寿命是在增加的。由此可见，避孕药并非危害健康的重要因素。总有一天，历史会承认——20 世纪 50 年代的恩那维德在节育方面的突破性作用。

为口服避孕药的发展做出过贡献的人有很多。其实，这个问题很早以前就被谈论了，可麻烦的是没人知道那个药丸里要有哪些物质。1937 年，科学家梅克皮斯和温斯坦在进行动物实验时发现，可以通过注射黄体酮来抑制排卵。或许这听起来不像一个靠谱的避孕方法，又或许当时黄体酮的价格太高，所以这个发现没有引起生育专家的关注。

1950 年，美国生物学家平卡斯在计划生育倡导者桑格的劝说下开始了这方面的研究。平卡斯是马萨诸塞州伍斯特基金会生物实验室的主任，在类固醇的新陈代谢和哺乳动物繁殖生理学方面颇有建树。

凭着深厚的专业知识以及在科学上的敏锐性，平卡斯迅速抓住了问题的关键。不久之后，他请伍斯特基金会实验室的研究员张明觉博士进行动物实验，观察口服黄体酮是否能够抑制动物排卵。张明觉博士的实验很成功，加之几年前化学家马克发明了一种可以低成本合成黄体酮的方法，这无疑为避孕药的发展开了个好头。

妇科医生洛克也是功不可没。在平卡斯的建议下，他在成年女性身上进行实验，并确认口服黄体酮同样能够抑制女性排卵。但洛克发现了两个问题：一是这种方法的有效率只有百分之八十五，二是必须要大量服药才能达到目的。

平卡斯坚信他的方向是正确的，因此决定继续寻找没有任何副作用且与黄体酮功效差不多的物质。1953 年 9 月，他请化工公司提供一些与黄体酮差不多的合成类固醇物质，然后对这些物质进行了实验分析，结果发现有一种炔诺酮非常符合自己的要求。

平卡斯无疑是幸运的，因为在他刚刚开始这项研究的 1950 年，世界上还没有炔诺酮，该物质是瑟尔实验室的科尔顿博士在 1952 年合成出来的。那时候，不论是科尔顿还是瑟尔公司的老板都没想过要生产口服避孕药，也没有意识到他们合成了一种避孕药。

平卡斯带领团队开始了更深入地研究，结果发现若是在炔诺酮中少量添加另一种化学物质，会大大提升其功效。后来瑟尔公司将这种合成药物恩那维德推向了市场。

1955 年，平卡斯意识到是时候进行全面的实验了。1956 年 4 月，在波多黎各圣胡安的郊区，雷博士带领团队进行了实验，并在九月份证实了这种口服避孕药的功效。不过后续的实验又持续了三年多，美国食品药品监督管理局直到 1960 年 5 月才允许该药进入市场。

避孕药不是平卡斯独立发明的。事实上，是科尔顿合成了炔诺酮，与此同时在发展口服避孕药的道路上，其他化学家也发挥了重要作用。但是平卡斯无疑是其中的主导者。他全身心地投入到了口服避孕药的研制当中，凭着专业和组织才能推动了该项目的发展并取得成功。可以说，是平卡斯提出了口服避孕药的基本理念，争取了研究经费，组建了专业团队，他完全可以享受口服避孕药带来的大部分荣誉。

1903 年，平卡斯出生在新泽西的伍德拜恩，父母都是俄国犹太人。1924 年，他从康奈尔大学毕业，并在 1927 年获得了哈佛大学博士学位，之后就服务于一些研究机构。1944 年，他参与建立了伍斯特实验生物学基金会，并在后来的很长一段时间里担任实验室主任。他撰写的科学论文有 250 多篇，1965 年出版了著作《征服生育的力量》。

平卡斯一生中获得了很多荣誉，但是无论是他还是其他参与发明避孕药的人都没有获得过诺贝尔奖。1967 年，平卡斯在波士顿悄然离世，他的死没有引起大众和科学界的任何关注。如今，百科全书中也很少提及他的名字，可即便如此，他的发明还是创造了历史。

83

摩尼

Mānī

约 216—约 276

公元 3 世纪的先知摩尼是摩尼教的创始人。摩尼教虽然如今已经消亡，但在其鼎盛时期拥有大量的追随者。摩尼教起源于中东地区，向西传播远至大西洋，向东则远达太平洋，延续了一千多年。

摩尼教融合了早期其他宗教教义。摩尼承认琐罗亚斯德、释迦牟尼及基督先知的身份，但是表示自己受到的启示更新、更全面。

摩尼教的教义更倾向于琐罗亚斯德教的二元论，尽管其中也不乏佛教和基督教的影子。摩尼认为世界是两种势力争斗的场所，而非由一个神明统治的地方。这两种势力分别为代表黑暗及物质的“恶”和代表光明及精神的“善”。这似乎有点儿像基督教的神与恶魔。不过在摩尼教中，善恶的力量是一样的。由此一来，摩尼教便不会纠结“恶”是不是存在的问题，而这一直困扰着基督教和犹太教的哲学家。

摩尼教的教义在此无法详述，但值得一提的是该教派对人的精神中的“善”和身体中的“恶”的观点。在摩尼教的教义中，“性”哪怕是为了繁衍后代，也不应该发生。同时吃肉喝酒也是应该被禁止的。

这样的教规似乎不太容易吸引大量的追随者。事实上，摩尼教并非要求所有教徒都要恪守这样的规矩。只有被称作“选民”的教徒才需要这样做。而普通的“听道徒”不仅可以拥有家庭，可以吃肉喝酒，甚至还可以娶多位老婆。他们只需要参加宗教仪式，服从“选民”，遵守基本的道德规范即可。身体死后，选民的灵魂能够直接升到天堂，而听道徒的灵魂在升入天堂的过程中还要多经历一些。

公元216年，摩尼出生于尚隶属波斯帝国的美索不达米亚。琐罗亚斯德教是当时多数波斯人信仰的宗教，不过摩尼却生活在基督教的环境里。12岁他的宗教意识开始觉醒，并在24岁时创立了新的宗教教义。起初他在家乡传教，但是失败了。后来他到了印度西北地区，并成功让当地的一名统治者成为自己的信徒。

242年，回到波斯的摩尼开始为国王沙普尔一世讲道，尽管后者没有皈依，却允许了摩尼在波斯国内传教。在之后的三十年里，摩尼拥有了大量的信徒，并将教义传到国外。这让波斯国教——琐罗亚斯德教对摩尼充满了敌意。276年，新国王巴赫拉姆一世登上王位，摩尼被关进监狱，并在遭受了26天的酷刑后去世。

摩尼的一生创作了几部经典著作，其中大多数都是以叙利亚文写成的，只有一部用的是波斯文。随着摩尼教的消亡，那些书也一度消失，直到二十世纪才又重新出现在了人们的视野中。

从一开始，摩尼在传教方面就很积极。在他活着的时候，他就拥有从印度到欧洲的许多信徒。他死后，摩尼教继续壮大，其教义覆盖的地方，东起中国，西到西班牙。公元四世纪，摩尼教在西方达到了顶峰，一度威胁到基督教的地位。基督教成为罗马帝国的国教后，摩尼教成为被打击的对象。到了公元600年，该教在西方基本消失。

不过摩尼教在美索不达米亚和伊朗地区仍然极具影响力，甚至还被传到了中亚、突厥和中国西部。公元8世纪后期，统治中国西部和蒙古地区的维吾尔族人（即回鹘汗国）把摩尼教奉为国教，同时中国内地、沿海地区乃至台湾省都接受了它的教义。摩尼教的衰落与7世纪伊斯兰教的兴起有直接的关系。8世纪初，摩尼教徒在巴格达遭到迫害，随后它在美索不达米亚和伊朗彻底消亡。9世纪初，摩尼教在中亚也日渐衰弱。公元13世纪，蒙古人入侵，进一步加速了摩尼教的覆灭。但是在1300年左右，马可·波罗在中国西部还发现了该教的踪迹。

与此同时，欧洲出现了一些摩尼教的分支。在拜占庭出现的时间是公元 7 世纪，传到巴尔干的时候是 10 世纪。清洁派在 12 世纪进入欧洲，在南欧尤其盛行。他们自称是基督教徒，但事实上他们的教义与摩尼教十分近似。不过清洁派被其他教派认定为异端。为了镇压清洁派，强大的教皇英诺森三世发动了第四次十字军东征。战争始于 1209 年，在经历了无数伤亡后，清洁派于 1244 年彻底覆灭。

对于虔诚的教徒来说，哪怕他信仰的是一种规模很小的宗教，他的生活都会受到深刻的影响。而摩尼教即便如今已经消失，但它的规模曾经很庞大，所以我们可以确定摩尼的影响力是很大的。

摩尼创立了新的宗教，奠定了理论和教义的基础，在这一点上能与他比肩的人并不多。他在吸收其他宗教思想的基础上，对其进行了整合并建立全新的体系；他积极传教，获得了很多信徒；他组建了教会，留下了传世著作。像很多宗教创始人一样，宗教领袖摩尼从某种角度来说甚至比科学家和发明家更有影响力。因为没有摩尼，就不会有摩尼教。

把摩尼排进本书名单是理所当然的，不过他的排名值得思考一下。他位于世界三大宗教创始人之后应该没有什么争议，但是不是要把他排在琐罗亚斯德和筏驮摩那之前呢？我觉得是可以的。虽然琐罗亚斯德教和耆那教现在依然存在，但是摩尼教在鼎盛时期可是比这两个教派加在一起还要大，所以摩尼教的影响力也更大。

84

列宁

Lenin

1870—1924

俄国共产主义早期领导人之一的列宁，原名弗拉基米尔·伊里奇·乌里扬诺夫。他是马克思主义的忠实信仰者和传播者。列宁主义遍布世界许多地方，这让他成为世界上有重要影响力的人之一。

1870 年，列宁出生在俄国的辛比尔斯克，为了表达对他的怀念，如今这座城市已经改名为乌里扬诺夫斯克。列宁的父亲是一名政府官员，大哥亚历山大因参与刺杀沙皇活动而被判了死刑。列宁在 23 岁的时候成为一名积极的马克思主义者。1895 年 12 月，沙皇政府将他关进监狱，之后又流放到西伯利亚，原因是他参与了革命活动。

列宁在西伯利亚度过了三年时间，期间他娶了一名女性革命家，并完成了《俄国资本主义的发展》。1900 年 2 月，列宁结束流放生涯，并于几个月后前往西欧，此后的十七年，他全身心地投入到革命事业中。后来俄国社会民主工党分裂，列宁成为其中大党派的领袖。

第一次世界大战对俄国的军事和经济造成了巨大创伤，同时也让人民对沙皇统治的不满达到顶点。1917 年 3 月，沙皇政府倒台，俄国建立民主制度的时机似乎已经成熟。得到消息的列宁立即回到俄国。随即他就发现，临时的民主政府并没有掌握实权。纪律严明的共产主义党派虽然人数少，但是也可以抓住这个机会建立政权。为此，列宁开始动员党内人士推翻临时政府，为建立共产主义政府而奋斗。七月份，革命失败，列宁只好躲藏起来。十一月，第二次革命胜利，列宁担任了俄国新的领导人。

列宁是一位既严肃又有效率的领袖。他首先推动了俄国的社会主义经济制度变革。他没有选择一刀切，而是与时俱进地对制度加以修改，在几年时间里让苏联保持一种资本主义和社会主义相融合的经济体系。

列宁在 1922 年 5 月得了中风，这让他无法工作，这种情况一直持续到 1924 年他离世。人们将他的遗体安葬在莫斯科红场。

在俄国建立布尔什维克政权是列宁最大的功绩，他也是第一个将马克思理论转化为实践的人。列宁建立世界首个共产主义政权是近代历史的转折点。从 1917 年到 1979 年，共产主义在全世界不断壮大。那时候，大约三分

◇列宁发表演讲

之一的世界人口都在共产主义的领导下。

虽然列宁是很伟大的政治领袖，但是他实际的影响力是通过他的著作发挥出来的。列宁主义和马克思主义主旨相同，却各有侧重。比如列宁更讲究革命策略，认为武装力量十分重要。对待无产阶级专政方面，马克思的态度也没有列宁那么强硬。

列宁的影响力一度让西方人十分担忧。但后来又认为列宁的历史影响力和重要性比他们担忧的程度要小。但列宁作为一个行动派，他通过掌握政权来改变国家命运是不可争辩的事实。

在评价他的影响力时，我们有必要将他跟斯大林进行比较。

列宁领导俄国的五年里，俄国的贵族统治被摧毁，国家从此走上了社会主义道路。不过真正让农民参与集体化、消灭私营企业的人却是斯大林，也是斯大林让苏联成为能够与西方国家抗衡的世界大国。

也许有人会说，是列宁为斯大林铺平了道路，所以前者更重要。我们可以举个马其顿的腓力二世和亚历山大大帝的例子。腓力二世英明神武，他的军事和组织能力无疑为亚历山大铺好了道路。而亚历山大则利用这些机会，创造了让人意想不到的功绩。由此可见，亚历山大的影响力更大。同理，作为后来者，斯大林的影响力也比列宁更大。

即便如此，列宁仍然是世界上的伟大之一。他不仅为斯大林在苏联铺平了道路，而且通过自己的著作、策略和实践为其他国家的共产主义运动提供了参考。

如果单单针对俄国的话，列宁与彼得大帝的影响力不相上下。但是如果要把对其他国家的影响加进去，显然，列宁的影响力要比彼得大帝大。因此，他理应成为本书中的人物之一。

85

隋文帝

Sui Wen Ti

541—604

在长达数百年的时间里，中国都处于四分五裂的状态，隋文帝杨坚成功扭转了这种局面，重新建立了统一的中国。而这种政治统一的状态几乎持续了几个世纪，中国因此成为世界上强盛的国家之一，同时也避免了占世界人口近 1/5 的中国遭受欧洲、中东或其他地方的那种战乱。

公元前 3 世纪，秦始皇统一中国，然而他驾崩后不久秦朝就被推翻了。之后建立的汉朝从公元前 206 年开始统治中国，直到 220 年结束。此后中国进入了分裂状态，大致类似于欧洲在罗马帝国灭亡后经历的黑暗时代。

541 年，杨坚出生在中国北方的一个大家族，14 岁时就在军中担任职务，凭着卓越的能力他晋升得很快。在他的协助下，中国北方的大部分地区都在北周皇帝的掌控之中。573 年，他将女儿嫁给了当时还是皇太子的周宣帝。宣帝死后，年少的静帝登基。581 年，四十岁的杨坚将静帝赶下台，自己登基成为隋文帝。北方的疆域无法满足他的野心，一番筹谋后，隋文帝在 588 年向南进军，并于 589 年成功地统一了中国。

隋文帝在位期间建立了新的都城。为了连接长江、黄河两大水系，他开凿了大运河——这项工程在他的儿子统治时期彻底完成，进一步推动了南北方的统一。

隋文帝还改革了科考制度，这让中国政府在他之后的几个世纪里，能够从全国各地、不同阶层选拔人才。（有观点认为该制度最早起源于汉朝，不过在汉朝灭亡后的很长一段时间里，许多政府职位已经世袭。）

隋文帝还规定州一级的官员不得回家乡任职。这种回避制度能够避免任人唯亲和地方官员势力的崛起。

隋文帝还是一个节俭爱民的君主。他反对奢靡浪费，并设法减轻百姓的生活负担。在外交方面他也是很成功的，相较于其他有成就的大国统治者，隋文帝看上去很谦卑。坊间还有他怕老婆的传说——他的妻子独孤皇后十分聪明，在政治上对他帮助很大，但此人非常霸道。604 年，63 岁的隋文帝去世。不少人猜测是他的二儿子杨广为了当皇帝杀死了他。

隋炀帝杨广在外交政策上是失败的，很快他就遭到了起义反抗。618 年，杨广被杀，隋朝灭亡。但这并不代表着统一中国的结束。之后的唐朝仍然保留了隋朝时期的政府结构，所以中国依然是一个强大统一的国家。（唐朝被认为是中国最繁荣的时期，一方面是因为军事力量强，另一方面是因为艺术和文学的繁荣。）

该如何评价隋文帝的重要性呢？也许有人会将他与欧洲的查理曼大帝进行比较。后者在罗马帝国灭亡的三个世纪后又统一了大半个西欧。而隋文帝则是在汉朝灭亡的三个世纪后统一了中国。相对来说查理曼的名气在西方更大，但隋文帝实际的影响更强。原因有四：第一，隋文帝统一了整个中国，而查理曼并没有征服像英格兰、西班牙、意大利南部这样的西欧重地。第二，隋文帝实现的对中国的统一得以延续，而查理曼帝国很快分崩离析。第三，隋文帝建立的中国政治统一推动了经济的繁荣，也造就了后来唐朝的盛世。相反，查理曼帝国随着查理曼的去世一并消亡，对后世几乎没什么影响。第四，隋朝科举制度在选拔官员方面影响深远。所以隋文帝在历史上的影响力要远远高于查理曼。

86

达·伽马

Vasco da Gama

约 1469—1524

葡萄牙航海家达·伽马发现了能够绕过非洲，从欧洲直到印度的海上路线。

从亨利王子（1394—1460）时期开始，葡萄牙人就一直在寻找这样的路线。1488 年，一支由迪亚斯领导的探险队到达并绕过非洲南端的好望角后返回了葡萄牙。这让葡萄牙国王明白，发现通往印度的航线的愿望就要实现了。然而由于各种问题相继出现，最终导致远航印度的队伍出发时已经是 1497 年了。生于 1469 年的锡尼什贵族青年伽马被国王选为领队。

1497 年 7 月 8 日，4 艘船、170 名海员（其中还有会阿拉伯语的翻译）在伽马的带领下出发了。他们最先到达了佛得角群岛，之后并没有像迪亚斯那样沿着非洲海岸线航行，而是一路向南前进很久后，再向东转，到达好望角。这样航行确实比沿着海岸线快很多，但是对领队的勇气和经验有着很高的要求。这期间，伽马的队伍连续 93 天没有见过大陆，这是哥伦布在海上航行时长的 2.5 倍。

11 月 22 日，达·伽马带队绕过好望角，沿着非洲东海岸继续前进，在北上期间，他在一些穆斯林城市停留过，包括如今肯尼亚的蒙巴萨和马林迪。在马林迪，他认识了一名印度领航员，并邀请他带领队伍穿过阿拉伯海，23 后他们到达印度。在达·伽马离开葡萄牙 10 个月后，也就是 1498 年 5 月 20 日这天，队伍来到了卡利卡特，那里正是印度南部最重要的商业枢纽。起初当地人对达·伽马很热情，可是当他们看到达·伽马带来的礼物后顿感失望。再加上以前统治着印度洋贸易路线的穆斯林商人的敌意，导致达·伽马没能与当地的头人达成贸易合作。当年 8 月，达·伽马带着一船香料和几名印度人返航，他准备用这些收获作为献给国王的礼物。

不过回程要比来的时候艰难得多。他们用了差不多三个月的时间穿越阿拉伯海，途中很多船员因坏血病而死。最后回到葡萄牙的船只有两艘。1499 年 7 月 10 日，里斯本迎回了第一艘远航船，两个月后，达·伽马所在的船也回去了。尽管最后活下来的船员只有 55 人，还不到出发时人数的三分之一，但是当达·伽马在 1499 年 9 月 9 日回到里斯本的时候，他和国王都确信，这两年的航行是值得的。

葡萄牙国王在六个月后又派出一支队伍前往印度。领队卡布拉尔在途中发现了巴西，还从印度带回了很多香料。不过在印度的时候，一些葡萄牙船员被杀。所以 1502 年，达·伽马带着 20 艘船前往印度为那些船员报仇。

这一次达·伽马手段十分残忍。到达印度海岸之前，一艘阿拉伯船被他阻截。他不仅抢了货物，还把船和船上数百号人一起放火烧了，其中包括不少妇女和孩子。到达卡利卡特后，他要求当地人把港口上的穆斯林商人都赶走，见当地人有些迟疑，他干脆杀了 38 名渔民，接着又对港口进行炮轰。被吓坏了的当地人只能乖乖听达·伽马的话。在返回的路上，他又把东非的一些地方变成了葡萄牙的殖民地。

葡萄牙国王因此对达·伽马进行了封赏。1524 年，葡萄牙的新国王任命达·伽马为总督，直到那时他才重返印度。不过几个月后，达·伽马就病了，当年 12 月，他在印度离世，后来被葬在了里斯本附近。达·伽马结过婚，还生有七个孩子。

◇达·伽马全身像

达·伽马开辟了从欧洲直通印度以及远东的航线，许多国家都享受到了这条航线带来的便利。而这也是达·伽马远航最大的意义所在。

葡萄牙原本是处于文明世界边缘的贫穷国家，但是因为掌握了通往东方贸易的新航路，这个小国在很短的时间里就从中获取巨大利益，并一跃成为欧洲富庶的国家之一。而且它还在短时间内在印度洋周边建立起殖民地，这之中除了印度、印度尼西亚及马达加斯加外，

◇达·伽马的船队在好望角航行

还包括巴西和西非。直到 20 世纪后期，一些殖民地还被葡萄牙占据着。

控制印度洋贸易的原本是穆斯林商人，但是达·伽马开辟的新航线让他们失去了主导权，并最终被葡萄牙人取而代之。不仅如此，由于海上运输成本更低，这也让印度到欧洲的陆路贸易线路被淘汰，因为葡萄牙人开辟的绕过非洲的海上航线成本更低。这既损害了奥斯曼土耳其人的利益，也损害了此前一直控制着东西方贸易的意大利贸易城市（如威尼斯）的利益。但对其他欧洲国家来说，他们却能够获得比过去价格更低廉的远东商品了。

后来达·伽马的影响力还扩大到了印度和东南亚。1498 年之前，印度都是一个闭关锁国的国家，与欧洲也没什么交流，唯一重要的外国影响来自西北部。但是通过达·伽马的海上航线，印度和欧洲被联系在了一起，印度受欧洲文明的影响也越来越大。到 19 世纪后半叶，整个次大陆都成为英国的统治地区。至于印尼，它先是受到欧洲人的影响，然后又完全由欧洲人控制，直到 20 世纪中期才重新获得了自治权。

历史上能与达·伽马相提并论的或许只有哥伦布，而达·伽马从某种程度上来看，或许比哥伦布更成功，毕竟他的航行距离和时间都更长。此外，达·伽马成功地到达了他原本的目的地，这与哥伦布也是有所区别的。

但有人觉得，达·伽马只是将欧洲和已经有人生活的地区连接在一起，这一点哥伦布也做到了，更重要的是后者还发现了新大陆。

事实上，受到哥伦布航行影响的主要是西半球已经存在的文明，而达·伽马的航行则推动了印度和印尼文明的演变。不过在评价哥伦布和达·伽马谁更重要时应该注意一点，那就是尽管印度国土面积比北美和南美都小，但印度的人口却比西半球所有国家的人口加起来还要多！

不过总的来说，哥伦布的影响力还是更大一些。第一，绕过非洲前往印度的航行是葡萄牙国王决定的，而且在达·伽马之前，葡萄牙已经派出过探险队了。而哥伦布的航行则是自己发起的，伊萨伯拉女王的资助也是哥伦布通过游说得来的。若是没有哥伦布，那么发现新大陆的时间就会推迟，而且也无法确定最终会由哪个欧洲国家完成这个伟大的发现。相反，就算没有达·伽马，葡萄牙国王也会派别人担任领队，哪怕那个人失败了，前面的经验也能支持葡萄牙国王继续完成这个计划。加之葡萄牙在非洲西海岸有很多根据地，其他欧洲国家想要在他之前找到通往印度的航线也不太可能。

第二，从影响程度上看，欧洲对西半球的影响要比对印度和远东地区的影响更大。毕竟印度的文明只是在受到西方文明后产生了变化，但是新大陆的文明却在哥伦布航行后的几十年中被消灭。

当然，我们不能把西半球所有的变化都归于哥伦布，同样，我们也不能把欧洲与东方的直接接触都归功于达·伽马。他只是整个链条中最重要的一环，但这其中也少不了亨利、加迪斯以及其他探索非洲西海岸的葡萄牙船长们的功劳。归根结底，还是哥伦布在推动西半球欧洲化方面的作用更胜一筹，所以达·伽马在本书中的位置要落后于哥伦布。

87

居鲁士大帝

Cyrus the Great

约前 600—前 529

居鲁士原本是伊朗西南部的一个小首领，但是经过一系列征战，他打败了米堤亚、吕底亚和巴比伦三个帝国，统一了大部分的古中东地区，一手建立了从印度到地中海的波斯帝国。

公元前 600 年，居鲁士出生在如今伊朗西南部的法尔斯，在当时那里是米堤亚国的一个省。居鲁士是当地首领的孩子，他们家族都是米堤亚国王的封臣。

关于居鲁士身世的传说，颇有希腊俄狄浦斯王的意味。相传，他是米堤亚国王阿斯提亚格斯的外孙。老国王曾经梦见自己被外孙推翻，所以居鲁士一出生，国王就要把他处死。但是执行命令的人不忍心对一个婴儿下手，就让一对牧羊人夫妇杀死这个孩子。结果心地善良的牧羊人不仅没有这么做，还把这个孩子抚养长大。最终阿斯提亚格斯还是被这个孩子推翻了。

没人清楚居鲁士早期的情况，但是显然这个故事有着戏说的成分。已知的信息显示，居鲁士在公元前 558 年继承了父亲冈比西的位置，成为波斯之王，同时也是米堤亚国王的臣子。大约在公元前 553 年，居鲁士揭竿而起，三年后，他通过武装斗争推翻了米堤亚国王的统治。

波斯和米堤亚血缘相近，语言也相似，加之居鲁士统治米堤亚后几乎没有对法律和制度进行修改，所以这对米堤亚来说更像是王朝更替，而不是被外来者征服。

没多久，居鲁士对外扩张的野心就暴露出来了。位于小亚细亚的吕底亚成为他的目标，相传这个国家的克里西尤斯王十分富有。但终究财力败给了武力。公元前 546 年，克里西尤斯成了居鲁士的手下败将，吕底亚也成为后者版图中的一部分。

居鲁士随即又把目标瞄向伊朗东部，经过一番征战，到公元前 540 年，波斯帝国的版图已经东到印度河。

基业日渐稳固，居鲁士计划征服那时候最富有的巴比伦——一个以美索不达米亚为中心，统治着中东新月沃地的国家。由于巴比伦的人民早就对国王的统治怨声载道，所以当居鲁士的士兵进城时，巴比伦军队只是略做抵抗。公元前 539 年，居鲁士不费吹灰之力就征服了巴比伦。这样一来，原本属于巴比伦的叙利亚和巴勒斯坦都归附了居鲁士。

之后的几年里，居鲁士加强了对政权的巩固，一个庞大的帝国在他手中建立起来。后来，他又带领队伍向东北方向进军，计划征服里海东岸的一个游牧民族。起初他很有优势，还打了胜仗。但是在公元前 529 年，双方进行第二次战争时，居鲁士战死了。

居鲁士的儿子冈比西二世继承了王位，并决意为父亲报仇。在打败那个游牧民族后，他将父亲的尸首带回自己的国家，安葬在当时的首都波斯波里斯。之后，冈比西二世又征服了埃及，最终统一了整个古中东地区。

居鲁士有着很强的军事才能，执政方面相对温和。有别于其他的征服者，

◇居鲁士大帝画像

（出自《古代四大杰出统治者》）

他能够包容不同地方的宗教和习俗。比如在公元前 586 年，巴比伦在征服了朱迪亚后强行把一些犹太人迁走。50 年后，掌管巴比伦的居鲁士却允许犹太人回到他们原来的地方。所以，若是没有居鲁士，那么犹太人可能在公元前 5 世纪就无法以群体的形式存在了。居鲁士的这个做法可能有他政治上的理由，但是不能否认他是一个宽厚的国王。即便是那些被他征服的民族，对居鲁士也始终称赞有加。

居鲁士打下了基业，他的后代在他死后的近 200 年里继续扩张波斯帝国的版图，直到后来被亚历山大大帝征服。但在那两个世纪里，波斯国内是和平富庶的。

波斯帝国并没有因为亚历山大的征服而覆灭。亚历山大死后，他手下的一名将领建立了塞琉西帝国，所辖区域包括叙利亚、美索不达米亚和伊朗。不过外族的统治持续时间并不长。公元前 3 世纪中期，塞琉西的统治被推翻，波斯人在伊朗和美索不达米亚地区建立了安息帝国。公元 224 年，波斯王朝更迭，萨珊帝国替代了安息帝国，开始了长达 400 年的统治。

居鲁士将世界历史带入一个转折点。大约在公元前 3000 年，苏美尔人创造了人类最早的文明。在长达 25 个世纪里，苏美尔人与其继承者闪米特人（如阿卡德人、巴比伦人和亚述人）始终处在文明的中心。而美索不达米亚也一直是世界上最富有和文化最繁荣的地区。但是居鲁士改变了这个历史——从那以后，不论是政治还是文化，文明世界的中心都不再是美索不达米亚和埃及。

而且，纵使中东新月沃地有大量的闪米特人，但是他们在之后的几百年里也没能独立。继波斯人（印欧民族）之后，马其顿人与希腊人相继统治该地区，随后又经历了帕提亚罗马和萨珊王朝统治者漫长的更迭。（这些统治者均属印欧民族。）直到公元 7 世纪，穆斯林圣战才让闪米特人重新成为中东的主人，而这距离居鲁士的统治已经足足过去 12 个世纪了。

居鲁士的历史影响不仅在于他取得了战争的胜利、征服了广阔的领土，更重要的是他建立的帝国让古代世界的政治格局发生变化。

◇位于帕萨尔加德的居鲁士大帝陵墓

不过，尽管波斯帝国领土很大，存续时间也很长，但是历史地位却不及罗马帝国、大英帝国以及中国。但是居鲁士个人的影响力还是很大的。在他之前的人绝对不会想到，一个世纪后，整个波斯地区会被伊朗西南部的小部落所统一。

88

彼得大帝

Peter the Great

1672—1725

俄国能成为世界强国得益于彼得大帝制定的西化政策，他也因此成为俄国历史上最了不起的沙皇。

彼得于 1672 年出生在莫斯科，母亲是沙皇阿列克谢的第二任妻子。虽然彼得是母亲唯一的儿子，但是他父亲却与第一任妻子还有 13 个孩子。在彼得还不到四岁的时候，阿列克谢就身故了，随之而来的就是王位的争夺战。有一段时间年少的彼得甚至不得不逃跑以保住性命。后来他同父异母的姐姐当了几年摄政王。直到 1689 年她被赶下台，彼得才坐稳了王位。

那时候的俄国在各个方面都落后于西欧几百年。它不仅城市比西欧少，而且农奴制盛行——农奴数量越来越多，合法权利却越来越少。加之没有经历文艺复兴和宗教改革，俄国的神职人员没有文化，文学没有进步发展，数学和科学更是被人们漠视。西欧则与之大不相同，不仅牛顿的《自然哲学的数学原理》横空出世，文学和哲学也得到了空前的发展，对比之下俄国似乎还停留在中世纪。

1697 至 1698 年，彼得化名米哈伊洛夫，带着 250 多人开始了一次西方之旅。一路上，他体验了很多不同的工作。例如他在丹麦的东印度公司当过船舶木匠，在普鲁士学习过射击，还在英国皇家海军的船坞中工作过。他参观工厂、学校、博物馆和军火库，甚至还参加了一次英国议会会议。简而言之，他努力学习西方先进的文化、科学、工业和管理知识。这为他后来对俄国的统治提供了很大帮助。

回到俄国后，彼得进行了一系列改革，以推动俄国的进步和西化。彼得重视工业和商业的发展，为了掌握西方的技术和工艺，他不仅引进西方技术人员，还派本国青年到西欧留学。在他统治时期，俄国城市规模得以扩大，资产阶级的数量和影响力也大大增加。

彼得还建立了俄国第一支规模庞大的海军队伍，而军队的制服、配备的武器以及训练方式也都采取西方模式。行政制度改革方面，彼得改变了文官升迁途径，世袭地位不再是提拔官员的重点，他更看重人们在工作中的表现。

彼得鼓励社会各方面都进行西化，比如他不许男人留大胡子（后来这个

◇彼得大帝参与建立圣彼得堡

法令被修改），在法庭上要穿西式服装，他还鼓励人们抽烟和喝咖啡。那时候很多人都对他的这些要求表示不满，不过在长时间的坚持下，俄国贵族还是学习了西方文化，并养成了西式习惯。

彼得认为国内的东正教是落后且反动的，于是他对教会组织进行调整，并成为其实际控制者。在这基础上，彼得建立了不同于教会学校的普通学校，并积极推动科学的发展。此外，他还引进了儒略历，进行了俄文改革。俄国的第一份报纸也是由他创办的。

彼得的外交政策对俄国后来的发展具有重要影响。在他的领导下，俄国与南部的土耳其和北部的瑞典之间都爆发过战争。一开始，在与土耳其的战争中，俄国取得了一些胜利。1696 年俄国占领亚速港，打开了通往黑海的航道。然而到了 1711 年，彼得战败，他只好将亚速港还给土耳其。

俄国与瑞典的战势发展恰恰与上述相反。起初俄国打了败仗，但是后来又扭转了局势。1700 年，彼得联合丹麦和萨克森对军事强国瑞典开战。在当年的纳尔瓦战役中，俄国损伤惨重。随后瑞典国王将矛头对准其他敌人，彼得借机重整队伍。后来双方又爆发战争，1709 年，俄国在波尔塔瓦将瑞典军队打得落花流水。

通过战争，俄国占领了爱沙尼亚、拉脱维亚以及芬兰的一大块领土。这块区域虽然不算广阔，但是地理位置十分重要。俄国从此拥有了通向波罗的海的出口和通往欧洲的门户。彼得占领了瑞典的涅瓦河畔，并在那里建立了圣彼得堡。1712 年，他将首都从莫斯科迁到了那里。此后，圣彼得堡成为连接俄国和西欧的纽带。

内政外交的改革最终导致赋税的增加。这自然会激怒一些俄国人，不过他们的几次起义都遭到了彼得的镇压。尽管当时彼得受到不少反抗，但是如今的史学家们——无论是俄国的还是西方的——都一致认为他是俄国最伟大的沙皇。

彼得有着威武的外表，他身材高大，相貌英俊，精力充沛。他是一个与众不同的君主，除了拥有卓越的政治和军事能力，彼得还掌握木工、印刷、航海和造船技术。他有过两段婚姻，17 岁时他娶了第一位妻子，两人只共同生活了一个星期。在他 26 岁时，他把她送到了修道院。1712 年，两人离婚，随后他娶了另外一个姑娘。他的第二任妻子叶卡捷琳娜是一个出身卑微的立陶宛人。彼得和第一任妻子有一个儿子——阿列克谢。不过父子俩的关系并不好。1718 年，阿列克谢因密谋造反而被捕，最终死在监狱里。1725 年，52 岁的彼得在圣彼得堡离世。他的妻子叶卡捷琳娜继承王位（此人为叶卡捷琳娜一世，并不是著名的叶卡捷琳娜大帝）。

彼得在推动俄国西化和近代化过程中发挥了重要作用。不过有人会说，其他国家也有统治者推行了类似的政策，为什么只有彼得能进入这个排行榜呢？

在如今的 20 世纪，多数国家都能认识到接受西化，特别是在科学技术上学习西方经验的重要性。不过在 1700 年，欧洲之外的人很难看出西方政策的优越性。所以能够认识到西化和近代化重要性的彼得，无疑是具有超前思维的。也是因为这种视野和眼光，才让原本落后的俄国在短时间内赶超了其他国家。

我们可以将俄国和土耳其进行对比。这两国家都是半欧洲国家，在彼得执政之前的 200 年里，土耳其不论是在军事上、经济上还是文化上，都领先于俄国。但是在 1700 年前后，土耳其苏丹没能意识到国家西化的重要性，自然也不会带领国家朝着这个方向发展。所以从那时起，彼得带着俄国一路向前，而土耳其则进步缓慢。后者在基马尔领导下开始西化时，已经是 20 世纪了，那时候俄国早就在工业和教育上将土耳其甩在了后面。

毫无疑问，如今的土耳其根本无法与俄罗斯相比。假如俄国不曾出现过彼得，而土耳其却有一位致力于西化改革的苏丹，那么代替苏联成为大国、统治中亚地区的可能就是土耳其了。（该地区的居民多是穆斯林，他们与土耳其人的关系要比与俄国人的关系密切得多。）

彼得是一位有雄才大略、敢于引领时代潮流的人，因此他完全有资格被写进本书。

不过在排名的时候，我不免拿他与伊丽莎白女王进行了对比。在西方，伊丽莎白一世的名声更大。不过俄国人必定不会认为彼得大帝的影响力比伊丽莎白小。伊丽莎白的主要功绩是能够顺应民意，但是彼得大帝更具改革和独创精神，这才把俄国带进了一个全新的时代。

89

毛泽东

Mao Zedong

1893—1976

中国共产党在毛泽东的带领下夺取了全国政权，从而使中国发生了天翻地覆的变化。

1893 年，毛泽东出生在湖南韶山的乡下，父亲是一名富农。1911 年，毛泽东 18 岁，还是一名学生。那时中国爆发了反抗清政府的起义，几个月后，清政府倒台，中国宣布实行共和制。不过当时的革命领导人建立的政府不够稳固、统一，导致中国内战不断，而且这种情况一直持续到 1949 年。

年轻的毛泽东思想进步，1920 年时就成为马克思主义的信仰者。他还是中国共产党的早期创始人之一（1921 年），1935 年他成为中共领袖。

中国共产党夺取政权的道路充满艰难险阻，分别在 1927 年和 1934 年经历两次绝境重生。1935 年，共产党在毛泽东的带领下开始壮大起来。1947 年，中国共产党领导的解放战争从对国民党的积极防御状态转入战略进攻阶段。1949 年，共产党取得了胜利，并几乎控制了中国大陆所有地区。

历经 38 年的内战，中华人民共和国终于成立了。但那时的中国贫穷落后，文盲不计其数。56 岁的毛泽东的政治生涯似乎已经过去了一大半。

然而他真正发挥影响力的时期才刚刚开始。毛泽东去世的时间是 1976 年，那时中国已经因他的政策发生了根本性的改变。其中一个方面就是中国的全面现代化，尤其是工业化进程发展迅速，同时公共卫生和教育也取得了巨大进步。这样的进步自然是重要的，不过这种情况在那个时期不仅发生在中国，所以仅凭这一点还无法确定毛泽东在本书中的排名。

他的第二个成就是领导政府对中国的经济制度进行改革——把原本的资本主义制度变为社会主义制度。他去世后，邓小平建立了社会主义市场经济体制。但西方世界对这一政策并不看好。

起初，毛泽东和马克思一样，都认为城市里的工人阶级是共产党最强大的力量来源。但是 1925 年的时候，他认识到共产党的力量来自农民，至少在中国是这样的。按照这样的思路，他将共产党与国民党斗争的根据地转移到农村。即便成为国家领导人后，他的这个观点也不曾改变。不同于斯大林重点推动工业发展，毛泽东更关注农村的发展。不过在他的领导下，中国工业也取得

◇中国人民在庆祝中华人民共和国成立 18 周年

了长足的发展。

中国政府的决策并非毛泽东一人做出，在这一点上他与斯大林有很大区别。但是不可否认，从 1949 年到 1976 年，他都是中国最重要的领导人。

评价这样一位离我们并不久远的政治家并非易事。我们可以把他与秦始皇做比较，因为他们都是中国人，也都带领中国进行了伟大的变革，不过秦始皇的影响力持续更长。我们也可以把毛泽东与列宁进行对比，他们两个分别是中国和俄国的马克思主义奠基者。如果从影响人口上看，毛泽东的影响力更大，毕竟中国人口数量是俄国的三倍。不过由于列宁领导革命的时间更早，他既是毛泽东的榜样，也影响了毛泽东的思想。另外世界上第一个社会主义国家是列宁建立的，所以他在世界上的影响比毛泽东更大。基于这一点，只好将毛泽东的位置排在列宁之后。

90

培根

Francis Bacon

1561—1626

英国人培根是一名杰出的政治家，他几乎将毕生精力都倾注于政治工作当中。然而他能排进本书却是因为他的哲学作品。透过那些文字，人们可以发现他不仅是引领科学新时代的先行者，还是第一位认识到世界会被科技改变的伟大哲学家，更是科学调查的发起人。

1561 年，培根出生在伦敦，父亲是伊丽莎白女王手下的一名高官。他 12 岁进入剑桥大学的圣三一学院读书，三年后在没有拿到学位的情况下离开校园。16 岁时，他开始跟着英国驻巴黎大使工作。但好景不长，培根的父亲在他 18 岁时骤然离世，而且没有留下太多钱。于是他去学习法律，并在 21 岁时被英国律师协会录取。

此后不久培根就走上了从政之道路。他 23 岁成为英国下议院议员。尽管他很有才华，身边也有一些位高权重的亲友，但伊丽莎白女王却不愿意重用他。一部分原因是培根曾在议会上与女王唱反调——抗议税收计划。而他之所以这样做，是因为他生活铺张浪费，常常入不敷出、负债累累，根本负担不起巨额税费支出。

后来培根与受人爱戴且很有政治抱负的埃塞克斯伯爵成了朋友。培根为这位年轻的贵族出谋划策，后者则慷慨地为培根的消费买单。在野心的驱使下，埃塞克斯伯爵准备发动一场反对女王的政变。培根劝告对方，女王才是他首先要效忠的人。但埃塞克斯一意孤行，结果政变失败。在对埃塞克斯进行审判的时候，培根表现得很积极。所以当伯爵被判斩首后，培根在人们心中的形象变得很差。

1603 年，伊丽莎白女王去世。培根成为詹姆士一世国王的顾问。虽然他的意见并不是总能被国王接受，但他还是很受詹姆士欢迎的，所以那段时间培根在政治上很是得意。1607 年，他成为副检察长，1613 年又荣升检察长，1618 年他除了担任大法官之职，还被封为男爵，1621 年，他被封为子爵。

然而福祸无门，唯人自招。培根收受了诉讼当事人的“礼品”，还被他的政治对手抓住了把柄。虽然这在当时是很常见的，但他的行为违反了法律也是千真万确。因受贿罪，培根被罚了一大笔钱，并被监禁于伦敦塔内。从此他被

◇培根画像

逐出宫廷，终生不得担任议员和任何官职。尽管后来国王把他放了，也没有让他交罚金，但是培根的政治生涯却彻底结束了。

现在，我们可以想一想那些高级官员因受贿而被抓的事例。通常这种人东窗事发后都会抱怨、狡辩，会指责别人也是这样做的。但是培根对自己的判决却有着与众不同的评价，他说："我是英国这50年中最公正的法官。但在200年中，它（指对自己的判决）都将是公正的判决。"

不过把培根列入本书的名单，并不是因为他的政治成就——他最大的影响力来自他的哲学著作。1597年，他的《论说文集》首次出版，随后内容被不断充实丰富。这本书文风简洁大气，更显露出作者对政治和人生的非凡洞察力。

培根重要的著作都是关于科学哲学的。他曾想完成一套由六部分内容组成的巨作《伟大的复兴》。在他的计划里，第一部分是回顾人类当时的知识状况；第二部分是描述新的科学探究法；第三部分是经验数据的集合；第四部分是描述他发现的新方法的运用；第五部分是提出暂时性的结论；第六部分是从他的新方法中总结新知识。这绝对是亚里士多德之后最有雄心壮志的创作。不过可惜的是，培根的愿望并没有实现。不过，人们将他在1605年和1620年完成的《学术的进展》和《新工具》两本书看作《伟大的复兴》的前两部作品。

培根最重要的作品大概就是《新工具》了。这本书主要是让人们接受经过验证的探究方法。他认为不应该完全依赖亚里士多德的演绎法，而应该运用新的归纳法。想要认识世界，首先就要去观察。这应该是从收集素材到归纳再到总结的过程。培根的归纳法并未被科学家完全接受，不过他所强调的“观察和经验”却得到了科学家们的认同和应用。

《新大西岛》是培根的最后一部作品，书中虚构了一个位于太平洋的世外桃源的故事。尽管这很容易让人联想到莫尔的《乌托邦》，不过培根却有着个人独特的思想。在这本书中，海岛的理想世界来自科学研究的积累。培根向读者传达出这样的理念：只要运用科学，欧洲人就能获得如同神奇海岛上的那种繁荣、幸福的生活。

有人这样评价培根，说他是第一位近代哲学家。尽管他信奉上帝，但是他的观点与宗教无关，所以他是理性而非迷信的。在政治上，他推崇经验主义，而非盲目地打破逻辑。除了有非凡的文学造诣，他还非常热爱科学。

不过培根本人并非科学家，他甚至没有跟上同时代人的步伐。他没有关注纳皮尔和开普勒，也不在意他的英国同胞威廉·哈维。不过他曾正确地指出热能是一种动力。然而培根又拒绝哥白尼在天文学方面的思想。尽管他没有给出一套完整而正确的科学定律，却提供了一种需要学习的探究方法。毕竟他的科学猜测的目的不是提供答案，而是要引发人们进行深入研究。

最先认识到归纳法重要性的人不是培根，他也并非最理解科学对社会的重要性的人。只是在他之前，没有人能够这样全面、积极地公开发表这种观点。加之他的作家和政治家的身份，也让他对科学的态度有了更大的影响力。法国启蒙运动中，《大百科全书》的作者曾表示自己在撰稿时受到了培根的启发。如今阅读《新大西岛》的人已经越来越少，不过其思想在一定程度上已经成为一种共识。

91

福特

Henry Ford

1863—1947

著名的美国实业家福特是将现代工业技术与大规模生产进行结合的人。他不仅提高了美国的生活水平，还推动了全世界生活水平的提高。

福特出生在密歇根州的迪尔伯恩附近。文法学校毕业后，他没有读高中，而是在底特律当了机械师学徒，之后成为修理工、工程师。1885 年，奔驰公司的汽车进入市场，而福特还是一个毛头小伙子。

一种“无马车厢”引起了福特的好奇。1896 年，他制造了一辆自己设计的汽车。虽然他在这方面很有天赋，不过前两次商业活动都没有成功。倘若福特 40 岁时就去世了，那么他的一生或许都是失败的。

然而福特没有放弃，1903 年，他进行了第三次冒险，财富、声望接踵而至，更重要的是他还建立了福特汽车公司。福特的理念是公司能够快速发展的基础，在他看来汽车应该是服务日常生活的，它不仅要安全、舒适，而且要价

◇福特与 1921 年款 T 型车

格公道。他一开始设计的几款汽车虽然不错，但是还不够完美。1908 年，他打造了爆款的 T 型汽车，最终这款车卖出了 1500 万辆。

一开始福特就清醒地认识到，想要销售平价汽车，就要降低成本。为此，他为工厂引进了一套非常高效的生产技术。其中包括：(1) 能够通用的零件；(2) 强化劳动分工；(3) 装配线。福特认为这是提高工人工作效率的必要手段。

福特在工厂里安装了传送带、滑道和吊车，这样工人就不会因取用物资而耽误时间。他还认真地研究生产方式，不断地改良技术。例如，他把原本复杂的工作分解成简单的操作，这样就算没有什么技术的工人也能够胜任。

以上这些都算不上是福特的首创。在他之前的 1 个世纪，通用的零部件就已经被使用了。另外，一些小工厂也会使用装配线。福特的特殊之处在于，他是第一个将这些内容全部为我所用的实业家。

这样做的结果让人惊喜。1908 年，T 型车最低价格为 825 美元，1913 年时

◇爱迪生和福特在爱迪生 80 岁生日时的合影

价格降到500美元，1916年为360美元，而到了1926年其售价已经是290美元了。随之而来的就是销售量飙升，福特因此成为世界上财富最多的平民。

因为工作效率不断提升，福特逐渐为工人们加薪。1914年，他工厂里工人的日工资能达到5美元，这可是过去工资的两倍。对于这个数字，世界各地的同行们都震惊了。福特给出的新薪资标准影响了整个美国，这令工人们得以摆脱贫困，大部分都过上了中产生活。

福特在技术革新方面的影响力更大。对于自己的大规模生产，他不仅没有将它视为商业机密，而且还积极想要将其推广。他的成功经验被越来越多生产商借鉴，最终推动了全美国甚至全世界生产能力的提高。

生意上获得成功后，福特开始向政治领域进军，不过结果并不理想。一战初期，他为和平到处奔走，但努力全部付之东流。20世纪20年代，他进行反犹宣传，结果他的形象严重受损，迫于公众压力他只能收回曾经说过的话。20世纪30年代，他拒绝在自己的公司建立工会，但遭到工人的反抗，公司也没能从中获得任何好处，福特无奈之下唯有接受。

从政经历没有给福特增加任何光彩，甚至还有些败坏声誉，不过这并未造成大范围影响。所以，福特依旧是深刻影响工业化革命的人。

92

孟子

Mencius

约前 372—前 289

孟子是中国著名的思想家，也是最能领会和继承孔子思想的人。在中国著作中地位极高的《孟子》记载的就是他的思想。在儒学方面，孟子的地位仅在孔子之后，人们尊称他为“亚圣”。

大约在公元前 372 年，孟子出生在邹国（现位于中国山东省境内）。那时中国正处于诸侯争斗激烈的战国时期。从小生长在儒家环境中的孟子，对儒家思想十分尊崇。后来他通过自己的努力，也成为了极具影响力的思想家和哲学家。

长大后的孟子开始周游列国，游说于各国君主之间。一些国君会很耐心地听取他的政治主张。在齐国时，他也曾有过官职，但是却没有决策权。公元前 312 年，他回到故乡，直到去世都没有再离开过。我们无法确定孟子去世的时间，只知道大概是公元前 289 年。

孟子生前有很多学生，不过他对中国最大的影响还是来自《孟子》一书。虽说他的学生对这本书进行过修改，但它仍然能够真实地展现孟子的思想。

孟子相信人性本善，所以《孟子》一书的主旨也是理想主义和乐观主义。他的思想与孔子的思想在很多方面都很相似，不过孟子更坚信君主应该施“仁政”，而不该用武力去征服国家。他的名言“天视自我民视，天听自我民听”表达的就是这种思想。

孟子曾提出“民贵君轻”，认为君主的责任是为民谋福，尤其要对百姓进行道德指导，并提供合适的生活条件。他倡导政府应该保障自由贸易、减轻赋税、保护自然、财富均等和帮助弱势群体等。孟子相信王权天授，但是如果君王无道，那么这种权力必然会失去。反过来讲，百姓有权推翻昏庸君主的统治（比洛克提出这一思想的时间更早），而且中国人也接受了这个思想。

总的来说，在大部分时间里，孟子的思想更为群众所接受。毕竟大多数统治者都不喜欢“民贵君轻”。不过随着时间的推移，他的观点越来越受到儒家学者和中国人民的欢迎。尤其是 11 世纪到 12 世纪新儒家思想的兴起，也让孟子的地位也越来越高。

孟子在西方的影响力不是特别大，一定程度上是因为中文著作限制了其思想在西方的传播。相较于被翻译成了多种欧洲文字的《道德经》，几乎同一时期的《孟子》在西方的知名度要小很多，它所阐述的思想自然也就只有少数人知道了。

但是，孟子的著作在中国的影响力是巨大的。哪怕他对儒学的贡献不像保罗对基督教的贡献那么大，但他的地位仍然不容小觑。我想世界上没有几位哲学家可以像他一样，作品能够在一个拥有十几亿人口的国家（占世界总人口的百分之二十）里被深入地研究。

93

琐罗亚斯德

Zoroaster

约前 628—前 551

琐罗亚斯德教距今已经有2500年，直至现在仍有信徒。其创始人是伊朗先知琐罗亚斯德，他还撰写了波斯古经《阿维斯陀》中最古老的部分《伽泰》。

关于琐罗亚斯德的个人信息并不多。大约在公元前628年，他出生于如今的伊朗北部。长大成人后，他致力于传播自己创立的宗教，结果四处碰壁。等到该教被伊朗最北方的一位国王接受时，琐罗亚斯德已经四十岁了。伊朗人认为他离世时是77岁，由此可以估算出他去世的大概时间是公元前551年。

琐罗亚斯德的理论融合了一神论和二元论。根据他的说法，真神只有一个，他称之为阿胡拉·玛兹达，代表着正直和诚实。但是他还相信有一个恶神存在，即代表罪恶和虚伪的安格拉·阿里曼。善神和恶神的力量不停争斗，人们可以自由地选择跟哪个神站在一队。虽然琐罗亚斯德教的信徒们认为善神和恶神的力量在现阶段不相上下，但从长远来看，胜利应该属于善神。此外，这些信徒坚信来世的存在。

在伦理问题上，琐罗亚斯德教强调要坚持正义和真实，他不赞同禁欲和独身。琐罗亚斯德教的宗教仪式很特别，多数都带有对火的崇拜。例如，他们殿宇中的圣火是不会熄灭的。不过最特别的还是他们在处理遗体方面的做法：既不土葬也不火化，而是放在塔上让秃鹫吃掉。

◇孟买琐罗亚斯德教神庙

琐罗亚斯德教与伊朗旧教有一些共同的元素，不过大部分都是在琐罗亚斯德死后才得以广泛传播。公元前6世纪中期，居鲁士把琐罗亚斯德教传教的地区纳入波斯帝国，偏偏这时候琐罗亚斯德去世了。在

之后的 200 年中，琐罗亚斯德教在波斯帝国的信徒渐渐多了起来。但是到公元前 4 世纪后期，由于波斯被亚历山大占领，琐罗亚斯德教渐渐衰落。波斯独立后，波斯人受希腊文化的影响开始下降，琐罗亚斯德教的圣火又开始熊熊燃烧。在萨珊王朝期间，波斯国教就是琐罗亚斯德教。

很多波斯人在 7 世纪的阿拉伯圣战期间成了伊斯兰教的信徒。10 世纪时，一些虔诚的琐罗亚斯德教徒从伊朗逃到波斯湾的霍尔木兹岛，后来这些人以及他们的后代又去了印度，并在那里建立了聚集地。因为来自波斯，所以印度人把这些琐罗亚斯德教徒叫作帕西人。如今印度大概有十万帕西人，他们在孟买附近形成了自己的社区。另外，伊朗现在也有琐罗亚斯德教的信徒，只不过人数只有两万左右。

如今，琐罗亚斯德教信徒甚至比摩门教和基督教科学派这种新兴教派的人数还要少。但是从它的历史发展来看，琐罗亚斯德教徒总数很庞大，因此琐罗亚斯德才能越过约瑟夫·史密斯和玛丽·艾迪成为本书名单中的一员。

琐罗亚斯德教的神学思想对犹太教和基督教也有一定的影响。但相对而言，它对摩尼教的影响更大。因为在摩尼在创教时就接受了琐罗亚斯德关于善恶斗争的思想。

作为古老的宗教之一，琐罗亚斯德教之所以影响力不及佛教、基督教和伊斯兰教，原因在于它是区域性的宗教，而不像另外三大宗教那样能在全世界传播。

94

伊丽莎白一世

Elizabeth Ⅰ

1533—1603

毫无疑问，伊丽莎白一世是英国杰出的君主之一。她在位 45 年，期间英国不仅经济文化繁荣发展，而且还建立了世界一流的海军。正是因为有了她，英格兰黄金时代才能取得如此之多的成就。

1533 年，伊丽莎白出生在英格兰的格林威治。她是领导英格兰进行宗教改革的亨利八世和第二任妻子安妮的女儿。1536 年，安妮被斩首。几个月后，议会宣布年仅 3 岁的伊丽莎白为私生子（这一直是大多数英国天主教徒的观点，因为他们认为亨利与第一任妻子的离婚并不合法）。不过伊丽莎白还是生活在宫廷，并且受到了非常好的教育。

1547 年，伊丽莎白 13 岁（还未来得及过 14 岁生日。——编者注），这一年她的父亲去世了。在之后的 11 年里，英格兰的统治比较混乱。1547 年到 1553 年，执政的是伊丽莎白同父异母的兄弟爱德华六世，那时政府推行的是亲新教政策。后来玛丽一世女王（Mary Ⅰ）上台开始支持天主教，在那五年间受迫害致死的新教徒就有 300 人左右。伊丽莎白也未能幸免，一段时间里她不仅被关进伦敦塔，而且生命还受到威胁。1558 年，玛丽一世去世，25 岁的伊丽莎白成为女王，英国人为此十分开心。

刚继位的伊丽莎白需要面对很多难题，比如与法国之间的战争，与苏格兰和西班牙紧张的关系，还有让人堪忧的政府财政状况。最让她头疼的是英格兰内部的宗教分歧。

为了解决这个问题，1559 年，她重申《至尊法案》，将英国国教确定为英国官方宗教。温和的新教徒对此很满意，不过清教徒却认为应该进行更彻底地改革。尽管清教徒和天主教徒都向女王施压，但是她终究还是坚持了自己的主张。

苏格兰玛丽女王（Mary Stuart）的出现让宗教状况变得糟糕。由于遭到苏格兰的驱逐，这位女王跑到了英格兰。她的到来让伊丽莎白感觉自己的位置受到威胁，便把她软禁了起来。原来，玛丽也是有资格成为英格兰女王的，而且她还是一个天主教徒。有些人想让英格兰有一名信奉天主教的女王，所以很可能会因此暗杀伊丽莎白或者发动政变。在玛丽被关的 19 年里，英格兰的确发

◇英国女王伊丽莎白一世的游行画像

生过几起反对伊丽莎白的事件，不过这应该跟前者没什么关系。但大臣和议会都认为应该处死玛丽，迫于压力，伊丽莎白在 1587 年下令处死了她。

对伊丽莎白来说，宗教冲突的确很危险。1570 年，教皇庇护五世拒绝伊丽莎白进入教会，还扬言要将她废黜。1580 年，教皇格里高利十三世宣布刺杀伊丽莎白的人不必承担责任。不过，这种情况对伊丽莎白来说并非全无好处。因为新教徒不想让天主教在英格兰复辟，所以伊丽莎白干脆就将自己打造成反对恢复天主教地位的堡垒，这让她获得了广大英格兰新教徒的支持。

伊丽莎白很有外交手腕。1560 年，她签订了爱丁堡协议，和平解决了与苏格兰之间的问题。在对法战争上，她不仅让战争停止，还增进了两国之间的关系。由于种种原因，英格兰和西班牙之间发生了冲突，伊丽莎白也是千方百计地避免事态升级。但 16 世纪的西班牙是一个被激进的天主教支配的国家，英格兰与它之间的战争似乎是不可避免的。在这期间，荷兰也起到了催化作用。在荷兰反抗西班牙的队伍中大多数人都是新教徒，所以伊丽莎白给予了这些人不少帮助，让他们能够去对抗西班牙人。尽管女王无意卷入战争，但是当时大多数英国人、大臣以及议会都主张用武力解决问题。所以在 16 世纪 80 年代，英格兰与西班牙开战时，伊丽莎白才能够从英格兰群众中获得充分的支持。

经过多年的苦心经营，伊丽莎白终于建立起了英国海上军队。那时西班牙国王腓力二世也拥有一支号称“无敌舰队”的海军。双方船只数量不相上下，但英格兰在人数、武器和作战能力方面要强于西班牙。1588 年，西班牙无敌舰队战败，英格兰从此成为海上强国，这种优势一直持续到 20 世纪。

人们把伊丽莎白执政的 45 年称作英国的黄金时代，期间英国涌现了许多伟大的作家，其中就包括莎士比亚。女王很支持戏剧演出，还曾给予莎士比亚资金支持。那时英国还出现了很多探险家，有人行进至俄国，尝试开辟到达东方的贸易通道。也有人试图在北美建立英国殖民地，不过没有成功。

伊丽莎白最大的问题就是不愿意提前选好王位继承人。事实上，她是否结婚对这件事根本没什么影响，或许她只是担心继承人会对自己造成威胁。不过，假如她突然去世，很可能就会让英格兰陷入争夺王位的内战。所幸她直到七十岁才去世。临终前，伊丽莎白让苏格兰国王詹姆士（被她处死的玛丽的儿子）继承自己的王位。尽管这样可以让苏格兰和英格兰合为一体，但后来事情的发展却不在玛丽的预料之中。詹姆士和他的儿子查理一世的独裁统治，导致英国后来爆发了内战。

伊丽莎白是一个聪明睿智的政治家，她行事谨慎，不喜欢流血牺牲。她通过与议会合作让自己更好地行使权力，这种政治风格跟她父亲很像。伊丽莎白深谙用人之道，从 1558 年到 1598 年，她一直让威廉·塞西尔（伯利勋爵）当自己的首席顾问，有了此人的辅佐，伊丽莎白的政治道路才得以顺畅。伊丽莎白没有结过婚，但她并不厌恶男人，相反，她很喜欢有男人们的陪伴。

伊丽莎白女王的成就主要有以下几点：第一，她让英国在没有发生流血事件的情况下进入第二阶段的宗教改革，既平息了英国天主教和新教之间的矛盾，还保证了国家的统一；第二，她在执政的 45 年中创造了英国的黄金时代；第三，她让英国成为世界强国，并为英国长久保持这种世界地位打下了基础。

伊丽莎白在本书中是一个非常特别的存在。不像其他人都做出了不同寻常的创新之举，伊丽莎白在执政方式上甚至是保守的。不过偏偏是在这样的统治下，英国得到了快速的发展。

她没有与议会争权夺利，也没有想过成为一个独裁者，结果却促进了英国民主的发展。她无意建立强大的军事力量，更没有进行武力征服的野心，不承想竟让英国拥有了海上最强的军队，还为后来建立日不落帝国铺平了道路。

不过我们不能一味夸大伊丽莎白女王的影响力。毕竟英国广阔的海外殖民地都是在伊丽莎白去世后建立的。而且在英格兰和西班牙的战争中，她的作用也没有特别大。仔细研究那场战争就能知道，西班牙对英格兰并没有造成很大的威胁，英格兰舰队在海战中的优势很明显，而且他们一艘军舰未失。再者，就算西班牙能登陆英格兰，却也没有征服该国的实力。

那么伊丽莎白在本书中到底应该是什么样的地位呢？鉴于她的影响力不是全球性的，所以应该与俄国的彼得大帝差不多。不过后者将俄国带上了一条全新的道路，所以在创新方面，他更领先于伊丽莎白。

95

戈尔巴乔夫

Mikhail Gorbachev

1931—2022

苏联解体是过去四十年中最重要的政治事件。这期间出现了一位非常重要的人物，他就是领导苏联六年（1985—1991）的戈尔巴乔夫。

1931 年戈尔巴乔夫出生在苏联南部斯塔夫罗波尔边疆区的普利里沃利诺耶村。他的童年时代正是斯大林开展肃反运动时期，戈尔巴乔夫的祖父在集中营里被关了 9 年，直到 1941 年德国入侵前几个月才被释放。战争期间，戈尔巴乔夫的爸爸加入了军队，一个哥哥牺牲在了前线，而他本人由于当时年纪还小，所以没有上战场。但是他的家乡被德国人占领了大约 8 个月。

战争并没有影响戈尔巴乔夫的进步。他读书时成绩优异，15 岁就成了共青团员，后来又当了四年收割机操作员。1950 年，他成为莫斯科大学法律专业的学生，并在 1952 年成为一名共产党员。在校期间他结识了后来的妻子赖莎，两人毕业后不久就结了婚，还生了一个女儿。

拿到法律文凭后，他回到了家乡，开始为共产党组织工作。1970 年他成为区委第一书记，次年成为苏共中央委员。1978 年，戈尔巴乔夫移居莫斯科，并进入中央委员会，成为主管农业的中央书记。1979 年，他当选苏共中央政治局候补委员，第二年成为正式委员。

戈尔巴乔夫的晋升几乎都是在勃列日涅夫领导苏联期间（1964—1982）。之后安德罗波夫（1982—1984）和契尔年科（1984—1985）分别成为领导人，但是时间都不长。就是在那几年里，戈尔巴乔夫成为政治局一名杰出的成员。1985 年 3 月 10 日，契尔年科去世，次日戈尔巴乔夫出任苏共总书记。

在当总书记之前，戈尔巴乔夫就曾出访过法国、意大利、加拿大、英国等，这一点与其他苏联领导人有很大区别。所以他上台后，许多西方人希望他的执政方式能更现代、更开放。事实证明确实如此，只不过其改革的速度和跨度有些出人意料。

那时苏联有很多现实的问题，主要原因是军费支出加剧了政府财政危机。为了尽快停止军备竞赛，他接受了美国总统罗纳德·里根召开峰会的提议。两位领导人分别在日内瓦（1985）、雷克雅未克（1986）、华盛顿（1987）和莫斯科（1988）进行了四次会晤。成效最显著的是 1987 年 12 月签署的消除中程和中短程导弹条约，首次让两个军事大国减少了核武器数量。事实上，这个条约让所有中程导弹全部消失了。

戈尔巴乔夫另外一项重要举措是从阿富汗撤军，国际紧张局势因此缓解。1979 年，苏联军队进入阿富汗。起初他们在军事上很有优势，后来里根为阿富汗游击队提供了对空导弹来对付苏联空军，结果局势发生反转，苏联陷入了一场漫长的、前途不明的战争中。由于战争耗费了大量资金，所以苏联对阿富汗的战争不仅受到外部世界的批评，国内也是一片质疑的声音。碍于面子，勃列日涅夫、安德罗波夫和契尔年科都不愿意撤军，戈尔巴乔夫起初也是如此，不过后来他还是决定趁早从无望的战争中抽离出来。1988 年，他将在阿富汗的所有苏联军队都撤回了。

戈尔巴乔夫很大程度上改变了苏联的外交政策，不过他更多的精力还是放在了国内的政务上。自始至终他都明白，务必要做些改变来解决苏联的经济问题。而这些改变中就包括削弱共产党的力量，并允许某些行业企业的私有化。

◇1987 年 12 月 8 日，戈尔巴乔夫与里根在华盛顿签订《中导条约》

要强调的一点是，戈尔巴乔夫坚称自己是社会主义信仰者，并会一直追随马克思和列宁的足迹。他所做的只是对共产主义制度进行改革，目的是让这种制度能够在苏联更好地发挥作用。

1986 年，戈尔巴乔夫推出了“公开化”政策，这是他最具革命性的举措。一方面，这让政府活动更加公开透明；另一方面，它让个人和媒体拥有了议论政治的自由。不管是政府政策、共产党组织，还是包括戈尔巴乔夫在内的政府要员，都要接受媒体刊物的评价。

1989 年，苏联的民主化又向前迈出了一大步。新一届苏联议会——人民代表大会进行了普选。在西方人眼中，这与自由选举还有些差距。因为在候选人中，百分之九十都是执政的共产党员，其他政党不能参与其中。不过选举采用了无记名投票方式，票数统计也很公正。选举改革的结果是不少走旧路线的干部落选，而一些有其他政治理念的人当选了。

苏联的变革是深刻的，但是所有人都想不到东欧剧变会在 1989 年至 1990 年之间发生。先是柏林墙的倒塌，接着保加利亚的托多尔・日夫科夫辞职，捷克斯洛伐克总统古斯塔夫・胡萨克辞职，匈牙利的其他党派崛起，波兰建立市场自由的经济体制，罗马尼亚的齐奥塞斯科被推翻……最后一张多米诺骨牌最终落在了东欧。

这期间，苏联内部开始了民族主义运动。事实上，不少共和国联盟的成

◇1987 年，戈尔巴乔夫夫妇在里加参观

员都希望能够独立，只不过在斯大林等人的统治时期，他们不便表达自己的想法。戈尔巴乔夫的“公开化”政策让民族主义有了发声的机会，随后一些有组织的运动出现了，在爱沙尼亚、拉脱维亚、摩尔达维亚及其他加盟共和国甚至还出现了一些影响社会治安的事件。立陶宛这个小国家更是直接宣布脱离苏联成为独立国家。

戈尔巴乔夫的应对方式很有意思：他将立陶宛的独立判定为非法行为，并警告他们如果不及时悔改，后果将会很严重。戈尔巴乔夫试图通过经济封锁迫使立陶宛屈服，并让苏联军队进入立陶宛首都。不过他既没有进行武力镇压，也没有拘捕立陶宛的领导人。

区区一个立陶宛原本对苏联没什么重要意义，毕竟该国不论在经济上，还是在军事上都没什么优势。不过它却打开了苏联民族主义的口子。其他加盟共和国的民族主义者见戈尔巴乔夫没有镇压立陶宛，纷纷燃起了追求独立的希望。不到两个月，拉脱维亚议会宣布脱离苏联。1990 年 6 月 12 日，俄罗斯，这个苏联最大的加盟共和国宣布自己是“主权国家”，这几乎等于宣布独立。1991 年末的时候，15 个苏联加盟共和国或宣布独立或宣示主权。

苏联共产党和军队里一些老派的领导人把这些都归咎于戈尔巴乔夫的改革。1991 年 8 月，这些人发动了政变并软禁了戈尔巴乔夫，他们想通过改变领导人的方式来推翻之前的政策。不过这一举动遭到了叶利钦等其他苏联领导人以及广大人民的反对。所以没过几天，政变就失败了。

此后，苏共形势急转直下，不仅苏共活动被中止，而且财产也被冻结。1991 年底，所有加盟共和国全部宣布独立，苏联正式解体。1991 年 12 月，戈尔巴乔夫辞职。

那么，在戈尔巴乔夫执政期间发生的这些事情真的都是他的责任吗？事实上，他带领苏联进行了很多经济改革，不过这些改革还是不够大、不够及时。他下台的根本原因就在于苏联当时的经济问题。

不过戈尔巴乔夫的确推动了东欧国家获得自由。东欧六国能够独立，离不开戈尔巴乔夫的巨大作用。他曾多次公开表示愿意让东欧国家自行发展。

1989年10月，东德爆发了一次规模很大的示威活动，按照过去苏联领导人的行事方法，必定会派军队进行镇压。但是戈尔巴乔夫建议那里的领导人昂纳克不要使用武力。同样，面对立陶宛的起义，戈尔巴乔夫也没有选择用军队去镇压。结果导致其他加盟共和国纷纷脱离。

在结束军备竞赛和终结冷战方面，戈尔巴乔夫起到了十分重要的作用。不过有人觉得里根的作用更大。一方面是因为美国的财力更能支撑军备竞赛的费用，但他还是积极地劝说苏联领导人结束冷战。另一方面，签署协议是双方的行为，所以里根至少要与戈尔巴乔夫平分中导条约的功劳。

戈尔巴乔夫为苏联的政治带来了巨大的变革，如果没有他，苏共的力量就不会减弱。"公开化"政策也不会出现，苏联也不会有出版自由和言论自由，国家的民主化进程也不会加速。尤其是推行"公开化"政策，戈尔巴乔夫并非受到人民和政治局的压力才去这样做，他只是发自内心地想要去推行这样的政策，即便面对质疑，他还是坚持了下去。

也有人说，戈尔巴乔夫的行为促进了德国统一，导致了苏联的解体，但这些都不是他想要的结果。事实的确如此，不过这丝毫不影响他的重要性。毕竟我们看重的是政治家影响的结果，而不是他做事的初衷。

1985年戈尔巴乔夫成为领导人时，没有人会想到不久之后苏联就会解体。如果那时上台的是另外一个人，或许现在仍有苏联的存在，冷战也不会停止。不过历史没有"如果"，尽管戈尔巴乔夫来没想过要解散苏联，但他推行的政策和他的影响力终究还是造成了这个后果，世界格局也因他而改变。

96

美尼斯

Menes

约前 3100

美尼斯是首位统一埃及的人，也是埃及第一王朝的开国之君。他建立的王国在人类文明史上长久地闪烁着光芒。

对于美尼斯生于何年死于何时现在已经无从考证，我们只是知道他大概生活在公元前 3100 年。在他之前，埃及还是两个独立的国家。下埃及在北部，上埃及在南部。相对来说下埃及的文化更为先进，不过它最终被上埃及的国王美尼斯征服，从而与上埃及合成为一个国家。

统一埃及后，美尼斯自称为“上下埃及国王”，在之后的几千年里，法老们都保留着这个称号。美尼斯在上下埃及的边境，也就是统一后埃及的中部地区建立了一个叫作孟斐斯（白城）的城市，那里距离如今的开罗很近。在长达几个世纪的时间里，孟斐斯都是埃及的主要城市之一，而且有一段时间它还是埃及的首都。

没有确切的资料来证明美尼斯的执政时间。有些史料显示他的统治时间长达 62 年，这着实让人难以置信。

我们无法详细了解几千年以前的事情，但这并不影响我们理解美尼斯的重要成就。在他之前，埃及文化要远远落后于两河流域文化。美尼斯统一埃及之后，埃及人民的文化潜力仿佛一下子就被激发了出来。政治的统一让埃及社会和文化在一段时间内迅速发展。在王朝建立初期，政府和社会制度就得以健全，并且在两千年里都没有太大的变化。与此同时，象形文字、建筑及其他方面的技艺也迅速发展。在几个世纪里，埃及文明不仅能与两河流域文明一较高下，而且在某些方面还能更胜一筹。在美尼斯之后的两千年里，埃及一直是世界上最富有、文化最繁荣的国家。

将美尼斯排在本书中的什么位置是件不好决定的事情。毕竟他在统一埃及方面的作用基本上都是我们猜测的。但是历史经验告诉我们，要取得这样伟大的功绩，并守住江山，作为一名君主，他必须要有卓越的领导才能。由此我们可以断定美尼斯在那时绝对是一个了不起的、具有非凡影响力的人物。

97

查理大帝

Charlemagne

约 742—814

查理曼（查理大帝）是欧洲历史上一位十分重要的统治者。他是法兰克国王、罗马帝国皇帝，也是将萨克森地区纳入法兰克版图中的人。

742年，查理曼在亚琛附近出生，后来他把那里定为首都。查理曼的爷爷是在732年打败了阿拉伯侵略者的法兰克实际掌权人查理·马特。其父亲矮子丕平在751年推翻了软弱的墨洛温王朝，建立了加洛林王朝。768年，丕平驾崩，随后查理曼和他的弟弟加洛曼瓜分了法兰克。或许上天注定法兰克会被统一，771年，加洛曼突然离世，查理曼成为西欧最强国唯一的统治者，那一年他29岁。

对查理曼来说，征服萨克森是一项非常重要的事情，同时也是非常困难的。从772年到804年，他前后对德国北部这个地区至少进行了18次战争。由于宗教问题，这场战争不仅持续时间长，而且十分残酷血腥。查理曼强迫所有的萨克森人都要信奉基督教，如果他们拒绝接受洗礼或者中途改变信仰，就会被判处死刑。这让四分之一的萨克森人惨遭杀害。

为了平定德国南部和法兰克西南部，查理曼对这两个地区也发动过战争。在帝国东边，是控制了如今匈牙利和南斯拉夫地区的阿瓦尔人。为了保证边境不受威胁，查理曼也用武力镇压了他们。虽然法兰克人没有进军萨克森东部和巴伐利亚，但是从德国到克罗地亚的广大地带，遍布着承认法兰克是宗主国的国家。

出于保护南部边境的目的，查理曼在778年对西班牙开战，但未能成功征服对方。在查理曼执政的45年里，他一共发动了54次战争，将西欧的大部分地区都掌控在自己手中。在法兰克帝国最鼎盛时期，其版图覆盖了如今的法国大部分地区、德国、瑞士、奥地利、荷兰以及意大利大部分地区。这是罗马帝国之后，欧洲第一次出现能够统治如此多国家的人。

查理曼与教皇在政治上是合作关系，不过显然主宰者是他而不是教皇。800年的圣诞节，查理曼在罗马迎来了自己的高光时刻，这也是他最为人熟知的事迹——他在教皇圣利奥三世的加冕下，成为罗马皇帝。这意味着查理曼继承了奥古斯都皇帝的权力，3世纪前消亡的罗马帝国复辟。不过查理曼和奥古

◇圣伯多禄大教堂中的查理大帝骑马雕像

斯都有所不同，首先他们统治的地区不同；其次查理曼不是罗马人；最后查理曼将首都定在亚琛，而不是罗马。

查理曼一生征战沙场所向披靡，把大部分时间都用在统一西欧。不过在确定王位继承人方面，他却做出了算不得英明的决定——他死之后，将帝国一分为三，让他的三个儿子分别管理。不过他有两个儿子早早就死了，814 年查理曼在首都去世，他的小儿子路易登基。在确定继承人方面路易与他父亲有着同样的问题，都是希望能把国家分给儿子们。经过一番战斗，路易的儿子们最终签署了《凡尔登条约》(843 年)，将帝国分为三部分。第一部分为如今法国的大部分地区；第二部分为德国的大部分地区；第三部分则包括意大利北部和横跨法德边境的广阔狭长地带。

有些人对于查理曼复辟罗马、统一西欧、把萨克森划入西欧、传播基督教等历史功绩给予高度评价，可我觉得有他的影响力并没有那么大。因为神圣罗马帝国并没有真正恢复，这不过是查理曼继承王位后对法兰克帝国疆域的扩

◇《凡尔登条约》建立了目前的法国和德国边界

大。至于统一西欧，虽然查理曼的确做到了，不过在他去世后三十年，帝国就分裂了，自此再也没有统一。而基督教更是在他之前就已经开始向北方传播，再者强迫萨克森人信奉基督教这件事查理曼做的也不成功。那么他在军事上的成就当真保护了西欧不受外来侵扰吗？并没有。欧洲最不太平的时期就是 9 世纪，它的四周都时有外族入侵。

相较来说，中国的隋文帝比查理曼的历史地位更高。因为前者建立的统一国家是持续的，而查理曼统一的西欧连一代都没坚持下去。

虽说欧洲人夸大了查理曼的影响力，不过在当时他的确发挥了重要作用。在他执政期间，国内出现了短暂的文化复兴。当然，查理曼也有一定的长期影响力，例如德国皇帝就是受到查理曼的启发，才将注意力集中到了意大利，并陷入了对意大利的战争中。如果没有查理曼这个先例，德国应该会在没有注意到意大利的情况下，向北或者向东进军。其实查理曼最大的功绩就是将萨克森并入欧洲文明之中，这有点像恺撒征服高卢，不过由于萨克森面积小，所以显得不如前者那么重要。

98

荷马

Homēros

约前 9—前 8 世纪

长久以来，《荷马史诗》作者的身份一直存在争议。一些长期研究这部史诗的专家也不能确定《伊利亚特》和《奥德赛》是在什么时间、什么地点以什么样的方式完成的。如果是基于以前的作品进行创作，那么有多少内容是引用的？它们的作者是否是同一个人？也许世界上根本就没有荷马这个人，而《伊利亚特》和《奥德赛》很可能是在长期发展积累过程中，由某些人编辑起来的。鉴于这些问题没有确定的答案，我便大胆地在本书中进行一些假设。

我的第一个假设是《伊利亚特》只有一位主要作者。荷马收集了几个世纪以前希腊诗人同题材的短诗，然后进行了整理、完善，并在这部史诗中融入了自己的艺术风格。已知荷马生活的时期大概是公元前8世纪，那么我们可以假设《奥德赛》的作者也是这个人。虽然两部史诗的作者不是同一人的说法也有一定道理，但我觉得这两部史诗的相似之处很多，不同之处则相对较少。

历史上关于荷马的记载不多，而关于他个人的资料就更少了。相传他是一名盲人，不过从两部史诗那充满想象力的内容上看，就算他眼盲，应该也不是生来如此。而透过史诗的语言，我们可以认为他的家乡在爱琴海的东岸伊奥尼亚。

把大名鼎鼎的荷马排在本书的后面，我内心是忐忑的。不过在排名的时候，我的确是把大多数的文学家和艺术家列在靠后的位置。另外，荷马本人的名气和影响力并不匹配。虽说《荷马史诗》在学校里被很多人学习、研究，但是人们在离开学校后，就很少再去读这部作品了。相较而言，莎士比亚的诗还有人读，莎士比亚的剧还有人看。所以《荷马史诗》在被接受的广度上与莎士比亚和富兰克林等人的作品还是有很大差距的。

至于荷马能够列入本书名单的原因，主要有以下两个。第一，几个世纪以来，读过或者对《荷马史诗》有所耳闻的人非常多。而且《荷马史诗》在古代的时候非常流行。在希腊，它是人们熟知的史诗之一，在相当长的时间里它影响了宗教和伦理观。另外，《荷马史诗》的读者不仅限于知识分子，就连政治家和军事家也很喜欢读它。亚历山大大帝甚至出征打仗时身边都会带着《伊利亚特》。

第二，荷马在文学史上占据重要地位。包括亚里士多德在内的几乎所有希腊古代诗人和剧作家都受到过他的影响。他还深深地影响了罗马的作家，其中罗马大文豪维吉尔就模仿《荷马史诗》的风格创作了《埃涅阿斯纪》。此外像弗吉尔这样的一些当代作家也受到了荷马的熏陶。最后这一点或许才是关键所在。在过去的一百年里，托尔斯泰很有可能比荷马拥有更广泛的读者群，也更具影响力。但在之前的二十六个世纪里，托尔斯泰毫无影响力可言，而荷马的影响力却持续了两千七百年甚至更久。这是一段极其漫长的时间，很少有其他文学人物，甚至可以说在人类活动的任何领域中都很少有其他人物能够企及。

99

查士丁尼一世

Justinianus Ⅰ

483—565

查士丁尼皇帝因编撰了《查士丁尼法典》而名垂千古。这部罗马律法的旷世之作为欧洲许多国家的法律进步奠定了基础。也许我们可以把它看作世界上影响最深远的法典。

483 年，查士丁尼出生在陶里西乌姆，他的舅舅是查士丁一世。查士丁本是一个目不识丁的色雷斯农民，后来他在军队中一路晋升，最终成为东罗马帝国的统治者。查士丁尼起初也是农民，不过他很有文化，在舅舅的提携下，他一路平步青云。527 年，没有孩子的查士丁让查士丁尼与自己一同管理国家。所以在查士丁去世后，查士丁尼就成了帝国唯一的皇帝。

476 年，也就是查士丁尼出生 7 年前，由日耳曼人领导的野蛮队伍将西罗马消灭，留下的只有以君士坦丁堡为首都的东罗马帝国。查士丁尼执政后，决定恢复罗马帝国的疆域，相继夺回了意大利、北非和西班牙的部分地区，也算达成了部分目标。

把查士丁尼列入本书，完全是因为他在编纂罗马法典中起到的关键作用，而非军事上的成就。早在他初登基的 528 年，查士丁尼就组织了一班人来为帝国编写法典。《查士丁尼法典》第一次出版是在 529 年，后来经过修订，最终稿于 534 年完成。按照规定，那些未被列入法典的旧法律条文都被废除。

《查士丁尼法典》由四部分组成，分别为《法典》《法学汇纂》《法理概要》《新法典》。其中《法学汇纂》是历代罗马法学家有关法律问题的论文和著作的汇编；《法理概要》是指导学习法律的文献；《新法典》是对第一部《法典》之后又出台的法律的汇总。

忙于政务和军务的查士丁尼自然没有精力去亲自起草《法典》，所以他邀请法律专家特里波尼安来指导一个法学小组完成这项任务。

查士丁尼在行政改革方面倾注了不少心血，其中比较重要的就是整治政府腐败问题。他还推动了贸易和工业发展，并亲自参与公共建设项目。许多城堡、修道院和教堂都是在那时兴建和修复的，君士坦丁堡的圣索菲亚教堂就是其中比较有名的建筑。不过大兴土木和连年征战导致百姓赋税的增加，人们的

◇查士丁尼一世画像

（位于意大利拉韦纳的圣维塔莱教堂的壁画中）

生活苦不堪言。查士丁尼的统治差点在 532 年被推翻，不过最终他还是成功地镇压了起义，确保了国家的基本稳定。查士丁尼死于 565 年，得到消息的帝国百姓如释重负。

查士丁尼常常称赞妻子狄奥多拉聪明能干。狄奥多拉曾是一名马戏艺人，还生过一个私生子。她在 20 岁时认识了查士丁尼并与之相爱。他们于 525 年结婚，两年后查士丁尼成为国家的君主。他发现妻子很有才能谋略，便经常向她咨询意见，还让她从事一些外交工作。狄奥多拉在立法方面也发挥了一定作用，例如她利用法律让女性拥有更多的权利和更高的地位。548 年，狄奥多拉因癌症离世。虽然之后的 17 年里查士丁尼把国家治理得也很好，但是妻子的死对他来说仍然是巨大的损失。后来，狄奥多拉聪明美丽的形象成为许多文艺作品中女主人公的原型。

凭着《查士丁尼法典》，查士丁尼才能跻身于本书排行榜中。该法典不仅是对罗马法律的权威解释，而且还在很长时间里影响了拜占庭帝国。在西方，它曾被遗忘了大约 500 年。然而，大约在 1100 年，人们又燃起了研究罗马法的热情。后来法律学习、训练和论述也多是以《查士丁尼法典》为基础的。

100

摩诃毗罗

Mahāvīra

约前 599—约前 527

筏驮摩那是推动耆那教发展的关键人物，信徒们尊称他为摩诃毗罗（即伟大的英雄之意，简称大雄）。

公元前 599 年，筏驮摩那出生在印度东北部。那里也是释迦牟尼的出生地，不过释迦牟尼出世时间比他稍晚一些。筏驮摩那的父亲是一个小国家的国王，这让他从出生开始就享受着锦衣玉食的生活。30 岁时，他抛弃世俗中的财富、妻女和安逸的生活，走上了寻求真理的道路。

筏驮摩那成为一名苦行僧人。在长达十二年的时间里，他都专注于思考，过着极度艰苦和贫穷的生活。他经常斋戒，身边连用来喝水或者接受施舍的器物都没有，更别提其他财物了。起初他还穿着一件长衫，后来衣服破烂不堪，他从此便赤身行乞。他平静地面对一切，当虫子爬到身上或者叮咬他时，他不会主动赶走它们。哪怕遭到他人的嘲笑、辱骂甚至殴打，筏驮摩那也没有任何反抗。

42 岁时，筏驮摩那开悟了。在此后的 30 年里，他四处传道并拥有了很多弟子。公元前 527 年，筏驮摩那离世。

筏驮摩那的思想与佛教、印度教的教义很相似。耆那教的信徒认为当一个人的肉身死亡后，其灵魂会转到别的生物身上（不限于人）。所以灵魂转世是耆那教的基础教义之一。耆那教也有因果报应之说，该教的第一目标就是去除灵魂中的恶，消除人身上的罪孽。筏驮摩那认为，放弃肉体的快乐是通往善的必由之路，因此耆那教的虔诚信徒都过着苦行的生活。

耆那教主张不伤生，不暴力。所谓不伤生，不仅针对人，还包括各种动物。由此一来，耆那教徒都是吃素食的。除此之外，虔诚的教徒们甚至连苍蝇都不打，为了避免误食小飞虫，他们便不在黑暗的地方吃东西。走路时为了不踩到小虫子，他们还会提前让人把地面清扫干净。

按照这样的思路，耆那教徒自然是不能耕地的。事实的确如此，他们不仅不从事农业工作，而且按照教规的要求，他们也不能从事其他手工行业的工作。这在很大程度上影响了社会的生活方式。尽管耆那教徒都生活在农业地区，不过他们大多是做生意的。在宗教的影响下，教徒们都很勤奋，所以这个群体里大部分人都很成功。他们还影响了印度文学艺术的发展，在参与印度知识和艺术活动的人中，耆那教徒占比很高。

因为筏驮摩那自己没有独创的宗教著作，所以耆那教受到印度教的影响也是可以理解的。比如耆那教原本是不存在种姓制度的，在与印度教的互动中，种姓制度渐渐形成，不过它并不像印度教那么极端。又如筏驮摩那不曾提到过“神”的存在，但是与印度教接触后，耆那教便有了关于神的思想。

耆那教对其他宗教也有影响，比如不杀生、不吃肉的教规就在很大程度上影响了印度教。此外，该教反对暴力的教义在印度长期持续。甘地就曾把耆那教一位哲学家当作自己的精神导师。

耆那教发展的规模并不是特别大。如今印度各地的教徒加在一起才不过350万，这个数字放在世界人口总数中似乎很不起眼，可是如果我们把过去2500年的教徒数累积起来，那就是很庞大的一群人了。所以要评价筏驮摩那的影响力，我们就要考虑到，相对于其他宗教，耆那教对教徒生活的影响程度更深，也更长久。